U0797010

CICIR 中国现代国际关系研究院中青年学者纵论

印度财团的政治影响力研究

楼春豪◎著

时事出版社

序　一

《印度财团的政治影响力研究》是楼春豪博士在其学位论文的基础上充实、完善而成的著作。这篇曾获评中国现代国际关系研究院2014年度优秀博士学位论文的作品，终于成书印行。作为导师，我感到很高兴，在此郑重推荐给读者。

印度作为我国的重要邻国，需要特别细致的研究和特别深入的理解。从一开始，这项关于印度财团的费时、费力的研究工作就得到了国内印度学界前辈和专家的鼓励和帮助。楼春豪不负众望，凭着坚强毅力和聪明才智，如期完成了研究任务，细致扎实，很有价值，得到了学术褒奖和同行认可。

当前，国家正大力推动和支持区域和国别研究。“走出去”战略的实施，“一带一路”倡议的启动，都离不开具体、详细和连续的国别研究，尤其是对广大发展中国家和周边邻国的研究。对于年轻学者来说，这样的工作充满挑战，一些国家的资料信息不易获取，田野调查条件困难，研究成果发表渠道狭窄。也就是说，既要多花精力多吃苦，还要耐得住寂寞坐得住“冷板凳”。不过，所有吃过的苦，终会结出香甜果实来的。楼博士的经历就是一个好的例子。

中国现代国际关系研究院是国内印度研究的重镇，赵蔚文、梁洁筠、华碧云等前辈受人尊敬，马加力、胡仕胜等老师成果丰硕，新人正在涌现、后生更加可畏。楼春豪博士谦虚地表示愿为印度研究做点“添砖加瓦”的事情，但我更期待他能够以这部著作的出版作为学术征途的起跑线，延续中国现代国际关系研究院印度研究的传承和荣耀，努力成为印度研究的领军人物之一。

是为序。

陶　坚
（国际关系学院院长）
2015 年 10 月

序　二

利益集团是研究一国政治、经济与社会系统运转的重要视角与恒常变量，财团作为最有影响力的利益集团之一，自然也受到广泛关注。但目前已有的研究文献，大多以西方资本主义国家为对象，对包括中国、印度在内的广大发展中国家却研究不够。特别是关于印度财团政治影响力的研究，除了1974年的《印度的工商界与政治》（加利福尼亚大学出版社）和1984年的《印度垄断财团》（时事出版社）外，在过去30余年时间里鲜见系统、详尽的论著。从这个角度看，中国现代国际关系研究院楼春豪博士的《印度财团的政治影响力研究》一书，无疑对该研究领域提供了重要补充。此书也是楼春豪攻读博士学位期间且学、且研、且思、且写的成果。

众所周知，财团是一国最有影响力的经济势力，创造和掌握着大量的财富，并凭借“资本的力量”衍生出经济权力网络。在此过程中，财团势必要与行使国家治理职能的政治力量发生互动，并寻求对后者施加政治影响力。这个论断看似“理所当然”，细究起来却是难点重重。例如，对财团发挥政治影响力的过程，很多时候因其内幕性而难以证实，财团与政治力量的利益交换难以为外界所知；对财团政治影响力的大小，也因为缺乏明晰的变量而难以衡量。这正是此项研究的难点所在。尽管如此，国内外学界仍希望通过对大量公开信息的搜集、归纳与整理，大致勾勒出财团发挥政治影响力的机理图，包括影响因素、主要渠道和总体效果等。“政治市场”理论将经济学的市场概念引入到政治学，打破了传统上将政治人视为“道德人”、“伦理人”的认识，让政治人回归其“经济人”的本色，提供了剖析财团政治影响力的有意义的框架。

具体到印度，财团自诞生之日起就与政治力量发生了千丝万缕的联系。无论是充当英殖民者的掮客、作为国大党领导的民族独立运动的支持者、抑或是经济改革的鼓吹者，印度财团努力寻找自己在国家政治经济体系中的合理定位，通过发挥影响力来更好地实现自身利益。在此过程中，财团与政治力量的利益诉求并不完全一致，有时甚至会产生矛盾。财团代表的是特殊利益集团的利益，寻求经济利益最大化，而政治力量的核心利益是政权合法性，寻求选民支持的最大化。这种利益诉求的错位也决定了财团的政治影响力，大小成败因时而变、因势而动。从目前态势看，印度财团的综合实力稳步提升，其与政治力量之间的联系日益密切，政治影响力水涨船高。对此问题的学术研究因此也更有重要的意义。楼春豪博士以政治市场为理论框架，从印度财团构建政经权势网络、影响政府政策理念、构筑利益聚合体三个层面，分析、论证了其政治影响力。

需要指出的是，该书在理论驾驭和遣词造句方面仍有待完善，对印度社会文化观念的变化、财团发展的内生动力等问题，亦有待进一步研究。尽管如此，本书为我国的印度问题研究提供了一个新的视角，也体现了年轻研究人员的学术勇气和努力尝试。

是为序。

孙士海

（中国社会科学院研究员、中国南亚学会会长）

2015 年 10 月

目　　录

导　论

第一节　研究对象与研究意义

印度经济发展的重要推动力是其富有活力的私营经济，而财团则是私营经济的重要组成部分。经过长期的发展演变，印度财团总体上呈不断壮大之势，逐渐成为印度经济体系中最具活力的主体，政治体系中最有权势的利益集团，其领衔的经济权势网络与政治力量主导的政治权势网络，共同构筑了印度的国家权力体系。目前，财团已经成为印度独特发展模式的重要组成部分，在印度政治经济生活中处于举足轻重的地位。与其他国家的财团相比，印度财团既有共性，也有特殊性。虽然各国财团同为经济利益集团，其发展轨迹和运作方式有相似之处，但由于各国国情不同、社情各异，彼此仍有诸多相异之处，印度财团具有不同于美、欧、日财团的独特性。

首先，印度财团植根于自身独特的历史经纬与文化背景。在此仅举两例。如，受延续千年的种姓制度影响，印度的社会架构具有强烈的等级色彩，并折射到包括商业在内的各行各业。由此，印度财团也带有明显的家族种姓背景，是“现代组织模式与家族种姓原始印迹的复杂互动”,[①] 而其他国家的财团则不受种姓因素影响。目前，印度社会的种姓色彩虽然已经淡化，但种姓制度的历史惯性依然存在，至今仍无贱民出身的财团领袖。再如，印度财团的诞生、发展与国家历史演变息息相关。英殖民主义者在摧毁印度原有经济结构的同时，也带来了西方资本主义的因子，为财团的诞生提供经济基础；民族独立运动时期，印度财团积极争取经济上的自由与独立，许多财团领袖曾为印度国民大会党（以下简称“国大党”）提供大量活动经费，并与国大党高层保持密切的私人联系；独立建国后，印度经济社会政策的演变，又使得财团与政府的关系处于不断调整、变革之中，但彼此关系始终非常密切。财团领袖与政治领导人关系的密切程度，在其他国家鲜有能及。

其次，印度财团的经济实力雄厚、社会根基深厚，赋予了其超越经济领域的影响力，使之成为印度政治经济体系中不可或缺、甚至是举重轻重的角色。在印度，财团的财富集聚程度、行业垄断性以及与政治力量的联结，与发达国家相比有过之而无不及。《纽约时报》2011 年 7 月 26 日报道，印度前 55 名富豪的财富总额高达 2500 亿美元，约为印度一年国内生产总值（GDP）的 1/6,[②] 且涵盖经济领域的方方面面，形成强大的经济网络。20 世纪 90 年代中期，印度仅有 2 位资产过亿的亿万富翁，总资产 32 亿美元；到 2012 年已有 46 位亿万富豪，总资产 1760 亿美元。亿万富豪总资产与国内生产总值的比例，由 20 世纪 90 年代中期的 1% 上升到 2008 年最高值的 22%，后因金融危机有所缩水，但

① Stanley A. Kochanek, *Business and Politics in India*, Berkeley: University of California Press, 1974, p. X.

② Ruth Fremson, “Billionaires' Rise Aids India, and the Favor Is Returned”, *New York Times*, July 26, 2011.

2012 年仍高达 10%。[①] 截至 2014 年 9 月的福布斯富豪榜上，印度前百名富豪的个人资产均超过 10 亿美元，总额为 3393.6 亿美元，占国内生产总值的比例高达 18.1%。[②]

第三，伴随着印度国家实力的上升，印度财团加快“走出去”、开拓海外市场，海外市场占财团业务的比重不断提高。尤其是进入 21 世纪以来，得益于政府政策的支持和自身实力的增长，印度财团频频出手，并购了一些欧美大企业，引起国际社会轰动。例如，塔塔财团于 2007 年 4 月收购欧洲第二大钢铁企业、英国最大钢铁制造商科鲁斯（Corus）集团（现已改名为“塔塔钢铁欧洲”），后也于 2008 年 3 月收购捷豹和路虎两大汽车品牌。在此过程中，塔塔财团、安巴尼财团等私营大集团的管理模式与经验也引起广泛关注，成为外界观察和理解印度发展模式的重要窗口。

随着印度财团“能见度”的不断提高，国内外学术界也将更多注意力投射到印度财团上，但学术关注度与财团重要程度之间存在明显的匹配失衡。而且，现有的研究也更多地从商业管理角度进行探讨，却未能给予印度财团政治影响力足够重视，导致议题重要性与研究匮乏性之间的失衡。导致这种情况的原因很多，既有西方主导的学术话语体系侧重点上的偏颇，也有财团政治影响力本身的材料隐晦琐碎、评估指标体系难以构建等。

从外因看，西方主导的学术话语体系“重西方而轻其他”。财团及其政治影响力的研究，本质上是关于利益集团的研究，是关于财团与政府博弈关系的研究，是对政治权力与经济权力互动的研究，需要进行跨学科的深入分析。但是，“由于利益集团和

---

① Aditi Gandhi, Michael Walton, “Where Do India’s Billionaires Get Their Wealth?”, *Economic & Political Weekly*, Vol. XLVII, No. 40, October 2012, p. 10.

② “India’s 100 Richest People”, http://www.forbes.com/india-billionaires/list/3/#tab:overall.（上网时间：2015 年 5 月 2 日）

政党属于相互分离的次级领域，每个领域都由不同的学术团体研究，只有少数不畏艰苦的人试图把这两个研究对象联系起来，进行跨界研究”。[①] 此外，在这并非很多的研究中，国际学术界又主要聚焦于“西方世界”（如美国、德国），抑或是俄罗斯、日本[②]等财团与政治寡头联系明显的国家，对包括印度在内的广大发展中国家的关注却少之又少，一些相关研究也淹没于宏观的国别研究。美国著名学者彼得·卡岑斯坦（Peter Katzenstein）主编的《权力与财富之间》[③] 一书，汇集了国际政治经济学界一流学者对国内力量影响外交政策的研究成果，但研究案例都取自西方发达国家。对于这种现象，美国加利福尼亚大学的斯坦利·A. 科钦纳克（Stanley A. Kochanek）教授作为极少数对印度财团有系统研究的学者，曾一针见血地指出：“迄今，大部分关于利益集团的文献都集中于西方发达国家。……发展中国家的政治影响力往往被认为来自家庭和小团体的压力，而非来自特定复杂、结构化的组织的压力，这些组织好比西方现代社会的利益集团。实际上，即使这些组织存在于发展中国家，也往往被忽视……（西方学术界）对商业和商业组织的研究，几乎所有的案例都来自西方，因为大多数传统社会（如印度）被认为缺少本土的商业精英。但早在20世纪初，代表外国和本土商人利益的全国性工商组织就已经在印度存在，印度的工商组织要比其他社会部门更加发达。”[④]

从内因看，印度财团相对“低调”，未能引起学术界足够的

① ［美］杰弗里·M. 贝瑞、克莱德·威尔科克斯著，王明进译：《利益集团社会》（第5版），北京：中国人民大学出版社，2012年版，第91页。

② 日本的财团体系在二战后发生了较大变化。二战前的“财阀”（zaibatsu）称谓现在已很少使用，战前的财阀体系已经解散，现在的财团则既包括公益性的组织（类似基金会），也包括营利性的企业集团。本书所指的主要是后者。

③ ［美］彼得·J. 卡岑斯坦著，陈刚译：《权力与财富之间》，长春：吉林出版集团有限责任公司，2007年版。

④ Stanley A. Kochanek, *Business and Politics in India*, 1974, p. X.

研究兴趣。财团是资本力量的产物，与国家经济崛起的速度、烈度和强度紧密相连，人们对财团的兴趣往往来自于对财团所在国的关注。西方是资本主义的发源地，财团伴随其资本主义体系的演变而发展，如美国的摩根财团、洛克菲勒财团等，西方财团因其历史悠久、规模巨大、影响广泛而为人们所熟知；日本、韩国等在不同时期的经济腾飞，都与当时政府和财团（财阀）的紧密联系息息相关，日本的财阀、政治官僚和家族政客构成权力铁三角，[①] 韩国财团亦在创造“汉江奇迹”的经济腾飞中居功至伟，[②] 两国财团因国家经济迅速崛起而令人瞩目；俄罗斯的寡头财团则在很大程度上是苏联解体后、俄罗斯推行“休克疗法”的产物，因其财富累积的速度、规模、手段以及与政府的恩怨关系，而受到关注。[③] 与之相对，印度经济崛起是近 20 年来的现象，印度财团更是经历了漫长而缓慢的发展，与政府的关系也是时好时坏、时疏时近，令人捉摸不透，故而难以成为学界关注重点。进入 21 世纪以来，印度经济总体保持崛起态势，学术界对其财团的关注

① 王文英：“论日本财阀系企业集团的形成及其特征”，《苏州大学学报（哲学社会科学版）》，2008 年第 2 期，第 121—125 页；王鹏远、朱颖妮：“日本财阀式家族制企业向现代法人企业形态变迁的启示”，《企业研究》，2010 年第 9 期，第 14—15 页；高宇：“日本财阀企业的发展及其社会影响”，《日本学刊》，2012 年第 4 期，第 138—151 页；蔡亮：“试析农业利益集团对日本政治的影响——兼论‘农协’在反 TPP 活动中的政治影响力”，《日本学刊》，2012 年第 5 期，第 82—85 页。

② 刘洪钟：《韩国赶超经济中的财阀制度研究》，北京：光明日报出版社，2009 年版；潘悦：“大垄断企业在韩国产业结构发展中的地位和作用”，《山东大学学报（哲社版）》，1993 年第 3 期，第 111—114 页；赵晓：“韩国财团向何处去？——‘新韩国’体制下韩国大企业的变革”，《经济社会体制比较》，1998 年第 2 期，第 27—34 页。

③ 孔令栋：“产权变革和寡头垄断——对俄罗斯私有化的政治分析”，《东欧中亚研究》，2000 年第 5 期，第 44—48 页；胡键：“俄罗斯利益集团的演变及其对政治决策的影响”，《俄罗斯研究》，2004 年第 3 期，第 34—40 页；农雪梅：“俄罗斯政权与寡头关系的演变”，《俄罗斯中亚东欧研究》，2007 年第 4 期，第 14—19 页。

也逐渐增多，但主要集中在企业管理经验探究、财团领袖的人物研究、全球并购模式的研究等层面，对印度财团与政府的互动博弈鲜有触及。此外，财团对政府施加政治影响力的过程并非完全呈现在公众面前，很多都是暗箱操作，且政治影响力本身难以用具体的量化指标来衡量，在财团举措与政府政策之间难有明确的逻辑关系，导致对财团政治影响力的研究难度非常大。2011 年 10 月，印度外交部主办、著名智库政策研究中心（CPR）承办，在新德里举办了首届“印度全国国际关系学大会”，时任副总统安萨里（Ansari）、国家安全顾问梅农（Menon）等政府要员与会，印度全国各地数百名国际问题研究学者与会，可谓是印度国际关系学界的盛会。与会学者认为印度国际关系与政治学界的一大缺憾，就是“未能给予印度政经网络（business-politics nexus）及其影响足够重视”。[①]

但是，正如前文所述，印度财团的独特性与重要性不容低估，对印度财团政治影响力的议题也应该和必须给予更大关注。现有研究的不足非但不应降低此议题的重要性，反而增加了加强相关研究的紧迫性。牛津大学出版社 2010 年出版的《牛津印度政治指南》一书中，学者们就颇有紧迫感地强调：“早就应该对印度不断变化的政企关系进行系统研究了，上一次较系统的研究停留在 1974 年，[②] 但现在我们期待更详细深入的研究……这对理解印度资本主义演变的本质、对民主体制的影响，以及变化中的

---

① 2011 年 10 月 22—23 日，印度外交部和政策研究中心在印度哈比塔特中心（India Habitat Center）举办首届“全国国际关系学大会”，来自印度各地的数百名学者与会，是印度国际关系学界的一大盛事。笔者当时在印度国防研究与分析所（IDSA）访学，得以亲身参加此次会议。

② 特指美国加利福尼亚大学教授斯坦利·A. 科钦纳克所著的《印度的工商界与政治》一书，即：Stanley A. Kochanek, *Business and Politics in India*, Berkeley: University of California Press, 1974。

经济权力架构，都大有裨益。”①

本书选择“印度财团的政治影响力”作为研究议题，需要回答的核心问题是“印度财团以何种途径、在多大程度施加政治影响力”，借此系统梳理和研究印度财团政治影响力的渠道、资源和制约因素等，进而更加深入、准确地评估财团在印度政治经济生活中的独特作用。

该研究具有一定的理论和现实意义。

理论意义方面：

一是有利于丰富国际政治经济学、公共管理学等学科的研究光谱。正如前文所述，当前对政治经济学、公共管理学、企业策略等学科的研究，案例多取材于西方发达国家。印度作为新兴崛起的发展中大国，拥有独特的发展模式和财团现象（印度超强私营企业是其发展模式的重要方面），却长期未能成为相关学科的研究对象，着实令人遗憾。本书将印度财团作为研究对象，旨在为相关学科提供更多案例素材，是对相关学科的完善和补缺。二是有利于从新的视角审视印度独特的财团现象。长期以来，有关印度财团的研究多从经济学和历史学的角度着手，近十余年来的文献又侧重从管理学的角度探讨，很少从政治学的角度分析。本书以“政治影响力”为逻辑主轴，研究对象虽然是财团，研究方法很大程度上借助历史学和管理学（公共政策），但研究逻辑是政治权力与经济权力的互动融合，在理论和方法上都是对印度财团研究的有益尝试。三是借鉴阶级分析法，但又超越传统的阶级对抗论。研究旨在更客观、理性地评估财团的政治影响力，客观论述企业的社会责任等内容，而非陷入简单的阶级冲突论，将财团划入阶级对立面。这种辩证客观的阶级分析法有利于更准确、

① Niraja Gopal Jayal, Pratap Bhanu Mehta, *The Oxford Companion to Politics in India*, Student Edition, New Delhi: Oxford University Press, 2010, p. 472.

客观地定位企业—政府—公众之间的关系。

现实意义方面：

一是有利于深化对印度的国别研究。近年来，印度崛起势头迅猛，“印度研究”也不再是“冷板凳”，而是“香饽饽”，人们对不可思议的印度的议论与研究也在增多。但总体上看，现有研究存在跨学科研究少、研究议题趋同、涉及印度国内情况的研究较少等问题，对影响印度发展战略的深层次问题仍有待挖掘。印度财团是影响政府决策的重要因素，其实力和影响力呈上升势头，是加强印度国别研究的重要切入点。对印度财团政治影响力的研究横跨政治、经济两大领域，有助于更好地把握印度政治经济系统的运作，进而更好地把握印度决策机制的运作规律和政策实践。此外，对国内的印度研究工作来说，本书围绕财团政治影响力搜集了大量素材，并将其归纳、整合、提炼，可以说为国内相关研究奠定了较好的资料基础。二是有利于启发深化中印战略合作的思路。中国对印度外交的一大现象，就是高层战略重视、基层认知错位，民众间的交流和了解较为欠缺。财团作为最有实力的企业利益集团，作为中印迅猛发展的经贸关系的重要参与者和实践者，其对印度对华政策亦有相当影响。对财团政治影响力的研究，有利于评估其对印度内外政策的影响，甚或为中国下一步深化对印战略合作提供重要渠道。2014 年上任的莫迪既是政治上的民族主义者，也是经济上的务实派和改革者，且与财团（尤其是来自古吉拉特的财团）关系密切，其对华政策将带有深深的财团烙印。2014 年 9 月中国国家主席习近平访问印度时，提出“发展伙伴关系应成为两国战略合作伙伴关系的核心内容”，强调中印在经济发展方面的合作，而印度财团作为中印经贸合作的重要参与方，其在中印关系全局中的地位也将提高。三是有利于把握印度的崛起前景。印度国别研究最关注的问题，就是印度崛起的推动力和制约因素有哪些？印度能否实现持续、稳定、包容式的经济增长？财团作为印度经济体系中最有活力的要素，其发展前景以及对印度政府决策的影响，自然会涉及到印度的崛起态势。因此，对财团政治影响力的研究，有助于更好地把握印度崛起的前景。

第二节　国内外研究现状

一、英文[①]文献回顾

国际学术界对印度财团政治影响力的研究并不多，较为系统的是美国加利福尼亚大学教授斯坦利·A. 科钦纳克所著的《印度的工商界与政治》。在该书的写作过程中，作者实地访谈了151人，包括31名产业贸易协会的负责人、18名议员、14位经济部门的高级文官、10名负责经济事务的前部长、7名学者和经济记者，以及71名商界精英（绝大多数为财团领袖），并查阅了印度工业和商业联合会（以下简称“工商联”，FICCI）、印度商业和工业协会（以下简称“商工协”，ASSOCHAM）和印度国家档案馆（Indian National Archive）等机构的档案，较为全面地梳理了印度独立后至20世纪70年代间的政商关系。该书主要分四部分：第一部分论述影响印度利益集团运作的外部环境，即印度政府—工商界互动博弈的客观环境，包括现代化的模式与程度、政治文化、决策结构和公共政策模式。第二部分探讨了独立后印度财团的发展历程、外资和本土资本的博弈斗争、地方工商界的崛起

① 鉴于笔者语言水平有限，国外材料主要参考英文文献。中国现代国际关系研究院日本研究所的樊小菊副研究员，曾协助查阅日文材料，包括须贝信一著的《インド财阀のすべて——跃进するインド経済の原动力》（东京平凡社，2011年版）等，但总体感觉是日文文献侧重财团自身情况介绍，并未触及政治影响力的内容，对丰富本研究课题参阅文献的价值不大。

等，试图从印度财团内部矛盾的视角探讨其影响政府行为的内部驱动力。第三部分探讨印度工商界对政府施加影响的渠道和方式，探讨工商界如何对政党、议会、行政官僚和民意施加影响，并对成功与失败的案例进行分析。第四部分是结论，科钦纳克分别论述了左翼和右翼人士的看法，就工商界对印度公共政策和政治系统的总体影响进行了评估，得出结论称，“印度工商界是最有组织的利益集团，是唯一能够与议会和政府官员保持持续的、日常联系的组织。尽管如此，其将资源转化成影响力的能力受到多种内外因素制约，其对政府的影响是有限的。”①

剑桥大学出版社 1985 年出版的《印度工商界与民族主义政治：本土资产阶级与国大党的兴起（1931—1939 年）》，② 集中探讨了 1931—1939 年间，印度本土资产阶级与国大党领导的民族独立运动间的关系。全书共六章，第一章描述了印度资产阶级的产生、发展与特性，第二章研究了 1931—1939 年间的经济形势及印度本土大资产阶级与英属印度政府的博弈，第三—五章则分阶段评估了印度大资产阶级对国大党的态度演变，以及大资产阶级—国大党—英属印度政府间的三角关系，第六章重点论述这段历史时期内，大资产阶级与已在一些地方邦执政的国大党间的关系。

上述两书虽然没有明确使用“财团”概念，而是用更宽泛意义的“工商界”（Business），但鉴于当时与英殖民者和国大党发生关系的主要是大财团，加上其论述过程中提及的案例也主要是塔塔、比尔拉等大财团，故可以说上述著作主要探讨的即是财团与政府的互动博弈。

此外，英国曼彻斯特大学发展经济学教授库纳尔·森（Kunal

---

① Stanley A Kochanek, *Business and Politics in India*, 1974, pp. 322 - 323.

② Claudes Markovits, *Indian Business and Nationalist Politics* (1931 - 1939): *The Indigenous Capitalist Class and the Rise of the Congress Party*, Cambridge: Cambridge University Press, 1985.

Sen）和印度德里大学经济增长研究所教授萨布亚萨奇·卡尔（Sabyasachi Kar），在印度著名学术刊物《经济与政治周刊》撰文《繁荣还是破碎？印度增长情况的政治经济学解读（1993—2013年）》，探讨了印度政治精英和经济精英之间的互动关系。[①] 文章认为，政治和经济精英之间存在非正式的互动机制，两者通过此机制进行利益交换和分配，此机制也被称为“协议空间”（deals space），其性质直接影响印度经济的发展状况。根据其有序性和公开性，可分为“有序协议”（ordered deals）、“无序协议”（disordered deals）、“公开协议”（open deals）和“封闭协议”（closed deals）。“有序协议”指一旦经济精英对政治精英进行投资，后者将履行对前者的承诺，“无序协议”则指相反情形；“公开协议”指所有人都可以参与并与政治精英达成协议，而“封闭协议”指仅限于一小撮经济精英能与政治人物达成协议。

除上述文献外，国际上对印度财团政治影响力的研究较为散乱，大致分散于以下四类材料中：

第一类是对财团发展史及内部运作方式的研究。鉴于印度财团的诞生发展与政府息息相关，该类研究也自然会或多或少地涉及到印度财团的政治影响力。20世纪90年代经济改革前，在冷战大格局和阶级斗争思潮较强烈的背景下，许多研究带有鲜明的阶级性，主要论述财团的资本主义特性。德巴乔提·伯尔曼（Debajyoti Burman）的《比尔拉家族秘史》[②]，通过对大量信件的文本分析，研究了比尔拉财团与国大党第一代领导人的关系以及比尔拉财团的内部运营机制。该书充满了对比尔拉财团的批评鞭

① Kunal Sen，Sabyasachi Kar，“Boom and Bust? A Political Economy Reading of India's Growth Experience，1993 – 2013”，*Economic & Political Weekly*，Vol. XLIX，No. 50，December 2014.

② Debajyoti Burman，《*Mystery of Birla House*》，Calcutta：Jugabani Sahitya Chakra，1950.

答，将比尔拉财团描述成嗜血的资本家，称“从部长到政府小职员，所有人都惧怕比尔拉财团。比尔拉财团一旦不高兴，就能断了你的生路”。对于比尔拉财团的政治影响力，该书认为“比尔拉财团正将印度国家和人民引向灾难，除非对该财团及其保护伞（无论是谁，无论身居什么样的高位）采取强力的遏制措施，否则这个国家将面临生死存亡的危险”，“比尔拉财团不仅对人民进行残酷剥削，还扼杀竞争对手及其他工商业者的活力……无法阻止此类行为的政府，就丧失了存在下去的理由”。[①]R. K. 哈扎里（R. K. Hazari）的《印度大财团：对所有权和支配权的研究》[②]，则主要以塔塔、比尔拉、玛法特拉斯（Mafatlals）、瓦尔昌德（Walchands）和马亨德拉（Mahindra）五大财团为案例，探讨了财团的控股形式和运作方式。该书对印度财团政治影响力的扩张表示警觉，认为财团影响力无处不在，几乎控制了印度民众生活的方方面面，表示“虽然印度的垄断财团和政府的融合仍处于初级阶段，并未完全融合，印度还没有成为国家垄断资本主义……但有很多例子表明，大财团有实力提名部长人选，高级文官和部长们退休后也会到其阶级弟兄——大财团——那里谋生”，且批驳“一些代表垄断资本利益的写手，欲盖弥彰地渲染公司由股民而非少数财团控制，引起民众的思想混乱”。[③] G. S. 巴嘎瓦（G. S. Bhargava）的《英迪拉的印度门：对印度政治腐败的最新研究》[④] 则借用美国“水门事件”的表述法，对英迪拉执政时期

① Debajyoti Burman, “*Mystery of Birla House*”, Calcutta: Jugabani Sahitya Chakra, 1950, p. 108.

② R. K. Hazari, *Big Business in India: A Study of Ownership and Control*, Published by the All-India Trade Union Congress, 1961, p. 11.

③ Ibid., p. 11.

④ G. S. Bhargava, *Indira's India Gate: Latest Study of Political Corruption in India*, New Delhi: Arnold-Heinemann Publishers Private Ltd., 1977.

的腐败问题提出了严厉批评，并将其归咎于政府与财团的“狼狈为奸”，讽刺英迪拉·甘地出任总理期间“唯一最大的成就，就是将腐败机制化”，并列举了英迪拉的儿子桑贾伊（Sanjay）的腐败案例及其一些财团的卷入，研究对象主要是英迪拉政府。乔治·罗森（George Rosen）在其所著的《印度的民主与经济变革》[①] 一书中，则论述了独立后的政治经济互动，但也主要从阶级对立的角度分析，而没有阐述经济组织与国家间的机制性渠道。

综上所述，经济改革前的研究成果或多或少折射出时代特征，具有较强的阶级性，甚至带有较强的阶级偏见。经济改革后，财团快速发展成为印度发展模式的重要内容，人们对财团的关注也由“阶级特性”转向“管理特性”，对内部运作模式及其与政府关系的论述也更为客观。哈里什·达摩达兰（Harish Damodaran）的《印度新资本家：现代国家的种姓、商业和产业》,[②] 分析了独立后印度大资本家（财团领袖）的发展及其种姓背景，认为传统财团具有非常强烈的种姓背景，现代财团虽然难以彻底摆脱种姓色彩，但逐渐突破少数种姓或大家族的范围界限，身份背景更加多元。此外，财团身份多元化导致利益诉求的多样性，其与政府的关系也更趋多元。乔夫·海斯库克（Geoff Hiscock）的《印度的国际财富俱乐部：百亿富翁的惊人崛起及其成功秘密》[③] 介绍了印度各行各业的领军企业。作者曾在美国有线电视新闻网（CNN）和澳大利亚的《澳大利亚人报》(The Aus-

---

① George Rosen, *Democracy and Economic Change in India*, Berkeley and Los Angeles: University of California Press, 1966.

② Harish Damodaran, *India's New Capitalists: Caste, Business and Industry in a Modern Nation*, Ranikhet: Permanent Black in association with The New India Foundation, 2008.

③ Geoff Hiscock, *India's Global Wealth Club: the Stunning Rise of Its Billionaires and the Secrets of Their Success*, Singapore: John Wiley & Sons (Asia) Pte Ltd., 2008.

tralian）工作，采访了印孚赛斯（Infosys）董事长纳拉亚纳·穆尔提（Narayana Murthy）、高德雷吉集团负责人阿迪·高德雷吉（Adi Godrej）、马亨德拉兄弟集团的阿南德·马亨德拉（Anand Mahindra）等数十位商界领袖，并以其新闻记者的职业敏锐性和鲜活的笔法，生动刻画了信息技术、汽车、医药、金融、航空等诸多领域的大企业家。不过，该书主要停留在对财团领袖的人物特性、经营理念等描述，对其政治影响力则着墨不多。

第二类是人物传记和回忆录。印度财团政治影响力离不开"人"的因素。许多政治家和大企业家的人物传记里，透露出政治人物与财团领袖间交往的一些鲜为人知的史料，成为研究印度财团政治影响力的"珍贵史料"。维德·麦赫塔（Ved Mehta）在《圣雄甘地和他的使徒们》[①] 一书中，通过对大量文献资料的考证研究及其对甘地追随者和亲朋好友的访谈、查证，生动而又真实地塑造了圣雄甘地形象。该书第56—65页记录了甘地与财团领袖 G. D. 比尔拉和贾纳拉·巴贾吉（Jamnala Bajaj）之间密切的私人关系。梅德哈·M. 库戴斯亚（Medha M. Kudaisya）2003年完成的《G. D. 比尔拉的一生》一书，[②] 则是有关 G. D. 比尔拉的主要传记，较为详尽地记录了 G. D. 比尔拉充满传奇色彩的一生，无论是年少时的风华正茂，还是中年时的玩转政商两界，抑或是老年时与英迪拉政府的恩怨纠结，都描述得栩栩如生。该书将比尔拉视为"大财团的发言人"，更是贴切地定位了比尔拉在印度独立后至英迪拉国有化银行政策前，在印度政商两界的极大权势。比尔拉始终以务实的态度处理与政府的关系，无论是与国大党领导人保持私密关系，抑或是向国大党提供大量政治捐款，再

---

① Ved Mehta, *Mahatma Gandhi and His Apostles*, New York: The Viking Press, 1976.

② Medha M. Kudaisya, *The Life and Times of G. D. Birla*, New Delhi: Oxford University Press, 2003.

到英迪拉执政末期黯然退出历史舞台。P. 昌德萨·拉奥（P. Chentsal Rao）的人物传记《B. M. 比尔拉：其人其事其梦想》,① 描述了比尔拉家族杰出代表 B. M. 比尔拉的人生旅程，选载了 B. M. 比尔拉的一些讲话和书信原文，有些内容反映了比尔拉家族与政府的密切关系。比尔拉家族的重要人物、亦政亦商的克里什纳·库马尔·比尔拉（Krishna Kumar Birla）在《自传：与历史同行》② 一书中，记载了比尔拉家族与圣雄甘地和尼赫鲁家族的密切关系，公开了很多珍贵的照片和信件，对了解比尔拉家族与印度政治领导人间的关系很有意义。该书记录了比尔拉财团与各时期政客要人的交往，从独立运动的领导人，到当今时代的高官要人，甚至提及曾多次直接找到部长乃至总理解决公司遇到的麻烦，字里行间透露出比尔拉财团对政府（特别是国大党政府）的巨大影响力。国大党主席索尼娅·甘地亲自为传记作序，时任总理曼莫汉·辛格亲自主持传记的发布会。索尼娅·甘地在序言中充分肯定了比尔拉财团与国大党的密切关系，称“比尔拉家族与国大党的关系可以追溯到印度争取自由斗争的年代。已故的 G. D. 比尔拉是圣雄甘地的重要伙伴，K. K. 比尔拉与英迪拉·甘地、拉吉夫·甘地都私交甚密，我本人总是将其视为国大党大家庭的一员。”③ R. M. 拉拉（R. M. Lala）是研究塔塔财团的著名学者，2004 年出版的《财富的创造：从 19 世纪到 21 世纪的塔塔家族》一书,④ 也是迄今研究塔塔财团较为全面系统的著作。该

---

① P. Chentsal Rao, *B. M. Birla: His Deeds & Dreams*, New Delhi: Arnold-Heinemann Pvt. Ltd, 1983.

② Krishna Kumar Birla, *Brushes with History: An Autobiography*, New Delhi: Penguin Books India, 2007.

③ Ibid. , p. XIII.

④ R. M. Lala, *The Creation of Wealth: The Tatas from the* 19th *to the* 21st *Century*, New Delhi: Penguin Group, 2004.

书记录了塔塔财团的发展、运营、理念及其对印度社会产生的深刻影响，时间跨度从 1874 至 1991 年，提供了研究塔塔财团的丰富材料，虽然对塔塔家族与政府的关系着墨不多，但在其 110—111 页提及塔塔财团的很多高级管理人员，都在印巴分治后出任印巴两国的政府要员，说明塔塔财团曾是印巴分治初期的“人才输送基地”。记者出身的澳大利亚人哈米什·麦克唐纳德（Hamish McDonald），则对新生代财团安巴尼家族进行了跟踪研究，2010 年推出力作《聚酯行业的摩呵婆罗多：揭秘全球最富有的兄弟及其不睦》。[①] 该书探讨了安巴尼家族为何能在短短几十年间从名不见经传的纺织厂，发展到涵盖能源、金融、信息技术等诸多领域、综合实力名列印度前茅的大财团。该书的核心观点是，安巴尼家族最初寄生于政治力量而扩大财富，最后如此强大以至于拥有左右政府政策的影响力。该书援引一名资深律师的话称，“现实情况是，安巴尼比政府还要强大。他能够成全或者拖垮总理。在美国，你能够建立超级大企业，但政治体系依然更加强大。但在印度，政治体系非常虚弱。……他在任何政党都有听命于他的人，如果政党与其对立的话，他就能够搞垮或者搞臭政党领导人。今天，他无所不能。”[②]不过，书中的很多信息难以确证，麦克唐纳德也承认安巴尼家族的发家是多种因素复杂作用的结果，并列举了曾有人多次试图揭露安巴尼家族的官商勾结却无果而终，以证明获取可靠内部材料之艰难。

第三类是对印度工商协会的研究。印度财团在与英殖民者的斗争中，为增强自身凝聚力，牵头组建了一些地方和全国性的工商协会。目前，印度主要有三大全国性的工商协会，工商联和商

① Hamish McDonald, *Mahabharata in Polyester: The Making of the World's Richest Brothers and Their Feud*, Sydney: University of New South Wales Press Ltd., 2010, p. 7.

② Ibid., p. 7.

工协上文已有所提及，另一个后起之秀就是印度工业联合会（以下简称“工联”，CII）。由于大财团是这些工商协会的发起者和重要参与者，这些工商协会与政府的互动博弈，在很大程度上反映了印度财团对政府的影响力，故而成为窥探财团政治影响力的有益视角。实际上，组建工商协会本身，已经成为财团政治影响力的重要内涵。特别是随着政治与经济行为体日益多元，单一政党或财团的影响力有所下滑，加上公民社会对政商互动的监督不断增强，财团更加重视通过工商协会来施加政治影响力。H. 温卡塔苏比阿（H. Venkatasubbiah）的《企业与经济改变：工商联的50年》[①] 一书，探讨了由比尔拉财团发起并在很长时间里占据主导的工商联及其与政府的关系。作者是《印度教徒报》的资深记者，从事印度经济问题的报道和研究数十年，撰写过多部有关印度经济的著作。作者在书中详细论述了工商联自1927年成立以来的发展历程，全书共九章，前四章的时间纬度定位在1927—1947年间的英殖民时期，论述了这一时期的工商联发展史，其中提及工商联对国大党民族独立运动的支持、与英殖民政府的关系等问题，后五章则探讨了印度独立之后工商联与国大党政府的复杂关系，论述过程以政府五年计划和经济政策为主轴，在领导人讲话、政府文件、工商联声明等大量鲜活材料的基础上，探讨了工商联与政府间既爱又恨、既合作又对抗的关系。萨米拉·坎塔（Sharmila Kantha）和苏巴乔提·雷（Subhajyoti Ray）合著的《构筑印度的伙伴关系：印度产业联合会的历史（1895—2005年）》,[②] 堪称迄今为止论述工联最为系统的著作，详细论述了工联从小型制造企业协会到综合性产业协会的发展历程，提及了内

① H. Venkatasubbiah, *Enterprise and Economic Change*: *50 Years of FICCI*, New Delhi: Vikas Publishing House, 1977.

② Sharmila Kantha, Subhajyoti Ray, *Building India with Partnership*: *The Story of CII*, 1895 – 2005, New Delhi: Penguin Books India, 2006.

部运作机制、发展理念和工作方式、与政府关系等诸多内容，其中列举了不少其影响政府政策的实例。目前，工联已经后来居上成为与工商联并驾齐驱的工商协会，一些发展理念甚至超过前者，具有蓬勃的发展潜力。

第四类是关于印度政治体制的研究成果。一些对印度政治体制的学术研究成果，也对印度财团政治影响力问题有所涉及。代表作是牛津大学出版社 2010 年出版的《牛津印度政治指南》[①] 一书，该书内容涉及政治体制架构、社会分野与身份政治、政治进程、政治思潮与意识形态、社会运动与公民社会、政治与政策等，虽然每部分内容都没有进行深入探析，但却全面展示了研究印度政治的多个视角，是研究印度政治的权威指南之一。威斯康星大学麦迪逊分校的政治学教授阿西玛·辛哈（Aseema Sinha）在书中撰写了第三十章“工商界与政治”，对印度财团与政府关系的问题进行了简单回顾梳理，其主要观点有：学术界对印度财团的研究比较少，多数研究的时间框架仍停留在英殖民和民族运动时期；20 世纪 90 年代初的经济改革对印度的政治经济关系产生了重大变革，政府与财团的相互需求增加，关系日益密切，但相关研究却明显滞后；工商界日益频繁而深入地直接参与政治，有工商界背景的议员人数不断增加；大财团之间、大商会之间并非铁板一块，彼此之间的竞争和分化难以消除；未来 10 年，印度农业领域的大变革将彻底改变农业资本主义的性质，许多大财团将参与农业、零售业和食品加工业。[②] 科钦纳克教授和罗伯特·L. 哈德格雷夫（Robert L. Hardgrave）合著的《印度：发展中国家

① Niraja Gopal Jayal, Pratap Bhanu Mehta, *The Oxford Companion to Politics in India*, Student Edition, New Delhi: Oxford University Press, 2010.

② Ibid., pp. 459 – 472.

的政府与政治》[①] 一书，着重探讨印度的政治机制及其困境，特别是论述独立后遭遇的联邦制危机、党争危机等，认为印度为“争取独立和国家完整、坚持民主机制、成为南亚乃至世界大国”付出了艰辛努力，其第四章“冲突的舞台：印度政治中的集团”的第二节“利益集团在印度政治发展中的角色”总共只有4页，且未单独论述财团，而是对利益集团的泛泛论述。印度学者型政治家拉吉夫·高达（M. V. Rajeev Gowda）和宾夕法尼亚大学印度高级研究所德里分部负责人E. 斯里达兰（E. Sridharan）在《选举法学刊》（Election Law Journal）上发表文章《改革印度政党资助与选举支出法》[②]，对37名政治人物进行匿名访谈，包括7名部长、国大党和印度人民党（以下简称“印人党”）的财务主管，以及主要政党参与选举策略制定的人员、负责筹款的工作人员、高级官僚、选举委员会官员以及提供政治捐款的大户。拉吉夫·高达曾任印度中央储备银行董事长，现在是印度管理学院（班加罗尔）公共政策中心主任、经济学和社会学双料教授，也是联邦院议员、印度国大党发言人，学术研究和从政经验都很丰富，有很多的一手材料，其研究成果有一定的权威性。文章梳理了大财团对政党进行政治捐款的历史脉络，包括民族独立运动时期的“合情合法”，再到20世纪60—70年代的“转入地下”，以及20世纪80年代后的“逐步放开”和“适度监管”。文章认为，目前有关选举资助的法律问题仍有争论，随着竞选费用的不断提高，政党对财团的资金需求也日益旺盛。此外，哥伦比亚大学博士米兰·瓦什纳夫（Milan Vaishnav）2012年的博士论文《金钱与

① Robert L. Hardgrave, Stanley A. Kochanek, *India: Government and Politics in a Developing Nation*, Fourth Edition, Florida: Harcourt Brace Jovanovich, 1986.

② M. V. Rajeev Gowda, E. Sridharan, "Reforming India's Party Financing and Election Expenditure Laws", *Election Law Journal*, Vol. 11, No. 2, 2012.

"肌肉"：对印度犯罪、选举和民主的研究》,[①] 对2003—2009年间中央和地方层面的37场选举、约6万名候选人的资产状况和犯罪记录进行量化分析，主要探讨三个问题：为何政党要提名有犯罪背景的候选人？选民为何认可这些人？这种现象对民主问责制又意味着什么？研究得出的结论是：政党支持有犯罪背景的候选人，是因为这些人拥有足够的财力，能够自行解决选举经费问题；选民投票，并非因为不了解候选人背景，而是认为这些人能够有效保护族群利益（group-based interests）。

此外，报刊杂志也会有一些关于印度财团政治影响力的报道，但都是非常零碎的信息，如《纽约时报》2011年7月26日的报道"亿万富豪助力并受惠于印度政府"。[②] 印度国内媒体对2011年公开的"妮拉·拉蒂娅录音事件"（Nira Radia Tapes Controversy）进行大量报道，案件涉及媒体、政客和财团领袖的幕后运作，最终引爆2G丑闻，导致时任电信部长A. 拉贾（A. Rajia）入狱。还有，在对印度媒体业的控股情况进行分析时，会发现许多媒体的董事会成员都是大财团；[③] 有的学者甚至研究了房地产业与选举政治的关系，发现"选举期间，房地产建设会出现一定的萎缩，因为原本用于建设的资金可能另作他用，例如资助选

① Milan Vaishnav, "The Merits of Money and 'Muscle': Essays on Criminality, Elections and Democracy in India", 2012, http://academiccommons.columbia.edu/catalog/ac%3A146579.（上网时间：2015年2月5日）

② Ruth Fremson, "Billionaires' Rise Aids India, and the Favor Is Returned", *New York Times*, July 26, 2011.

③ Paranjoy Guha Thakurta, "Media Ownership Trends in India", July 3, 2012, http://www.thehoot.org/web/home/sotong.php?storyid=6053.（上网时间：2015年2月5日）

举”。[①] 相关的主要媒体有英国的《经济学家》和《金融时报》，以及印度主流英文报刊《经济与政治周刊》（*Economic & Political Weekly*）、《经济时报》（*Economic Times*）、《金融快报》（*Financial Express*）、《商业标准》（*Business Standard*）、《印度时报》（*Times of India*）、《印度教徒报》（*The Hindu*）、《印度快报》（*Indian Express*）等。由于内容比较散乱琐碎，理论性也不强，且在后面的论述中会有所涉及，在此就不一一赘述了。

二、中文文献回顾

国内关于印度财团的研究始于20世纪50年代后期，20世纪60—80年代是个研究成果频出的小高潮，财团研究也是当时印度研究的重要内容。冷战结束后，随着意识形态的淡化，以及老一辈研究人员逐渐退居二线，后继研究力量又更多关注语言文学与外交安全，与印度财团相关的研究陷入低潮。直至新世纪印度崛起势头迅猛、财团飞速发展后，国内学术界才又重新关注印度财团问题，但根据文献回顾的情况看，现有论述主要以经济管理为视角。

冷战期间的研究成果有较强的阶级分析特性。笔者通过“印度+财团”、“印度+资产阶级”、“印度+大企业”、“印度+利益集团”、“印度+家族企业”等组合，在中文学术期刊网（cnki）搜索到该时期的20余篇学术论文和评论性文章，主要的研究成果有：萧冷的《印度各种资本的初步分析》（《国际问题研究》，1959年第4期）；雅南的《印度大资产阶级的某些特点》（《国际

① Devesh Kapur, M. Vaishnav, “Quid Pro Quo: Builders, Politicians, and Election Finance in India”, Center for Global Development Working Paper, 276, December 7, 2011, http://ssrn.com/abstract = 1972987, M. V. Rajeev Gowda, E. Sridharan, “Reforming India's Party Financing and Election Expenditure Laws”, p. 234.

问题研究》，1960 年第 1 期，第 33—41 页）；萧泠的《印度大资产阶级同美国垄断资本的勾结》（《世界知识》，1961 年第 23 期，第 4—6 页）；徐梅的《外国私人资本加紧渗入印度》（《世界知识》，1961 年第 7 期，第 8—10 页）；萧泠的《印度大资产阶级剖视》（《世界知识》，1962 年第 24 期，第 8—10 页）；彭树智、赵克毅的《近代印度大资产阶级的形成及其特点》（《历史教学》，1963 年第 11 期，第 23—30 页）；施颜的《美国垄断资本加紧控制印度》（《世界知识》，1964 年第 23 期，第 13—15 页）；孙培钧的《论印度垄断资本》（《南亚研究》，1982 年第 11 期，第 20—32 页）；黄子都的《论印度资产阶级的性质和特点》（《世界政治资料》，1983 年第 2 期，第 10—18 页）；华碧云的《印度私人垄断资本与外国资本的关系》（《现代国际关系》，1983 年第 3 期，第 31—40 页）；陈翰笙、孙培钧的《印度财团的发展过程及其前途》（《南亚研究》，1983 年第 4 期，第 7—16 页）；杨昌沅的《论印度民族资产阶级的形成》（《中南民族学院学报》，1984 年第 2 期，第 65—73 页）；梅之的《印度独立以来的资本主义发展》（《南亚研究季刊》，1985 年第 1 期，第 1—12 页）；杨昌沅的《近代印度大资产阶级特点的初探》（《中南民族学院学报》，1985 年第 2 期，第 55—60 页）；宋新宁的《试论印度共产党和共产国际对待资产阶级的策略（1920—1934）》（《国际共运史研究》，1987 年第 1 期，第 63—79 页）。通过文献阅读发现，该时期主要探讨的议题是印度资产阶级对内操控政府、对外勾连垄断资本，着重批评印度财团（大资产阶级）的反动性、剥削性、扩张性和垄断性，间接折射出印度财团政治影响力的问题，分析视角略显单一，话语体系也具有鲜明的时代烙印。例如，学者徐梅在《外国私人资本加紧渗入印度》一文中称：“经过帝国主义这几年来的积极扶植，印度大资产阶级的实力得到很大增长，他们在印度政治生活中的影响也日益加强。为了资产阶级本身的利益，不惜出卖民族利益。他们公开叫嚣印度应该放弃不结盟政策，经济上主张放弃国有化措施。”① 即使长期从事印度问题专业研究的陈翰笙和孙培钧两位教授，也在《印度财团的发展过程及其前途》一文中指出，“独立后印度财团窃取了民族运动胜利果实的最大一份。现在他们通过对政党提供竞选经费、收买议员官吏以及操纵舆论工具等手段，竭力左右政局和对政府施加影响，使印度政府的各项政策为他们的利益服务。在印度，如果一个政府不能忠实地为财团利益服务，它就站不住脚。”② 对此，孙培钧、华碧云等作为国内研究印度财团问题的权威学者，也曾指出，“国内关于印度财团的研究始于50年代后期。60年代初，国内一些学者曾经就印度大资产阶级—垄断财团的特点和性质发表过一些学术论文。但它们只是着重批判印度大资产阶级的反动性和扩张性，对印度财团的历史和现状还没有能够做出全面的介绍和系统的分析。”③

该时期对印度财团最主要的研究成果是1984年出版的《印度垄断财团》一书。该书由北京大学、中国社会科学院、中国现代国际关系研究所（2003年更名为“中国现代国际关系研究院”）的权威印度问题专家合作完成，对印度财团进行了系统、全面且相对客观的梳理，突破了单一的阶级分析视角，也是迄今为止国内对印度财团最系统的研究成果。该书共十章，较全面地介绍了印度财团方方面面的情况，包括兴起与发展、地域分布及案例研究、财团与政府及外国资本的关系、财团的海外投资情

① 徐梅：“外国私人资本加紧渗入印度”，《世界知识》，1961年第7期，第10页。

② 陈翰笙、孙培钧：“印度财团的发展过程及其前途”，《南亚研究》，1983年第4期，第7页。

③ 孙培钧、华碧云、张敏秋、高鲲：《印度垄断财团》，北京：时事出版社，1984年版，第4页。

况、财团特性与未来发展趋势等，该书还重点介绍了塔塔财团、比尔拉财团两大全国性财团以及若干地方财团，并分析了财团间的矛盾与斗争。对于印度财团的政治影响力问题，该书第七章探讨了财团与政府的关系问题，主要结论是，“印度垄断财团与印度政府关系十分密切。印度垄断财团——大资产阶级——是印度政府的阶级基础；印度政府是大资产阶级的政治代表。财团需要政府的扶植，政府需要财团的支持，两者的利益在根本上是一致的。印度独立以后，印度垄断财团在政府扶植下获得了惊人的发展。但是，财团与政府也有矛盾。限制与反限制构成了财团与政府间的矛盾。……印度垄断财团就是这样既在根本上依赖政府的扶植、又在一定程度上同它发生矛盾的过程中发展起来的”，“当然，财团同政府的矛盾不论如何尖锐，决不会超过它们之间根本利益上的一致。既一致又矛盾，在矛盾中求一致，这是财团同政府关系发展的总趋势。这种既一致又矛盾的关系，在不同时期、不同政府和不同财团身上表现是不相同的”。[①] 应该说，这个核心结论体现了唯物主义辩证法，对财团与政府关系的剖析鞭辟入里。虽然由于力量对比的消长和影响模式的变化，印度财团政治影响力的表现、程度、渠道等也都因时因势而变，但上述结论至今依然站得住脚。

20 世纪 90 年代之后，随着国际政治环境的变化及国内改革开放政策的推进，国内学术界的研究重点更多地转向西方世界，从事印度研究的学者也更多侧重语言文学和外交安全，对印度财团（资本主义）的研究步入平淡期，迄今尚无系统论述财团政治影响力的研究成果。新世纪以来印度经济的快速增长，激起了人们对印度经济改革和发展模式的研究兴趣，也引起了国内学界对

① 孙培钧、华碧云、张敏秋、高鲲：《印度垄断财团》，1984 年版，第 240 页。

印度研究的一轮小高潮，但侧重分析印度财团发展的态势和成功经验，包括其海外市场的开拓、内部制度的管理、印度IT行业的发展经验等。如：陈震、秦慧丽的《印度政府在资本形成中的作用》（《亚太经济》，2001年第4期，第33—35页）；陈彬彬的《印度资本形成中的强政府作用与启示》（《世界经济研究》，2002年增刊，第21—23页）；文富德的《印度企业“走出去”的政策与做法》（《南亚研究季刊》，2003年第4期，第1—5页）；龚文君的《印度最大的私有企业信诚集团》（《国际化工信息》，2004年第10期，第23—27页）；戴永红、秦永红的《印度软件企业在国际化成功的社会文化因素》（《南亚研究季刊》，2008年第2期，第75—81页）；胡霞的《印度第一家族企业海外加速》（《中国新时代》，2008年第6期，第60—62页）；杨汉明等的《印度塔塔集团跨境并购给我国企业的启示》（《财务与会计》，2010年第3期，第25—26页）等。中国现代国际关系研究院的华碧云老师，退休后笔耕不辍，发表的《印度财团在印度经济发展中的作用》（《南亚研究》，2005年第2期）和《当代印度财团的特点》（《南亚研究》，2008年第2期），是少有的涉及印度财团政治影响力的学术论文。此外，也有一些涉及印度财团的报刊评论，但描述多于分析、经济多于政治。例如，《安巴尼帝国：左右印度商界》（《经营者》，2004年第9期）；华碧云的《安巴尼，印度最大财团的神话》（《21世纪经济报道》，2007年9月3日，第33版）等。

在著作方面，20世纪90年代至今，尚无论述印度财团（及其政治影响力）的专著，仅在一些有关印度的研究著作里对该问题有零星涉及。云南社会科学院院长任佳研究员，在《印度工业化进程中产业结构的演变：印度发展模式初探》一书中，提及了印度政治结构、政治二元文化和利益集团（含财团）对决策的影响，是一种比较前沿的探讨，不过只是“点到为止”，对利益集团的具体运作机制、渠道、效果等，并没有进一步展开论述。[①]白万纲的《世界财团管控案例》简要介绍了美国、日本、瑞典、英国、德国、俄罗斯、印度的代表性财团，认为各国财团呈现经营多样化、相互渗透、资本国际化、经营权和所有权逐渐分离等共性特点，其中提及了印度的塔塔财团和安巴尼财团，但也只是基本情况介绍。[②] 陈金英的《社会结构与政党制度：印度独大型政党制度的演变》，梳理了印度政党政治的演变进程，其中有几页涉及到印度财团，核心观点是印度财团虽然是上层阶级的重要组成，也是印度经济改革的最大受益者，但缺乏纯粹属于自己的政党，而是依附于国大党或印度人民党。[③] 在陈金英教授看来，印度财团必须依附于主要政党才能发挥政治影响力，但这种观点对主要政党逆向依赖财团（一定程度上，且不是依附）的现象未能予以足够重视，对财团直接参与议会、政府委员会等政治机制的情况也未能予以充分关注，故未能全面准确地反映事实。北京大学历史系教授王红生在《论印度的民主》一书中对印度政府与资产阶级的关系有过简短论述，其结论是“印度国家是资产阶级性质的，印度政府的官员们是为资产阶级利益服务的，但这不等于说政府官员与印度的资产阶级尤其是大资产阶级之间已经完全融为一体，‘官僚’与‘资本’之间分离的同时又和谐一致，既维持了独立以来的民主制度的基础，又呈现了独立后最初30年里国大党一党独大的政治局面和大资产阶级经济上进一步发展的态

① 任佳：《印度工业化进程中产业结构的演变：印度发展模式初探》，北京：商务印书馆，2007年版，第219—238页。

② 白万纲：《世界财团管控案例》，北京：中国发展出版社，2009年版，第163—190页。

③ 陈金英：《社会结构与政党制度：印度独大型政党制度的演变》，上海：上海人民出版社，2010年版，第62—63页。

势”。[①] 此观点与《印度垄断财团》的核心结论一致，对印度财团与政府关系的定位比较客观、辨证，但遗憾的是，王红生教授主要探讨的是印度民主而非财团，对财团与政府关系虽有所涉及，但并未展开论述。

三、小结

综上所述，国内外对印度财团政治影响力的研究论述并不算多，已有的研究成果主要将时间维度局限在民族独立运动时期，少量的研究成果涉及独立后的情况，对20世纪90年代后的情况则鲜有论及。因此，在研究的时效性、系统性和全面性方面，已有研究成果仍存在如下可进一步完善之处。

第一，对印度经济改革后的情况论述较少。20世纪90年代初的经济改革，给印度的政治经济生态带来了翻天覆地的变化。一方面，政治力量的发展日益多元化、分权化乃至碎片化，两大全国性政党国大党和印度人民党旗鼓相当，地方邦的地方政党雄起而执政一方，地方政治家族化色彩加重，左翼政党日渐削弱，政治生态明显生变。20世纪80年代以来，印度政治日益呈现“联盟政治”的特点，即国大党和印人党作为两大全国性政党，都无法单独组阁，而必须依靠小党支持才能组阁。2014年印度大选，国大党遭遇滑铁卢，印人党获得史上最好成绩，成为近30年来首次获得超过半数议席的政党，对印度的政治生态架构产生重大冲击。不过，印人党获得的选票数不足40%，国大党与之旗鼓相当，印度政治力量多元化、碎片化的格局短期难以根本改变，地方政党的角色依然吃重。印人党的前身是印度人民同盟

① 王红生：《论印度的民主》，北京：社会科学文献出版社，2011年版，第157—175页。

(Bharatiya Jana Sangh)，后者也是20世纪70年代末人民党(Janata Party，支持自由化、反对英迪拉·甘地的国有化政策)的发起者之一，因此印人党有支持经济自由化的理念基因，与财团的合作关系由来已久。尤其是2014年当选的莫迪总理，连续多年执掌古吉拉特邦，与古吉拉特邦出身的财团（如安巴尼财团）关系非同一般。此外，选举政治、金钱政治日益盛行，政党对竞选资金的需求日盛，必然转向财团寻求资助。但天下没有免费的午餐，政党既然需要财团的资金援助，当然也需要给予财团相应的政策回报，政治精英与经济精英的联系日益密切。地方政治力量的实力今非昔比，其与地方经济精英也有着千丝万缕的联系，这种情况也需要得到相应关注。另一方面，财团也面临家族财团多有裂变、技术财团迅速崛起、地方财团稳步发展等新特点，与时俱进的老财团根基稳固，未能跟上形势的老财团则被迅速淡出历史舞台，一大批新兴财团凭借后发优势而跻身前列。这些政治与经济领域的变化，势必会对印度财团的政治影响力产生复杂影响。尽管如此，对印度财团政治影响力的现有研究，却多集中在民族独立运动期间以及独立初期，对经济改革以来的情势着墨不多。新近产生的有关印度财团的研究成果，亦更多从经济层面对财团“企业特性”进行分析，而未能深入分析财团与政府间的关系互动。

第二，对工商协会的重视程度不够。工商协会是企业的联合体，旨在通过整合企业资源，凝聚力量、共享信息，更好地维护工商界的利益。但相当长时间里，印度的工商协会受某些财团影响较大，之前对印度财团与政府关系的研究，也主要针对的是单个财团的“个案研究”。这部分是因为传统权力关系网络的主体是财团领袖与政客，双方的交情与交易很多都不足为外人道；部分由于比尔拉财团领导的东部财团与塔塔为首的西部财团矛盾很深，且波及到政党斗争层面，影响工商协会的内部凝聚力；部分由于当时的中小企业尚未大规模发展起来，其利益诉求也难以得到财团或政府的足够重视。例如，独立初期，比尔拉财团与甘地、尼赫鲁等国大党高层关系密切，完全可以绕过工商协会，凭借一己之力对政府施加影响。不过，鉴于公众舆论呼吁更透明的政商关系、政治多元化使财团难以完全寄托于某个政党、财团间的利益纠葛被共同的发展利益冲淡等原因，工商协会的作用日益突出，财团也倾向于影响乃至左右工商协会，以更易被人们接受的方式扩大自身利益。虽然不排除个别财团在特定领域对政府施加了巨大影响力，但总体上看，单个财团的政治影响力呈下滑趋势，而工商协会作为整体的影响力在上升。总体上看，工商联、工联和商工协发展迅速，成为财团增强工商界的内部凝聚力和协调性的重要平台，进而成为财团施加政治影响力的新渠道。

第三，未能从运行机理的角度深入剖析财团政治影响力的演进和运作。社会科学虽难以完全依据指标进行量化分析，但也需要透过现象看本质，寻找规律性、机理性、根本性的特点。但已有研究成果多是从“史学”的角度进行分析，更多地停留在“摆事实”层面，或者更多地从单一渠道（如财团领袖与独立运动领导人的私密关系）进行论述，对财团政治影响力的大小、方向和作用点（力的三要素）缺乏系统性、理论性的分析框架，难免使人“知其然而不知其所以然”。许多人都承认印度财团对政府有影响力，但对影响力的侧重对象、渠道、效果等，都缺乏深入系统的研究。实际上，印度财团政治影响力的发挥与运作，有其特殊的世情、国情和社情，有必要对此进行更深入的研究，抽象出一些机理性、规律性的内容，构建印度财团政治影响力的运行机理图。

第三节 研究方法与基本框架

本书坚持历史唯物主义和辩证法的哲学视角，探讨议题的本质是经济基础（财团）与上层建筑（政治力量）间的关系。利益集团是政治学研究的重要内容，财团作为利益集团的典型代表，有诉求、意愿和能力发挥政治影响力，对其政治影响力的研究显然属于政治学范畴。考虑到财团的资本属性，或者说财团正是凭借其资本属性才能有效发挥政治影响力，故而此议题亦属于政治经济学的研究谱系。在这方面，本书超越了单纯的政治学和经济学框架，而是借鉴政治学、政治经济学、公共政策学等相关学科知识，以“政治影响力”为逻辑主轴，以“政治市场”为分析框架，以“利益交换”为逻辑起点。因此，本书提出的核心假设是“政治市场”，即：政治运作体系如同经济市场，同样存在利益交换的供需关系和途径渠道，财团能够通过施加政治策略，对政治运作体系施加影响力。换句话说，本研究的核心命题就是经济基础与上层建筑的互动关系。因此，必须坚持历史唯物主义和辩证法的基本分析方法。在论述过程中，本研究采用史论结合、社会网络分析等工具性方法，通过对史料的梳理总结、归纳提炼，对客观事实的定量分析、定性比较，综合运用阶级分析、辩证法等方法，以求构建出印度财团发挥政治影响力的主要渠道，并对政治影响力的大小、利弊、趋势做客观评估。

本书将田野调查与文献回顾的研究方法相结合。2011 年本人以访问学者的身份在印度进行半年访学，在阅读有关印度的文献时萌生了就“印度财团政治影响力”进行研究的想法，并利用在印度当地的有利时机，到尼赫鲁大学、国防研究分析所、尼赫鲁纪念馆暨图书馆、印度议会图书馆等，搜集并复印数十本著作。此外，笔者还对一些政治人物和学者进行访谈，包括政党领导人、工商协会高层、智库和大学教授等十余人。鉴于此问题的敏感性，受访者都希望访谈以匿名形式进行，故本书在使用相关访谈内容时，仅说明访谈时间与地点。

本书运用史论结合的研究方法，对大量历史文献（特别是对印度财团发展史和印度民族独立运动史）进行深度挖掘，总结梳理对本书结论至关重要的史实。例如，在探讨比尔拉财团与国大党关系的时候，许多材料都在强调比尔拉财团对国大党的支持，都在阐述两者密切合作的关系。这个结论总体上是对的，但对一些零碎的史料进行分析后发现，比尔拉财团行为的落脚点在于维护自身利益，其对国大党的政策并非一味支持或同步，家族内部也并非铁板一块，有的成员甚至支持过国大党的政治对手。再如，对政治领导人与财团领袖个人交往过程中一些细节的分析，有助于了解彼此关系的密切程度。

本书采用了文本分析法，通过对搜集到的信件、讲话稿、政府报告等进行文本分析，寻找有关财团政治影响力的蛛丝马迹。在这方面，一些财团领导人的传记和回忆录是重要的文本来源。例如，K. K. 比尔拉的自传《与历史同行》附录了有关比尔拉家族与国大党高层密切交往的珍贵照片和信件，甚至包括中央调查局德里分部对 1977 年国大党索贿案的调查报告，对客观、准确、权威地了解事实颇有帮助。

本书还采用了定量与定性相结合的研究方法，在分析财团—政府关系对财团发展有何影响的问题上，本书援引印度政府有关财团实力变化的评估报告，通过数据对比阐述“财团—政府关系”与“财团发展状况”两者间的相关关系。本书还通过对全国大选候选人与当选议员的背景进行分析，包括犯罪记录、党派分布、财产状况等，得出竞选资金不断飙升、财产状况与当选概率正相关、议员个人财富稳步增加、“有案在身”的议员数量增加等结论，进而论证财团对议会影响力的上升及其带来的复杂影响。本书还对印度富豪榜上榜者的属地身份和从事行业进行分析，发现与政府审批权关系密切的行业，行业垄断性更强，更依赖财团与政府的关系。

本书综合运用归纳与演绎的方法，但以归纳为主。本书借鉴了政治市场的理论逻辑，但并非简单地进行推理、演绎，而是在基于对大量事实的综合、归纳和分析后，就财团的特性、影响因素、发挥政治影响力的主要渠道等得出结论。例如，在有关财团政治影响力策略方面，本书既借鉴利益集团理论的有关方法，又立足印度国情社情，在对印度财团发挥政治影响力的措施进行归纳、综合分析后，将之概括为政经权势网络、政策研制体系、特殊利益聚合体三大层面。结论部分对印度财团政治影响力进行总体评估时，也主要基于前面论述的归纳与综合，使得整个论证过程更有说服力。

当然，本书的研究有相当难度，最大的难点来自资料收集。财团在施加政治影响力时，并非都采取公开、透明、合法的手段，很多时候都是通过私下联系甚至非法渠道，存在一些幕后交易（或者说幕后交易更多），很多案例需要很久才被公开，且难以得到证实或证伪。在田野调查时，由于此问题比较敏感，涉及印度政治机制的内幕或者一些不宜拿到台面的信息，许多访谈对象都不愿就此深谈。例如，某受访对象很愿意就工商协会的发展历程、中印经贸合作的潜力等问题发表看法，而在涉及其如何影响政府决策、可否查阅相关历史资料时，则避而不谈。另有多位受访对象在提及某些大财团时，都非常谨慎与隐晦。因此，虽然本研究希望增加更多的现实材料，但还是面临很大挑战。由此导致的另一个难点，就是很难对财团的政治影响力做出量化的衡量，更多的时候像“拼图”，就是将零碎的信息“聚散为整”，然后组建拼凑出完整的“影响力机理图”。在此过程中，还需引入合理的分析框架，构筑财团与政治力量互动博弈的桥梁，避免彼此脱节。因此，无论是收集和整理资料的过程，抑或是论证行为的过程，都需要综合运用多种研究方法，以使研究更加丰满、更有说服力。另外一个难度，是经过长期发展，印度财团的股权结构变得日益复杂，很难通过表面名称判断其背后的实际控制人，导致对一些企业“隐形股东”的资料掌握有限，不利于准确研判财团内部的权力分配。例如，安巴尼财团对媒体集团的收购，就是通过复杂和隐蔽的资本运作，水到渠成之后才为外界所知。

本书内容共分四部分：

第一部分是导论，主要介绍研究对象及其研究意义、国内外研究现状的文献回顾、本书的研究方法与学术创新。该部分对全文论述起到“破题”或“提纲挈领”的作用，文献回顾是否充分、研究方法是否得当、论证框架是否合理，关乎全文论述的成败。

第二部分是理论方法的厘定、基本概念的界定和基本情况的介绍，共三章。第一章是“财团政治理论”，主要明确本书需要论述的相关概念（利益集团、财团、政治市场），梳理有关企业利益集团的已有成果。本章将引入本书的研究范式“政治市场”，也就是经济权力和政治权力的交易与转换平台。在这个政治市场里，财团和政党是最主要的理性交易主体，供需关系是影响彼此互动博弈的内在逻辑。政党的核心需求是“政权”，在印度民主制体制下，政党获得政权的主要途径是选举，财团通过提供竞选资金、影响民意、搭建网络等，对政党进行“俘获”，进而获得发挥政治影响力的可能性。在此基础上，财团利用其所掌握的媒体、智库、行业协会等，在议程设置、政策制定、政策评估等各个层面，加大对政府政策的影响。第二章是“印度财团的发展与演变”，以史论结合的方式梳理印度财团的“成长史”，为进一步论证其政治影响力奠定事实基础。本章将印度财团的发展史分为三个时期，即：印度独立前的萌芽破茧期；独立后至经济改革前

（或“许可证制度期”）的曲折发展期；20 世纪 90 年代经济改革至今的蓬勃发展期。与之相对，本章基于上述三大时期的划分，对印度财团与政府的关系演变史也进行了简单梳理，将三个时期的基本特征概括为：相互借重但暗藏矛盾；合作与斗争并存，政府相对强势；相互帮助，财团地位不断上升。本章还将论述印度财团的主要特点，包括：浓厚的族群与家族背景、兴衰沉浮与政经关系的息息相关以及灵活两面的政治手段等。第三章是“印度财团政治影响力的系统因素”，主要论述影响印度财团政治影响力的宏观环境，包括政治机制、财团资源、传统文化认知、内部凝聚力等。当然，这些宏观环境并非纯粹的有利或有弊，也并非一成不变，而是随着时代的变迁而变化，且不时呈现两面特性。以选举过程中的金钱政治为例，一方面财团可以通过提供竞选资金支持，谋求扩大政治影响力，另一方面又忌惮加剧腐败而引起民众反感，到头来恐得不偿失。

第三部分是对财团政治影响力的论述，也是本书的核心部分。该部分也分为三章，从构建政经权势网络、参与政策研制系统、培育特殊利益聚合体的角度，论述印度财团政治影响力的发挥渠道。本书认为，印度财团基于政治市场施加政治影响力，大致有三大支柱：其一，通过与政治人物建立人脉网络、卷入或参与政治斗争、影响选举或人事任命、参加议会选举等，介入乃至融入印度的政治运行体制，进而发挥政治影响力，构建政经权势网。其二，凭借参与政府委员会、引领媒体智库、塑造公众认知等方面的信息优势、研究优势，强化对政府政策的话语引导和塑造能力，干预乃至引导印度政府的内外政策，影响政策研制理念。其三，聚零为整、抱团取暖，形成财团主导的工商协会，使其政治影响力的效力与合法性倍增，构筑特殊利益聚合体。在各个历史阶段，印度财团各层次政治影响力的大小主次有所不同，但整体趋势是日趋全面和强化。

第四部分是结论和启示。该部分旨在通过对印度财团的政治影响力进行评估，包括其影响力的大小、效果的积极与消极等，得出财团与政府互动关系的规律性、普遍性的结论。首先，供需关系是印度财团政治影响力得以发挥的内在机理，供需关系的演变也决定财团政治影响力的大小成败。印度政治市场并非静止不动，而是动态演进的。当供需关系趋于平衡或政治力量之“需”大于财团之“供”时，财团的政治影响力也将趋强；当供需关系陷入失衡或财团之“需”大于政治力量之“供”时，财团施加政治影响力的掣肘也会增多。此外，财团发挥政治影响力既有客观有利条件，但也面临制约因素。其次，印度财团政治影响力对社会起到正反两方面作用，既能在一定程度上促进经济社会的发展，甚至提高政府的良治能力，又可凭借自身在资源分配中的优势地位，吸聚更多资源流向自己，加剧资源分配的不公，且会形成庞大的既得利益集团，把既得利益“合法化”，沉淀为制度性安排，并滋生腐败等问题。最后，印度财团政治影响力是个复杂系统，不是单向过程，而是与政府供需关系的互动博弈，且受到公民社会的影响。整体上看，由于政府仍以经济增长为核心执政目标，民众对经济发展的认可度也在增加，财团在政治市场供需关系中的地位更趋有利，其政治影响力的发挥虽然面临诸多挑战，但总体上将保持日趋全面和强化的态势。

第四节　创新与贡献

本书在大量文献阅读的基础上，借鉴并综合运用多门学科的知识与方法，结合本人从事印度国别研究的知识积累和在印度访学的实际调研，深入研究“印度财团政治影响力”这一长期被忽视的议题，希望能对国际政治经济学和印度国别研究尽自己的绵薄之力。

本书有如下创新与贡献：

一是增加了20世纪90年代初经济改革后的新材料，使论证更有现实性。与科钦纳克等前人相比，该研究除了充分挖掘和利用民族独立运动期间的史学资料外，增加了经济改革后财团与政府关系互动的新材料，从而使论证更富历史纵深感，其得出的结论也更具动态性、现实性，有利于更准确地把握财团的政治影响力。经济改革是印度政治经济发展过程中的大事，对印度方方面面产生重要影响，只有将此段历史纳入研究视野，才能更好地对印度财团政治影响力进行综合、长时段的评估，得出的规律性结论也更有说服力，最新的材料更新至2014年大选之后。

二是采用“政治市场”的新视角，从跨学科的角度来探讨财团的政治影响力。已有的印度财团研究主要是史学的“就事论事”，或是局限于经济视角的“企业研究”。此类研究对丰富相关领域的知识无疑是有帮助的，或者说是深化对印度财团系统研究的基础。但是，停留在历史和经济管理层面的研究，无法有效探知印度财团在国家权力体系中的作用。本书不停留在单纯的政治学或经济学研究框架上，而是采取跨学科的方式，综合借鉴政治学、经济学、公共政策学、政治经济学等学科的有益方法，以政治影响力的视角对印度财团进行分析，有助于更好地完善和丰富对印度财团的认知。

三是对印度财团政治影响力的运行机制进行了分析。对印度财团的政治影响力问题，许多人承认这种现象的存在，但主要停留在对表象的认知上，知其然而不知其所以然。本书引入了公共选择理论中的“政治市场”概念，认为政治市场的存在是印度财团能够施加政治影响力的前提，并用供需的均衡与失衡来探究财团与政府的博弈，应该说是对印度内部决策机制研究的有益补充。此外，对财团（利益集团）与政府互动关系的已有分析，主要有企业支配模式、多元主义模式、市场资本主义模式等。本书通过研究认为，财团与政府的互动博弈的核心脉络是利益供需，财团对政府影响力的大小取决于其满足政府所需的能力与效果。其结果就是，随着财团实力的上升（供应能力增强），以及政府更多将经济增长作为执政目标，其对财团的需求有所增加，财团政治影响力也将趋强。

第一章

财团政治理论

财团是资本主义发展到一定阶段的客观产物。作为一国最具影响力的企业势力，财团是强势的经济利益集团，凭借其经济权力衍生出强大的权力关系网络，在政治、经济、社会各方面发挥举足轻重的作用。与之相对，政府是国家治理的权力中枢，掌握着庞大的行政和社会资源，衍生出权力网络。当然，在多元化的民主国家里，政治权力并非完全掌握在政府手里，行政、立法与司法三权分立，在野党和政治人物个体也都拥有一定的政治权力。只不过，政府是国家政策的制定者，一般情况下由立法机构多数席位的政党组建，故而往往被视为处于相对有利的政治地位。财团与各种政治力量之间相互作用、彼此影响，形成一国的“结构性权力”，成为推动国家发展的强大动力。某种意义上说，任何国家的发展都是政治权力与经济权力相互博弈推动的，而在主要的资本主义国家，现代化和工业化的进程催生了一大批垄断财团，这些财团全面渗入社会生活的方方面面。因此，作为利益集团理论、公共政策理论等学科的重要内容，财团政治或者说企业利益集团的政治影响力，一直是人们学理研究和实践生活的重要话题。

财团政治理论的核心问题是财团与政府的互动关系，主要探讨公共政策的制定过程中，财团如何影响政府的决策选择。学术界虽然很少有人直接使用“财团政治理论”的表述，但在讨论利益集团政治、公共选择、企业政治策略等议题时，在论述“阶级”、“权力分配”、“精英统治”、“企业共同体”等概念时，财团政治理论已经是题中应有之义了。唯一的区别就是，上述理论探讨的是泛化的、包括中小企业的“企业界”，而本书研究的对象则是企业界中的佼佼者——财团，以及财团施加政治影响力的方式、渠道和影响因素等。

第一节　利益集团与财团

利益集团是人类社会发展过程的必然产物，整个人类社会发展进步的历史，就是不同利益集团相互竞争与合作的历史。随着社会发展和社会结构的日益分化，利益分化和利益积聚亦同步发展，社会群体“物以类聚、人以群分”的分化组合，催生了形形色色的利益集团，使之逐渐成为现代社会的重要单元。由于利益诉求、规模大小、行为能力等不同，利益集团又林林总总、分为三六九等，但商业利益集团（或企业共同体）被普遍认为是最强的利益集团之一。在商业利益集团中，财团及其主导的工商协会，又往往最具实力和影响力。为维护自身利益、实现生产扩张、获得许可审批、争取政策优惠等，财团往往通过各种策略手段影响政府，进而形成“政治影响力”。

一、利益集团概论

利益集团并非新鲜事物，“任何社会的发展都不可避免地会出现不同的社会阶级，相互对抗的利益将在不同职业的基础上产生，相互冲突的政治哲学将扎根于大众”。[①] 有学者认为，现代国

① ［美］杰弗里·M. 贝瑞、克莱德·威尔科克斯著，王明进译：《利益集团社会》（第5版），2012年版，第4页。

家可以从国际、国内和个人三个层次予以解构，“在国际层次，国家指的是‘主权国家’，代表领土内人与物的总体，与其相对的是其他国家；在国内层次，国家是指由全职的官员组成和管理的一系列机构，对一定固定领土上的民众行使统治并垄断这个领土范围内的暴力工具，与其相对的是其统治的民众所在的社会；在个人层次，国家是政治家和官僚等个体组成的政府统治集团，与其相对的是其他个体组成的特殊利益集团”。[①] 不过，虽然利益集团历史悠久，且是政治生活实践中非常重要的行为体，但其真正进入学术话语体系仍是西方资本主义政治经济制度基本确立之后，而且人们对利益集团的认识也存在分歧。“利益集团成为民主政治的合法组成部分的时间要比政党更晚。直到20世纪30年代末，美国和英国由于出现了大规模的劳工运动，利益集团才被认可为民主多元主义的组成部分；在欧洲大陆，左翼学者把工会看作是工人阶级的组织，把行业联盟看作是资产阶级的工具；而保守主义学者则倾向于认为所有的利益集团都和政党一样，是对国家主权和代表公共利益的官僚权威的非法威胁。”[②]

利益集团的称谓很多，亦被称为“压力集团”（Pressure Group）或“院外集团”（Lobby Group）等。“压力集团”强调利益集团的运作方式，是向政府、政党或政客等“施加压力”，进而实现政府政策的改变；“院外集团”则更多用于形容美国的游说活动，因为美国利益集团的代表往往在国会两院外面的门厅进行游说。美国“宪法之父”詹姆斯·麦迪逊（James Madison）是最早思考利益集团的政治理论家，在其与亚历山大·汉密尔顿

① 朱天飚：“前言——什么是比较政治经济学?”，［美］彼得·J. 卡岑斯坦著，陈刚译：《权力与财富之间》，2007年版，前言，第2—3页。

② ［英］戴维·米勒、韦农·波格丹诺主编，邓正来主编（中译本）：《布莱克维尔政治学百科全书》（修订版），北京：中国政法大学出版社，2002年版，第384页。

(Alexander Hamilton) 和约翰·杰伊 (John Jay) 合著的《联邦党人文集》中，麦迪逊在第十篇中提到了“党争”的概念，首次触及“利益集团”的内涵。根据其定义，利益集团是指“一些公民，不论是全体公民中的多数或少数，团结在一起，被某种共同情感或利益所驱使，反对其他公民的权利，或者反对社会永久的和集体的利益”。[①] 在麦迪逊看来，“党争”是社会利益分化的正常产物，但解决之道绝非抑制多元利益诉求，而是通过鼓励社会利益多元进程、形成利益群体彼此竞争和牵制，“党争的原因不能排除，只有用控制其结果的方法才能求得解决”。[②] 换句话说，“对于一个权威扩散至广大且分散的人口中的政府而言，整个国家的很多利益的相互竞争将削弱派别的作用”。[③] 阿瑟·本特利 (Arthur Bentley) 是美国社会科学领域科学主义的倡导者，认为政府公共政策是利益集团博弈竞争的产物，利益集团通过合作竞争、分化组合、改革调整等，反映各个利益群体的政策需求。政府部门均为利益集团作用于政府的中介，其作用是去了解利益集团所代表的人群和利益。[④] 在本特利看来，“利益集团是政治过程的基石，政治制度的变化可以视为是集团压力使然”，不过其理论不足是用机械主义的概念来说明科学的活动，未能赋予意识形态和人类取向应有的地位。[⑤] 戴维·杜鲁门 (David Truman) 则是美国研究利益集团的最著名学者之一，其有关利益集团的主要著作是1951年的《政治过程：政治利益与公共舆论》。在该书中，

---

① [美] 汉密尔顿、杰伊、麦迪逊著，程逢如、在汉、舒逊译：《联邦党人文集》，北京：商务印书馆，2009年版，第53页。

② 同上书，第55页。

③ [美] 杰弗里·M. 贝瑞、克莱德·威尔科克斯著，王明进译：《利益集团社会》(第5版)，2012年版，第5页。

④ 杨帆：《利益集团》，郑州：郑州大学出版社，2010年版，第3页。

⑤ [英] 戴维·米勒、韦农·波格丹诺主编，邓正来主编 (中译本)：《布莱克维尔政治学百科全书》(修订版)，2002年版，第385页、第62页。

杜鲁门认为，“利益集团是在社会中提出特定要求，具有共同态度的集团。当它通过任何一种政府的机构提出自己的要求时，就变成了政治利益集团。”[①] 政治学家罗伯特·达尔（Robert Dahl）则认为，“从最广泛的含义上说，任何一群为了争取和维护某种共同的利益或目标而一起行动的人，就是一个利益集团。”[②] 英国政治学家安德鲁·海伍德（Andrew Heywood）则将利益集团定义为“旨在影响政府政策或行为的有组织的团体”。[③] 上述学者对利益集团的定义并非完全相同，有的侧重突出共同诉求的组织，有的则强调寻求影响政府的政治性。本书认为，利益集团就是具有共同诉求、群体性与政治性较强、借助多种手段影响政府人事或政策的社会组织。

综合看，利益集团有以下特点：第一，利益集团是围绕具体、共同的利益诉求凝聚在一起的社会集团，追求目标是“政策最大化”，谋求最符合本群体利益的特殊政策。“尽管有些利益集团致力于范围广泛的政策，但典型的利益集团仅仅关注少数与之密切相关的议题。”[④] 这一特性与政党不同，因为在民主社会，政党的核心目标是赢得选举，如果竞选纲领过度聚焦单一纲领，很可能会失去其他利益诉求群体的支持，其政策纲领应该是趋于中性，寻求“选票最大化”，而利益集团则强调其所代表的特定群体的利益，其群体利益诉求与社会整体诉求并不一致。第二，利

① ［美］D. B. 杜鲁门著，陈尧译：《政治过程——政治利益与公共舆论》，天津：天津人民出版社，2005 年版，第 41 页。

② 李寿祺：《利益集团与美国政治》，北京：中国社会科学出版社，1988 年版，第 3 页。

③ ［英］安德鲁·海伍德（Andrew Heywood）著：《政治学核心概念》（Key Concepts In Politics），王浦劬主编：《国外经典政治学教材·影印版》，北京：中国人民大学出版社，2012 年版，第 222 页。

④ ［美］杰弗里·M. 贝瑞、克莱德·威尔科克斯著，王明进译：《利益集团社会》（第 5 版），2012 年版，第 93 页。

益集团具有强烈的政治性，寻求影响政府政策。利益集团强调政治作为，通过游说、提供竞选资金、发表研究报告等手段，影响政府对某一问题的认知和政策。这一特性与普通的社会运动或社会组织不同，因为后者并不寻求获得和施加政治影响力。例如普通的登山协会，仅仅是一批具有共同爱好和利益的人聚集在一起，但缺乏影响政府的意志和能力，则仅为普通的社团，而非利益集团。第三，利益集团具备影响政府政策的手段和资源。利益集团影响政府政策的手段和资源有强弱大小之分，但必须能够产生一定的影响力。倘若某一团体仅仅具有施加政治影响力的意愿，但缺乏基本的手段和资源，无法影响公共政策，则很难算得上是利益集团。此外，施加影响的手段主要是和平的，而非寻求暴力推翻政权，这一特性决定其不同于革命组织。

利益集团可以依据不同的标准维度进行区分：根据覆盖的地理范围和规模大小，可以分为全国性的利益集团和地区性的利益集团、大型利益集团和中小型利益集团；根据组织架构的形态，可以分为机构性利益集团、社团性利益集团和非社团性利益集团等。一般来讲，人们习惯于根据利益诉求的性质和与政府关系的强弱来进行区分。根据利益诉求的性质，可以分为特定群体利益集团（sectional interest group）和公益性利益集团（promotional interest group）。特定群体利益集团是指为集团成员的特殊利益而斗争，可以围绕某一具体的议题（如使用枪支的权利），也可以是某一同质群体的利益（如纺织业联盟），其最大的特点就是仅顾及本组织内部成员的特殊利益。公益性利益集团又往往被称为“公共利益集团”、“民意利益集团”等，其特点是强调公众集体利益而非单一群体的特殊利益，如环境保护、消费者权益等。当然，利益集团在寻求群体特殊利益的同时，有时也符合公众的共同利益，因此两者很难完全区分。根据与政府关系的强弱区分，可分为内部利益集团（inside interest group）和外部利益集团

（outside interest group）。内部利益集团指与政府关系密切、甚至具有机制性联系渠道的利益集团，可以通过在政府机构派驻代表、定期接受政府的政策咨询等，对政府政策的影响力较大。外部利益集团则很少被政府主动咨询政策意见，也缺乏固定、常规、正式的渠道与政府打交道，经常不得不诉诸公众（如集会游行、舆论造势）来施加影响力。

利益集团产生的推动因素很多：第一，人类作为“社会人”的内在诉求。人类具有“人以群分”的社会特性，需要借助参加某一团体来突出自己的特殊身份和利益。虽然有些团体并非利益集团，而只是社群组织，但当将这些群体聚集在一起的议题具有政治性意义时，该组织就演变成了利益集团。第二，社会日益增长的复杂性和多样性。随着经济和社会的发展演变，利益诉求日益多元化，且不断新旧交替、此消彼长，社会群体分化加剧，使得社会上出现了利益诉求相异甚至竞争对抗的组织。为了维护各自的利益，这些群体就会加强内部整合，形成不同的利益集团。第三，敌对竞争性因素产生的倒逼压力，使得某些群体凝聚成利益集团。杜鲁门认为，“当有某种共同利益但还没有组织起来的人们，受到敌对性‘干扰因素’影响时，就会走到一起”，而这种“干扰因素”包括“战争、商业周期的转折以及政治事件等”。[①] 第四，民主制度和理念助长了利益集团的产生。民主制度使得人们可以自由组建社会团体，利益集团可以通过合法途径施加政治影响力，并在此过程中吸引更多具有共同利益的公民加入。由此可以推出，影响利益集团影响力强弱及效果的因素，包括相关的政治制度、公众认可度、竞争对手的强弱、社会利益多元化程度等。

① ［美］杰弗里·M. 贝瑞、克莱德·威尔科克斯著，王明进译：《利益集团社会》（第5版），2012年版，第50、56页。

二、财团概论

财团是一个既熟悉又陌生的概念，既被人们所广泛使用，又缺乏明确、清晰的界定。人们习惯性地将一些大的家族企业称为财团，并经常混合使用“垄断财团”、“财阀”、“家族企业”等表达。正如有的学者指出的，作为工业革命后出现的一类经济组织，尽管财团最早出现在西方，其概念从20世纪初开始被部分西方学者广泛引用，但在今天权威的西方经济学辞典以及大型综合类辞书中，编者却并未单独编入财团这一辞条。由于各国国情不同，财团在各国的表述也有所不同，例如在英美国家，财团的表述直译是“金融集团”（financial group），或者“企业联合”（consortium）、“企业集团”（conglomerate），在日本的表述是“财阀”或“营利性财团”，在印度的表述则更多的是“企业家族”（corporate house）、“商业家族”（business house）等。中华书局2009年版的《当代汉语词典》将财阀与财团分开定义，认为“财阀指垄断资本家，通常具有强大的经济实力，能对社会经济起支配作用”，“财团指控制许多重要的企业和银行的垄断资本家或集团”。[①]《世界财团管控案例》一书将财团定义为“金融资本集团的简称，指由极少数金融寡头所控制的巨大银行和巨大企业结合而成的垄断财团。它们通常由一个或几个家族集合而成。财团通常包括少数大银行、保险公司以及为数较多的工矿企业、商业企业和交通运输企业。各个财团都在很多经济部门活动，同时还扩展到文化、教育、科学、卫生、出版等各个领域和政府机关等上层部门。它们不仅利用自己的资本，而且主要是利用他们控制的大量他人资

① 《当代汉语词典》，北京：中华书局，2009年版，138页。

本来获得高额垄断利润”。[①] 暨南大学的张戎曾对财团定义进行系统梳理，包括：通过人缘的结合、联姻的结合、资本的结合等方式组织起来的庞大企业集团；在家族同族封闭式的所有权与支配下所成立的多元化的事业经营体；在未成熟的工业化过程中特有的企业集团；以家族企业为核心，通过控股或联营关系把一系列关系企业联结在一起的企业集团。上述定义虽然不尽相同，但都强调财团的寡头性、垄断性、金融性等。

目前有关财团的论述中，更多地集中在对具体国家的研究，特别是美国和日本。美国的财团被认为是其经济发展的重要特征，是其垄断资本主义发展的必然产物。美国历史上，曾涌现出摩根、洛克菲勒、梅隆、杜邦等一大批具有全球影响力的垄断财团。虽然美国政府曾出台严厉的反垄断法，试图抑制大型垄断财团的力量，但财团依然在美国政治经济生活中扮演重要角色。洛克菲勒财团深度参与美国的对外政策制定，给布鲁金斯学会、亚洲协会、对外关系委员会、彼得森研究所等提供大量捐助，甚至通过发表政策报告等，在国际联盟和联合国的创立中发挥一定影响。日本财团则是明治维新后，依靠政府的扶持而快速发展起来的，与政府的关系非常密切。日本早在20世纪初就使用“财阀”的表述，但其原本的意思是指地缘、血缘集团结成的豪门一族，到20世纪20年代成为垄断日本中央和地方经济的大家族的代名词。“20世纪六七十年代，日本经济史学界对财阀定义进行界定，将战前产生的以家族和同族支配为核心、开展多元化经营、并在各行业占有垄断地位的大企业集团称为财阀。”[②] 对于印度财团，由于印度私营大企业本身带有很强的家族性和行业垄断性，所以

① 白万纲：《世界财团管控案例》，北京：中国发展出版社，2009年版，前言。

② 高宇：“日本财阀企业的发展及其社会影响”，《日本学刊》，2012年第4期，第139页。

虽然没有像美国、日本那样的几大财团，但一般认为印度的大型家族私营企业都是财团，耳熟能详的包括塔塔财团、比尔拉财团、安巴尼财团等。

本书所探讨的财团，是指以家族企业为核心、拥有巨大经济实力或行业垄断性、金融资本和产业资本紧密结合的私人企业集团。其具备如下特征：

第一，具有强烈的家族性。财团的发展壮大往往与杰出的企业家紧密相关，人们在使用财团概念时往往冠以某个家族的姓氏，如美国的洛克菲勒财团、印度的塔塔财团等。因此，财团的首要特性就是家族血缘、家族经营和家族控制的延续。虽然由于现代企业的经营权和所有权不断分离、甚至让渡给专业人士，或者某些家族企业领袖膝下无后等原因，其家族很难始终保持对企业集团的绝对控制，但该家族仍能对企业的经营决策产生巨大影响力。这种影响力的产生或者通过直接控股，或者通过担任企业核心领导，或者通过家族基金会，渠道可以多样，但效果都是能深度影响财团发展态势。例如，2012 年 12 月 28 日，执掌塔塔财团 21 年的拉坦·塔塔（Ratan Tata）退休，将董事长职务让位给塞鲁斯·米斯特里（Cyrus Mistry），[①] 但拉坦·塔塔仍出任塔塔财团的荣誉董事长，且其控制的慈善基金会控制了塔塔有限公司（Tata Sons，是塔塔集团的控股公司，也译成“塔塔父子公司”）60% 以上的股份，对财团运作仍有相当影响力。

第二，经济实力巨大，拥有行业垄断性。财团的另一个特点就是其强大的经济金融实力，在一个或者多个行业占有优势地位。例如，美国的洛克菲勒财团以石油起家，19 世纪末曾垄断美国全国的石油业；摩根财团则在金融和铁路业叱咤风云。印度国

① “Tata’s Mistry Man：Tightening Belts as Frugal Era Begins”，*Reuters*，May 27，2013.

有企业在石油、核能、航空航天、国防军工等领域仍占举足轻重的地位，但私营财团在许多其他行业已占据主导地位。塔塔财团是印度历史最悠久、最负盛名的财团，很长时间里垄断着印度的钢铁业，现在业务范围已经涵盖通信技术、医药、汽车、电力等；20 世纪 70 年代后异军突起的安巴尼财团，在短短几十年时间里跃升为印度最大的私营财团，在石化、能源领域举足轻重，也是全球股民人数最多的公司。2013 年 5 月发布的“世界 2000 强”排名，印度有 56 家公司上榜，安巴尼家族的信实工业排名 121 位，年销售额高达 703 亿美元，足以证明其强大经济实力。另据报道，印度前 55 名富豪的财富总量高达 2500 亿美元，约为印度一年国内生产总值的 1/6。①

第三，金融资本与产业资本的结合。财团的一大特点是“以资本为纽带”，金融垄断是垄断资本主义的重要特征，金融实力是决定财团发展前途的重要因素。虽然财团最初发家的领域往往不是金融业，但在其发展到一定阶段后必然会渗透到金融领域，无论是建立商业银行、信贷公司或者是信托基金。“作为财团的企业群体在结构上一个明显特征是：它必然是金融资本与产业资本的混合。通常而言，在这种混合结构中，金融资本往往居核心地位，尽管在财团内它的形成也许要比产业资本晚许多。这种模式的优势在于：通过金融资本，财团能够更快地聚集资金，加速对外扩张；同时，金融机构的存在，还能够帮助财团更好地管理风险，而在财团的快速扩张期，金融机构这种管理风险的核心技能尤其显得重要。”② 所有的印度财团都不是靠金融业起家，但最终都不可避免地、或多或少地进入金融领域，服务自身的融资

---

① Ruth Fremson, “Billionaires' Rise Aids India, and the Favor Is Returned”, *New York Times*, July 26, 2011.

② 畅征、陈峰君主编：《第三世界的变革》，北京：中国人民大学出版社，1997 年版，第 36—39 页。

便利。

第四，对国家政策有巨大影响力。主观上，为了巩固和扩大自身利益，财团存在影响政府决策的需求，处理好与政府的关系是财团发展壮大的必然选择。客观上，财团凭借其庞大的经济实力，利用与政治力量的关系网络，能够在很大程度上影响乃至左右国家的政策走向。如果不擅长与政府打交道，财团就很难维系自身发展。前文已经论及，美国、日本等国的财团，对政府都有巨大的影响力，印度财团也不例外。

三、财团与政府关系模式

对于财团和政府的关系，学界一直以来有所争论，主要是因为各方围绕利益集团影响力的大小、承担社会责任的程度、政府对企业行为的干预力度等问题存在分歧。目前，关于财团和政府关系的主要观点有如下几种：

第一种是企业支配模式（主导模式/精英模式）。该派认为，国家权力集中在政治和经济精英手中，由政府和企业经营组成的权力网络，以牺牲多数人的福祉为代价，谋求少数精英的特殊权益。早在20世纪初，查尔斯·比尔德（Charles Beard）在《美国宪法的经济解释》一书中指出，“美国的制宪会议只不过是一次富人和显贵的集会，他们代表的是金融家、商人和奴隶主的利益，而不是普通公民的目标和愿望。”① 尼尔·弗格森（Niall Ferguson）在《金钱与权力》一书中干脆将政治形容为“一门生意”，将国家比喻成“某家公用事业公司”，政党只不过是投资集

① Charles A. Beard, *An Economic Interpretation of the Constitution*, New York: Macmillan, 1913，转引自：［美］理查德德·雷恩著，何俊志译：《政府与企业——比较视角下的美国政治经济体制》，上海：复旦大学出版社，2007年版，第46页。

团，其目的就是说服股东（选民）在下次股东大会（大选）中支持自己。[1] 威廉·多姆霍夫（William Domhoff）在《谁统治美国?》一书中提出了“企业共同体”的概念，并尖锐地指出“在美国，企业共同体将经济权力转化成政治影响和政治通道的能力，连同它与中产阶级社团和宗教保守派结盟的能力一道，使得它成为联邦政府中最有影响的力量”，“经济权力、政策专家和持续的政治胜利之间的结合，使得公司的所有者和主管们成为支配阶级，他们不仅掌握着绝对的权力，而且拥有权力形塑其他群体和阶级必须活动于其中的经济和政治框架”。[2] C. 赖特·米尔斯（C. Wright Mills）认为，“美国社会的政策是由社会、经济和军事精英网络构成的‘权力精英’所统治。”[3] 虽然也有学者单独提出“市场资本主义模式”，但市场资本主义模式也强调“小政府、大市场”，与企业支配模式在逻辑和理念上有异曲同工之处，故在此不做单独论述。

第二种观点是多元主义模式（多边制衡模式）。该派认为，国家由无数的权力中心构成，财团为主的企业虽然实力雄厚，但无法单独支配决策过程，而必须与其他有影响力的利益团体（如公民团体）相互竞争。多元主义的核心假设是个人主义价值观，认为“政治阶层不同部分的独立性、渗透性、异质性保证了任何

---

① ［英］尼尔·弗格森著，黄煜文译：《金钱与权力》，台北：联经出版公司，2013 年版，第 295—297 页。

② ［美］威廉·多姆霍夫著，吕鹏、闻翔译：《谁统治美国：权力、政治和社会变迁》（第五版），南京：译林出版社，2009 年版，第 5 页。

③ C. Wright Mills, *The Power Elite*, New York: Oxford University Press, 1965，转引自：［美］理查德德·雷恩著，何俊志译：《政府与企业——比较视角下的美国政治经济体制》，2007 年版，第 46 页。

不满的集团都能在政治领域中找到代言人”。[1] 换句话说，“即使公司和产业拥有巨额资产，并由价值观和背景相同的精英阶层所控制，他们也不能恣意妄为，因为他们被许多想抵抗的制约力量所包围”，“在这样一个社会里，企业必须与环境中的许多限制力量相互作用”。[2] 大卫·弗格尔（David Vogel）曾指出，“我并不认为，单个的公司、贸易协会和产业界联盟没有行使重大的政治权力，他们当然在行使这些权力……但是，并不是企业在单独行使这些权力。企业行使权力的特征、范围和规模，都可以在利益集团政治模式的复杂框架之内得到解释。”[3] 多元主义承认企业和产业界联盟拥有巨大的政治权力，但认为他们并非单独行使这些权力，而是必须与政府、社会利益团体、相关经济利益行为体等互动。多元主义模式是20世纪60年代以来比较流行的观点，特别是随着公民社会的崛起、新媒体的运用、新议题的产生等，越来越多的利益集团或社会团体产生，政党有时为赢得选举不得不推出与财团利益相悖的“平民主义政策”。

第三种是利害相关人模式（合作主义模式）。该模式强调企业处于社会群体关系网络的中心。这些社会群体与企业存在利害得失关系，但根据与公司利害相关性的大小权重，可以分为不同层级。该模式认为，“公司的决策产生于商会、有组织的集团和政府机构之间相互作用的过程之中。国家赋予某些群体以公共性

---

① Robert Dahl, *Who Governs? Democracy and Power in the City*, New Haven: Yale University Press, 1961, p. 93，转引自谭融：“美国的利益集团政治理论综述”，《天津大学学报（社会科学版）》，2001年第1期，第10页。

② ［美］乔治·斯蒂纳、约翰·斯蒂纳著，张志强、王春香译：《企业、政府与社会》，北京：华夏出版社，2002年版，第69页。

③ David Vogel, *Kindred Strangers: The Uneasy Relationship between Politics and Business in America*, Princeton: Princeton University Press, 1996, p. 265，转引自：［美］理查德德·雷恩著，何俊志译：《政府与企业——比较视角下的美国政治经济体制》，2007年版，第48页。

的地位，以在制定有利于社会的公共政策时得到他们的帮助。政府官员代表着经过选择的利益集团的利益运用权威，作为交换，这些集团也动员他们的成员支持国家的决策。"① 利害相关人模式既否定了支配模式中企业的绝对中心和主导地位，也不赞同多元主义关于所有社会群体都有政策影响力的观点，而是侧重企业的社会责任，强调企业与其他社会群体的相生关系。

本书认为上述几种模式都有一定合理性，但又都无法提供普适性的解释，或者说理论建构不够简洁。本书认为财团与政府的关系模式是"政治市场"，具体论述将在下面一节中进行。简单地说，政治市场模式认为企业与政府的互动博弈构成类似于经济市场的关系范式，双方都具有相互交易的诉求、资源与渠道。企业与政府的互动关系受到其他社会群体的影响，也很难说企业或政府一方占据绝对支配和主导地位，彼此关系的演进取决于在供需关系中的地位。在政治市场中，倘若企业资源供给大于政府的利益需求，则企业往往能够对政府施加巨大影响力；反之，则企业对政府的影响力就会受到抑制。

第二节　政治市场理论

政治市场是公共选择理论的基本假设，强调政治体系的运作如同市场经济的运行，都是利益、信息、资源等的交易和交换。该假设推翻了传统政治学将政治家视为"伦理人"的假设，而赋之以"经济人"的角色。由于政治市场表述与资本主义国家政治现实有很大匹配性，故而也成为研究利益集团问题的有益视角。

---

① ［美］理查德德·雷恩著，何俊志译：《政府与企业——比较视角下的美国政治经济体制》，2007 年版，第 51 页。

一、政治市场概论

通俗地讲，“政治市场”就是“大款傍领导”，其学术逻辑起源于公共选择理论。“传统上，政治学研究人在政治领域的行为，经济学研究人在市场中的行为。政治学经常假设政治人追求公共利益，经济学则假定所有的人都追求各自的私利，并将这种假定借助社会科学中特有的逻辑进行建模”，而公共选择理论则是“对政治决策的经济学研究”，或者说是“用经济学去研究政治学”。[①] 在公共选择理论看来，无论是经济活动还是政治活动，市场逻辑都能发挥作用，无非就是在经济市场里，活动主体是企业家、商人、消费者等，交易的是经济商品，政治市场上的活动主体是政党、政治家、选民，交易的是权力、选票等。该学科的杰出学者詹姆斯·M. 布坎南（James M. Buchanan）将之称为“宪政民主的逻辑基础”，“以个人效用最大化为出发点为政治秩序创设一套概念结构”。[②] 在这种框架下，政府（及其政党、官僚等）也是追求利益最大化的“经济人”，利益集团有可能利用多种手段“俘获”（或“收买”）政治主体，从而谋求自身利益的最大化。也就是说，政治市场就是用经济学的分析方法，来研究政治体系的运作过程，将政治博弈看做几乎完全类似于经济市场的复杂交易过程。

鉴于此，政治市场必须具备如下要素：一是交易主体的存在。政治市场的交易主体是政客、政党、政府等政治力量，以及利益集团、社会团体和公民个体。如前文所述，政治权力与经济

---

① ［英］丹尼斯·C. 缪勒著，韩旭、杨春学等译：《公共选择理论》（第三版），北京：中国社会科学出版社，2010 年版，第 1—2 页。

② ［美］詹姆斯·M. 布坎南著，王金良译：《制度契约与自由——政治经济学家的视角》，北京：中国社会科学出版社，2013 年版，第 3 页。

权力构成的权力网络，是国家权力体系的核心，故而政治行为体与经济利益集团也是政治市场最重要的交易主体。二是交易对象的存在。在经济市场里，相关行为体买卖的是商品，而在政治市场里，行为体交易的是“政策权力”。经济行为体向政治行为体提供资金、信息等利益，而政治行为体则在制定公共政策、分配公共资源时，多考虑和照顾经济行为体的利益诉求。在此过程中，财团方面的资金等资源、政府层面的政治权力，都是政治市场的交易商品。三是交易需求的存在。政治市场是一种博弈互动的关系，嫁接关系的桥梁是利益供需。政治行为体和经济行为体间的利益互需，是确保政治市场运行的重要纽带。当然，由于政治行为体和经济行为体之间的权势对比并不匹配、利益需求并非一致，故而两者之间的交易供需也并非处于静态平衡状态。四是交易渠道的存在。政治市场的运行必须依赖一定的渠道，不管是正规的还是非正规的。在经济市场中，行为体主要根据相关制度、法规和经济规律进行互动，其中也有非正规的渠道。在政治市场中，行为体的互动渠道可以是政治献金、政策咨询等正规渠道，也可能是行贿受贿、官商勾结等非正规渠道。

二、政治市场运行条件

政治市场长期存在，但并非凭空产生，需要特定的政治、经济和社会条件。首先，政治制度上，存在政府或政治家被“利益俘获”的制度空间。政治市场的运行过程，很大程度上是利益团体对政府的“俘获”和“捆绑”。在这种制度下，利益团体可以通过游说、收买、引诱等手段“俘获”政治力量，政治力量则进行权力寻租，从而完成政治市场的交易。也就是说，政府及政治家在制定公共政策时兼顾自身利益，故有可能非但不全心全意促进公共利益，甚至在特定决策中利用自由裁量权，有意识地通过设租、与利益集团达成交易，谋求自身的利益。例如，在西方选举制度下，利益团体可以通过提供巨额竞选资金，在所资助候选人成功当选后谋求特殊利益；在印度，家族政治盛行，利益集团通过提供资金、舆论造势等，拉拢甚至“拿下”某政治家族领袖，以换取该政治家族的庇护。政治力量的自私性、政策决策的不透明性，都可能导致不公平、不正当的竞争机制，催生了不同利益集团竞相“俘获”政治力量的意愿，以及政治力量进行权力寻租的空间，这也是导致政治市场存在的最根本的原因。

其次，利益集团方面，存在有交易诉求和行动自由的利益团体。利益集团是政治市场运行的重要行为体，倘若一个社会缺乏强有力的、有独立利益诉求的利益团体，绝大多数社会团体都处于政府控制之下，则政治市场失去存在的必要。所以，政治市场存在的重要前提是多元的、彼此竞争的利益团体，且这些团体能够获得影响政府的渠道和手段。公共政策的制定，很大程度上是各种利益之间的相互制约与平衡，是不同利益集团与政府互动博弈、相互妥协的过程。不同利益集团彼此相互竞争、与政府互动博弈，导致资源和财富的再分配，这种再分配的过程就是政治市场的运作过程。

第三，政治市场需要一定的民意基础。社会公众是政治市场重要组成部分。特别是对于民主国家的政府而言，民心向背直接与选举政治挂钩，政府在与利益集团的交易过程中，必须顾及社会公众的认知与看法。目前看，虽然社会公众普遍反感权钱交易过程中的负面问题（腐败、垄断等），但基本接受政治市场的存在，政府也会对民众强烈反感的政策进行矫正。例如，利益集团成员可以凭借其专业知识，参加政府的政策咨询委员会，以合法的手段推动政治市场的运行；再如，政府考虑到公众民意，可能会在特定时候拿垄断企业领头羊开刀，打破行业垄断性。也就是说，政治市场的运行需要一定（虽然并非完全）的合法性，其合法性主要有三个方面，即：意识形态的合法性，即对经济行为原则的支持；职能的合法性，即对产品和服务的支持；道德的合法性，即公众对经理人员的动机和道德水准的信任和信心。[①]

三、政治影响力概论

政治经济学的核心议题是权力与财富，影响力的重要来源是权力和财富，两者相辅相成却又并非完全一致。在著名政治学家罗伯特·达尔看来，“影响力是指人类行动者之间的这样一种关系，即一个或更多行动者的需求、欲望、偏好或意图，以一种与影响力施加者的需求、欲望、偏好或意图在方向上一致（而非相反）的方式，左右一个或多个行动者的行动或行动意向。”[②] 我国学者蒋云根指出，“影响力首先是一种能力，这种能力的意义在于它能影响他人的心理和行为；其次，这种影响力必须发生于人与人交往过程中，离开人际交往关系，也就无所谓影响力；再次，影响力的发生及其作用效果，总是同需要和满足需要的情况联系在一起。……所谓影响力，就是一个人在与他人交往过程中，影响和改变对方心理与行为的能力。”[③] 迈克米兰（MacMillan）认为，“影响力是指某一行为体（主体）使对手（客体）改

① ［美］乔治·斯蒂纳、约翰·斯蒂纳著、张志强、王春香译：《企业、政府与社会》，2002 年版，第 56 页。

② ［美］罗伯特·达尔、布鲁斯·斯泰恩布里克纳著，吴勇译：《现代政治分析》（第六版），北京：中国人民大学出版社，2012 年版，第 22 页。

③ 蒋云根：《政治人的心理世界》，上海：学林出版社，2002 年版，第 228—229 页。

变认知，依据主体的意愿而行事的能力。”①

综上所述，影响力是行为体通过软性手段（说服、感召等），改变其他行为体的决策和行为的一种能力，权力能带来影响力，但影响力不一定都来自权力。由此衍生的政治影响力，是相对于经济影响力、文化影响力、军事影响力等表述而言的。徐家良将政治影响力定义为“政治体系中的组成部分力图对政府所实施的政策、法规和决定施加其影响力”，并指出“其能量差别有三个基本因素起着关键性的作用：一是政治资源分配上的差别；二是组织内领导人所处的权力地位；三是组织使用政治资源的技能”。② 湖南师范大学的蒋芳则从社会学角度认为，“政治影响力是个人或组织由于占有、运用一定的公共权力或与公共权力相关的资源而具有的一种能力。……它依赖社会互动而实现，通过操控他者的社会情境或其对此种情境的感知增加他者按照自己的愿望而行动的压力。政治影响力得以形成的社会性条件，主要包括三个方面：社会差别的存在、传统等级观念和资历观念的影响以及科层制的实行。”③ 美国学者乔治·斯蒂娜（George Steiner）和约翰·斯蒂娜（John Steiner）侧重探讨了企业的政治影响力，认为“影响力表示行动的力量和强度。影响力所致的范围比较宽泛，一种极端是强迫，另一种极端则是微弱的影响……企业影响力是企业通过行动改变社会的力量和强度”，企业的政治影响力“是影响政府决策的能力。从浅层次上，公司会施恩于候选人，并向立法者

① IC. MacMillan, *Strategy Formulation*: *Political Concepts*, West Publishing Co. Minneapolis, Minn, 1978, 转引自李岚：《企业政治行为研究——战术种类及影响因素》（英文，*Understanding Corporate Political Activities-Tactics and Influencing Factors*），北京：对外经济贸易大学出版社，2009 年版，第 8 页。

② 徐家良：《制度、影响力与博弈》，北京：中国社会出版社，2003 版，第 25 页。

③ 蒋芳：“政治影响力及其社会来源”，《重庆科技学院学报（社会科学版）》，2007 年第 3 期，第 11 页。

和管理当局游说。而在更深层次上，市场经济要求管理者拥有更多的财产使用的自由”，“企业影响力的来源是社会赋予企业的一种职权，可以将资源有效地转化成社会所需的产品和服务”。[①]

本书所探讨的政治影响力，是指行为体运用一定的政治资源或技巧，通过正规或非正规的渠道，影响政府公共决策、以实现和维护自身利益的能力。财团政治影响力的问题，实际上就是金钱与权力的关系。“前者代表生产关系（包括行业、金融、商业、劳工和农业），后者源于政治权威结构（主要是官僚机构和政党）。每个发达工业国家占统治地位的社会力量联盟都在不同的政策网络中寻找自身诉求的制度表达，正是这些政策网络在对外经济政策的实施中联接着公共部门和私营部门。”[②] 需指出的是，本书论述的政治影响力，并非政客、政党和政府利用自身地位和资源，而主动施加的政治影响力，更多的是强调其他行为体（本书特指财团）对政客、政党、政府施加的影响力。鉴此，政治影响力具备如下要素：首先，行为主体可以是政治体系中的任何单元（个人、组织、企业等），但必须具备一定的政治资源和技巧，否则“巧妇难为无米之炊”。其次，行为客体主要是“三政”，即：政客、政党和政府。某种意义上讲，他们是国家公共政策的制定者和落实者，是国家政治权力架构中最重要的行为体。再次，行为体施加政治影响力的方向是单向的，但其作用大小、渠道、合法性等却受到双向或多向力量的影响。例如，企业政治影响力的大小受到其与政府互动博弈的影响，其合法性受到公众对“官商结合”的认知等。最后，政治影响力的具体作用多种多样，可以是规范性影响力、引导性影响力、奖励性影响力等，但其性

① ［美］乔治·斯蒂纳、约翰·斯蒂纳著，张志强、王春香译：《企业、政府与社会》，2002 年版，第 56 页。

② ［美］彼得·J. 卡岑斯坦著，陈刚译：《权力与财富之间》，2007 年版，第 21 页。

质都是“影响力”，而非“强制力”。对于工商界来说，因为政治是经济的集中体现，产生于一定的经济基础，故工商界也凭借其经济实力而拥有巨大的政治影响力。

第三节　企业政治策略

企业政治策略与前文所述的政治影响力一脉相承，实际上是企业在政治市场框架内，施加政治影响力的过程、途径与预期效果。国外有关企业政治策略的研究较多，涵盖政治学、经济学和公共管理学。近年来，由于我国进入经济发展重要转型期，企业与政府的互动博弈也日益加深，越来越多的人开始关注企业政治策略问题。

一、企业政治策略内涵

无论在理论还是实践中，企业政治策略的问题都不是新鲜事物。中国科技大学的博士王亮在其论文《企业政治行为的动机分析与战略选择研究》中，择要梳理了政治学、经济学和管理学对该问题的论述。在政治学看来，企业为了让政策制定者能够了解并且倾向于自己的利益，避免其他利益群体获得竞争优势，会积极参与政治活动，即参与政府政策的制定与形成过程；在经济学看来，企业政治行为涉及集体行为理论、公共选择理论以及交易成本理论，着重探讨企业政治行为的动机；在管理学中有关该问题的论述涉及资源依赖性理论、交换理论、企业行为理论以及制度理论，从企业与政府的依赖关系和供需关系入手，研究企业政治策略的动机、内外影响环境等。① 王亮博士还根据研究议题与核心观点、分析层面、宏观变量、微观变量、研究方法等指标，比较了利益集团理论、阶级理论、公共选择理论、组织理论等理论对企业政治策略问题的不同看法（参见表1）。

表1　相关学科对企业政治策略的研究比较

比较指标	利益集团理论	阶级理论	公共选择理论	组织理论	企业政治策略理论
研究主题及核心观点	公共政策的制定是各利益集团为了各自利益进行斗争从而达成妥协的结果	社会阶级是政治权力的来源	寻租行为对于政治系统的有效性具有很大的影响	政治行为对企业提高运行能力和防御风险能力的重要手段	政治策略是企业竞争战略的重要维度
分析层面	社会团体	社会阶级	立法机构、企业行业、企业联盟	企业行业、企业联盟	企业、行业协会
宏观变量	政治权力的扩散程度	政治权力的集中度	新的法律和管制行为的影响程度	政治行为的联接作用，政治行为的缓冲作用	企业或利益集团的政治地位
微观变量	利益的扩散、集团间的协议	阶级结构	金钱或其他诱惑物	环境不确定性、可感知的威胁	公共政策对行业和竞争格局的影响
研究方法	案例分析、成因分析	案例分析、成因分析、网络分析	案例分析、成因分析、经济模型分析	案例分析、成因分析、网络分析、调查分析	案例分析、成因分析、管制影响分析

参阅王亮、赵定涛：“企业—政府互动依赖关系与企业政治行为”，《公共管理学报》，2006年第3期，第13页。

① 王亮：“企业政治行为的动机分析及战略选择研究”，中国科技大学，博士论文，2007年，第8—14页。

不过，学术界却并未就企业政治策略（corporate political tactics）做出统一的定义与表述，企业政治策略经常与“企业政治战略”（corporate political strategy）、“企业政治活动”（corporate political activity）、“企业政治介入”（corporate political involvement）、“企业政治行为”（corporate political behavior）、“企业政治影响力”（corporate political influence）等交互使用。美国学者塞提（Sethi）认为，“企业政治策略是指企业参与政府公共政策的制定和执行的过程。”[①] 凯姆（Keim）和拜辛治（Baysinger）则认为，“企业政治策略是一种管理决策的模式，体现了企业内部整合一体的活动，旨在获得有利于企业经济生存和长久成功的公共政策。”[②] 中国学者田志龙教授认为，“企业政治策略是指企业为谋求有利于自己的外部环境而采取的影响政府政策与法规制定和实施过程的策略，实施上述策略的行为成为企业政治行为。”[③] 李岚则在其著作《企业政治行为研究——战术种类及影响因素》中指出，“某一企业影响公共政治进程、谋求有利于自身利益的行为，即被称为企业政治行为（CPA）。”[④] 本书所强调的企业政治策略，是指企业凭借自身资源、借助各种渠道，对政府公共政策的各个过程施加影响，以获取政府的优惠政策、稀缺资源、特殊惠顾等利益的战略战术。

---

① S. P. Sethi, “Corporate Political Activism”, *California Management Review*, Vol. 24, No. 2, 1982, pp. 32 - 42, 转引自李岚:《企业政治行为研究——战术种类及影响因素》, 2009 年版, 第 9 页。

② G. D. Keim and B. Baysinger, “The Efficacy of Business Political Activity”, *Journal of Management*, No. 14, 1988, pp. 163 - 180, 转引自李岚:《企业政治行为研究——战术种类及影响因素》, 2009 年版, 第 9 页。

③ 李明、王小坤:“企业政治策略研究评述”,《长沙理工大学学报（社会科学版）》, 2010 年第 1 期, 第 12 页。

④ 李岚:《企业政治行为研究——战术种类及影响因素》, 2009 年版, 第 10 页。

二、企业政治策略手段

企业是利益集团的一种，企业政治策略与利益集团的政治策略有很大相似性，只不过融入了企业行为体的特殊性。杰弗里·M. 贝瑞（Jeffrey M. Berry）和克莱德·威尔科克斯（Clyde Wilcox）在合著的《利益集团社会》（第5版）中，阐述了企业（商业）利益集团的政治策略手段。例如：向政党提供竞选资金；雇用说客，对行政、立法、司法各部门进行游说；利用公共舆论，影响民众的认知；通过“议题网络”设置议题，构建“政策性次级政府”（policy sub-government）。威廉·多姆霍夫在《谁统治美国?》一书中则认为，企业共同体通过特殊利益过程（special interest process）、政策规划过程（policy-planning process）、候选人遴选过程（candidate-selection process）和民意塑造过程（opinion-shaping process），来控制公共议程的设置，谋求自身在意识形态、经济发展等诸领域的权力。威廉·多姆霍夫以美国为研究对象，指出，“特殊利益过程主要通过院外游说说客、公司律师以及商会来运转，主攻方向是国会的各专门委员会、执行机构的各个部门以及协调机构；政策研制过程通过由基金会、智库和政策研讨团体组成的政策研制网络来运转，主攻方向是白宫、国会相关的专门委员会、纽约和华盛顿出版的重要报纸和评论性杂志；候选人遴选过程通过巨额的竞选捐款和隐蔽的政治顾问来运转，主攻方向是两大政党的总统竞选，以及共和国的国会竞选；民意塑造过程通过大型公司的公共关系部门、一般性公关公司以及许多小型民意塑造组织来运转，主要方式是经常利用政策研制过程中形成的政策立场、基本原理和报告声明，主攻方向是中产阶级的支持组织、教育机构和大众传媒。”[①] 理查德·雷恩（Richard Lehne）也以美国政治经济体制为案例，认为企业政治策略包括与大人物交朋友、帮助形成政策议程、培养草根层次的支持、建立联盟（企业集团）、提供政治献金等。[②] 杜鲁门则在《政治过程》一书中，分析了利益集团的影响力策略，包括公共舆论、与政党合作、影响大选、渗入立法、行政与司法各部门等，[③] 其中很多内容也是企业政治策略的组成部分。

中国学者李寿祺在分析美国利益集团的政治策略时，认为可将之分为直接院外活动策略和间接院外活动策略，前者包括由集团代表或专职院外活动人员直接对参与决策者本人进行游说、沟通关系的活动（社交性接触、经济资助等）、提供情报和材料（专题研究、听证会上作证、参加顾问委员会）等，后者包括基层群众性活动、运用传播媒介工具造成社会舆论、用抗议等活动引起参与决策者的重视、组织联盟或联合阵线以壮大自己的力量、越过参与决策者直接动员社会公众表态，如组织公民投票。[④] 中国学者李岚则通过对 16 家英美公司的案例研究，在希尔曼（Hillman）等人的研究基础上，提出了 4 类 28 种策略。李岚将企业政治策略分为信息（information）、法律行动（legal actions）、选区构建（constituency building）和金钱刺激（financial incentives）四类。“信息”一类包括向政策制定者递交立场报告、游说、启动研究项目并公布研究成果、向立法者提供政策建议、发

① ［美］威廉·多姆霍夫著，吕鹏、闻翔译：《谁统治美国：权力、政治和社会变迁》（第五版），2009 年版，第 33—34 页。

② ［美］理查德德·雷恩著，何俊志译：《政府与企业——比较视角下的美国政治经济体制》，2007 年版，第 212—224 页。

③ ［美］D. B. 杜鲁门著，陈尧译：《政治过程——政治利益与公共舆论》，2005 年版，第 231—540 页。

④ 李寿祺：《利益集团与美国政治》，北京：中国社会科学出版社，1988 年版，第 66 页。

起另类倡议取代立法等。金钱刺激包括向政党或政客提供资金、向政府工程项目提供资金、为政客安排免费出游、支持政党举办的会议、雇用退休后的政治家和政府官员、给与政治家关系密切的慈善组织捐款等。选区构建针对基层选区，以选区的民意作为与政党交易的资本，包括动员顾客、供应商、员工等支持某政党；借助媒体造势；举行发布会；推动企业社会责任等。法律行为包括诉讼和对新的规定进行密集评论，以拖延立法过程。①

应该说，上述学者的论述已比较全面，基本涵盖了企业政治策略的各种手段。本研究立足印度财团政治策略的具体情况，将政治策略的作用方式概括为“政经权势网络”、“政策研制系统”和“特殊利益聚合”三大类。

三、企业政治策略评估

综上所述，企业政治策略是研究企业与政府关系的重要内容，也是理解政治—经济权力网络运作的重要视角。企业政治策略至少需要包含如下要素：一是具备政治资源和渠道。企业需要拥有能够影响政府公共政策的意志、能力和渠道。所以，企业规模与实力很大程度上影响企业政治策略的实施效果。二是影响公共政策的各个过程。政府公共政策过程包括议题设定、政策草拟、政策制定、政策落实和政策评估等阶段。企业政治策略并非局限于某一特定阶段，而是涵盖整个决策过程。三是战略与战术的综合。企业政治策略既包括企业对施加政治影响力的宏观判断和对节奏的把握，也包括具体的手段和渠道。在具体实践中，由于很难把握企业宏观战略，故更多地强调手段和渠道。

---

① 李岚：《企业政治行为研究——战术种类及影响因素》，北京：对外经济贸易大学出版社，2009 年版，第 226 页。

企业政治策略并非都是合法、公开和直接的，也有一些非法与秘密的策略。以企业对政党或政治家的资金援助为例，虽然包含根据法律法规设定的政治献金，但合法政治献金的规模尚不足以达到选举政治的需要，企业还会通过私下、秘密的手段，向中意的政党或候选人提供大量选举资金。在印度，合法渠道的企业献金只占政党所获捐款的很小部分。此外，企业政治策略的效果受到多种因素的影响，包括国家的政治制度、企业领导人的视野和魄力、企业所具备的渠道与资源、企业与政党间的传统关系等。例如，企业政治资源与渠道一项，大型企业一般资金雄厚、人脉广阔，与政界、学界的关系比较密切，加上自身可能设有专门的公关部门，自然比中小企业具有更强的政治资源。再如，国家政治制度中的家族政治、寡头政治特性比较强，单个家族或个人的政治权威很大，则与该家族或个人拥有较好私人关系的企业，自然比其他企业拥有更大的政治策略优势。总之，对于企业政治策略的影响因素，由于政治社会系统牵涉的要素很多，而且经常会随着势态的演变而变化，很难一一论述和提及。但政治制度、公民认知、企业资源等是一些恒定的变量，比较容易把握和研究。

第二章

印度财团的发展与演变

印度财团起源于英殖民时期、发展于民族独立之后，并在经济改革之后不断发展壮大，出现兴衰更迭。在历史演变中，虽然有不少财团在竞争中被淘汰出局，但也涌现出了塔塔财团、安巴尼财团等闻名全球的大企业。目前，印度的私人财团已经成为印度经济发展的强大驱动力，其财富集聚程度、行业垄断性以及与政治力量联结的密切程度，与发达国家相比有过之而无不及。印度财团植根于自身独特的历史文化和国情、社情，具有不同于美、欧、日三国财团的特点，例如从历史上延续下来的浓厚的种姓特征和家族特性、民族独立运动以来就与政治进程息息相关、游离于传统与现代的比较强的两面性等，都是印度发展模式的重要特点。与印度整体发展演变过程相适应的是，印度财团与政府的关系也经历了动态演进过程，虽然由于各个财团的情况不尽相同，难以用简单词汇予以准确描述和概括，但印度政府与财团关系的基本态势是从相互借重到矛盾突出再到合作为主、从相对平等到弱势依附再到强势影响。

第一节　印度财团演变史

印度财团形成于20世纪30年代末英殖民时期，是英殖民主义者在印度“建设性使命”的副产品之一，后来成为推动印度经济独立、摆脱英殖民统治的重要力量。1947 年独立后，印度政府在很长时间里采取“混合经济模式”，发展模式具有较强的社会主义色彩，政府对市场的管控比较强，一定程度上制约了印度财团的产能扩张，但同时也相当于提供保护伞、使稚嫩的印度财团免受外国资本的冲击，使其得以较快发展。20 世纪 90 年代初的经济改革后，经济全球化深入发展、信息技术引领科技革命，资源、人员、资本等要素流动增强，新兴市场获得较快发展，印度大财团顺势蓬勃发展、内外扩张，成为印度发展模式的重要特征。总体看，印度财团的发展演变并非一帆风顺，经历了萌芽初长期（18 世纪中叶—1947 年独立前）、曲折发展期（1947 年独立—经济改革前）和快速扩张期（1991 年经济改革—至今）三个阶段。

一、萌芽初长期（18 世纪中叶—1947 年独立）

印度财团主要由早期民族资产阶级发展而来。18 世纪中叶，印度封建社会内部出现资本主义萌芽，主要集中在西部沿海的马哈拉斯特拉邦（邦府是孟买）和古吉拉特邦（邦府是艾哈迈达巴德，1970 年后邦府改为甘地纳格尔），以及东部的孟加拉邦（邦府是加尔各答）。但是，英国殖民者的到来破坏了印度原有的经济结构，中断了印度资产阶级的自然发展过程，“在经历了长则八十余年（如孟加拉国）短则二十来年（如马拉塔地区）的殖民统治之后，印度封建社会内固有的资本主义萌芽的温床，到十九世纪四十年代印度沦为英国的工业品销售市场和原料产地的时候，就被荡涤得几乎成了一片不毛之地了”。[①] 当然，正如马克思在《不列颠在印度统治的未来结果》一文中所指出的，英殖民者

① 孙培钧、华碧云、张敏秋、高鲲：《印度垄断财团》，1984 年版，第 17 页。

在印度的统治虽然主观上是服务殖民者利益，但客观上带来双重影响，既有“破坏性使命”，又有“建设性使命”，既“消灭旧的亚洲式的社会”，又“在亚洲为西方式的社会奠定基础”。[①] 一方面，部分印度本土商人逐利为要，主动向英殖民者靠拢，通过与英殖民者的合作来谋取自身利益。“印度大商人高利贷者目击旧主子的势力已日薄西山了，同时又看到新的生财之道，因而乐意顺从新的主人——英国殖民主义者。作为中介人的印度大商人和高利贷者是英国人在经济上渗入印度的向导。”[②] 另一方面，英殖民者在打击排挤印度商人、抢占印度市场的同时，又扶持印度本土的一些旧商人和高利贷者，作为辅助其在印度经济掠夺的支柱。在英殖民者的扶持下，印度商人中间逐渐形成了一个商业买办阶层，并在19世纪50年代开始陆续兴办工厂，成为印度新兴的工业资产阶级。在追求资本利益的共同目标下，英殖民者与这些买办商人或新兴资本家一拍即合，前者给予后者在经贸政策上的优惠，后者则成为英殖民者控制印度经济的合作者。例如，19世纪40年代，英殖民政府给予孟买商人同中国进行鸦片贸易的垄断权，帮助这批孟买商人完成资本的原始积累，最早投资兴办资本主义工厂企业的就是这批鸦片商和棉花商。有的孟买商人还经营向英国殖民者供应军用品的买卖。19世纪60年代，美国南北战争造成美国棉花出口中断，英国被迫从孟买进口大量棉花。鸦片战争和美国南北战争，造就了一大批印度资产阶级，为其提供了后续投资实业的原始积累。印度最大垄断财团之一的塔塔财团，当时就是靠贩卖鸦片和棉花起家的。

① 马克思：“不列颠在印度统治的未来结果”，《马克思恩格斯选集》，中译本，第二卷，北京：人民出版社，1972年版，第70页。

② 杨昌沅：“论印度民族资产阶级的形成”，《中南民族学院学报》，1984年第2期，第67页。

19 世纪后期，英殖民者引入经理行制度（managing agency），[①] 加强对印度的资本输出和经济控制。印度资产阶级积极效仿经理行制度，建立自己的企业经营网络，逐步朝着垄断财团的方向发展。不过，当时印度本土的资产阶级并非资本主义自然发展的结果，而是由英殖民者“移植”的产物，严重依附英殖民者，在投资规模、领域等方面受制颇多。“只有少数最富有的商业买办能兴办现代工业，而且只能兴办纺织等轻工业，在技术、机器、资金上严重依赖外国资本。”[②] 第一次世界大战期间，由于英国忙于战争，对印度的资本和产品输出面临较大困难，而且战争物资需求也需要海外殖民地提供支持。在第一次世界大战的战争经济刺激下，印度本土资本不断积蓄力量，并逐渐在棉纺织业中占据绝对优势。此后，在日益增长的反英民族独立斗争的催化下，印度本土资产阶级的经济民族主义意识不断增强，开始扩大经营规模和领域，提升民族工业实力，塔塔财团等领军财团开始进军钢铁、水泥、制糖等行业。这段时期，塔塔财团 1907 年成立塔塔钢铁公司，初步奠定在印度私营经济中的领先地位；比尔拉财团 1919 年在加尔各答建立比尔拉黄麻制造公司，并带动一批马尔瓦利商人投资建厂。

二战前夕，随着资本集中程度的加剧，一些印度财团得以通过经理行制度控制若干公司企业，塔塔、比尔拉等首批带有垄断性质的财团出现了。第二次世界大战期间，英属印度成为盟军重要的军需品供应中心，印度垄断财团又一次获得快速发展的机会。印度垄断调查委员会在分析垄断财团的成因时，也曾指出“战争需要印度做出重大的努力来生产军需物质。（英殖民）政府

---

① 经理行制度是英殖民者控制和操纵印度经济的重要手段。经理行对签订经理行合同的股份公司进行控制，从这些公司吸取大量佣金和利润，扩大对其他公司的控制，从而实现控制更多公司的目标。

② 孙培钧、华碧云、张敏秋、高鲲：《印度垄断财团》，1984 年版，第 21 页。

为此答应给予印度本土企业保护及其他形式的援助。印度某些大企业家非常聪明地抓住了这个机会来扩充已有的生产能力，并着手兴建新的工厂”。[①] 这一时期的一大特点就是，印度垄断财团开始大举进入金融业和保险业，财团特性更加明显。数据显示，“从 1939 年到 1945 年，塔塔的印度中央银行的储备金（即利润滚存）从 870 万卢比增加到 2200 万卢比，存款总额从 2. 9 亿卢比猛增到 10. 5 亿卢比。……1942 年，达尔米亚—贾因财团创办了巴拉特银行，这家银行的资本额一开始就超过了塔塔的中央银行。1943 年，比尔拉财团也创办了自己的联合商业银行。……1943 年，6 家最大的银行占有全部印度股份银行（不包括印度帝国银行和外汇银行）实收资本总额的 1/3，储备金的 1/2 和存款总额的 70%。印度垄断财团还渗入到由英国资本控制的印度帝国银行。他们购进了该行过半数的股票，它们当中的一些代表人物如塔塔、戈恩卡等还打入到该行的董事会”。[②] 在此情势下，金融资本和产业资本的融合过程加快，到第二次世界大战结束前夕，印度垄断财团的实力已达到可以与英国垄断资本分庭抗礼的程度。这些财团在战后继续快速发展，印度独立之前，印度财团控制的企业数量已经与英国资本控制的企业数量旗鼓相当。

在印度财团的萌芽阶段，财团的地域分布特征明显，主要集中在孟买、古吉拉特邦和孟加拉邦（即现在的孟加拉国以及印度西孟加拉邦）。孟买和古吉拉特邦位于印度西海岸，拥有悠久的经商传统，海外交通便利，且英殖民主义者的统治相对较晚也较薄弱，故而成为印度财团的主要诞生地。孟买地区的财团主要是塔塔代表的帕西人，是印度最早的一批工业资本家，塔塔家族于

① Government of India, *Report of the Monopolies Inquiry Committee*, New Delhi: Government of India, 1965.

② 孙培钧、华碧云、张敏秋、高鲲：《印度垄断财团》，1984 年版，第 39 页。

1869 年在孟买建立首家棉纺厂。孟买一直保持着在印度经济发展中的领衔作用，迄今仍是许多财团的总部所在地，也是印度的经济与金融中心。古吉拉特邦是印度主要的产棉地之一，也是印度对外开放程度较高的邦，该邦的财团主要由当地高利贷种姓演变而来，他们或者与英殖民当局或土邦王公关系密切，或者在英殖民政府或土邦政府中担任过官吏。这些高利贷种姓在放高利贷的同时，也凭借产棉地的优势进军纺织业，完成原始积累后逐渐成为工业资本家。孟加拉国地区曾是印度商业最发达的地区之一，首府加尔各答曾在相当长时间内（1772—1991 年）作为英属印度的首都。不过，该地区后来却发展相对缓慢，逐渐被西部古吉拉特地区超过，这是因为“孟加拉国地区最早遭受殖民统治摧残，衰败的手工业已不可能向资本主义大生产发展。……另外，英国统治者在孟加拉国最早实施维护地主阶级利益的柴明达尔制[①]，使那里的大商人即使积累了大量财富也宁愿购置土地，而不愿贸然投资于工业”。[②] 当地财团很少是本地孟加拉国人，而主要是从西部拉贾斯坦邦迁徙过来的马尔瓦里人。马尔瓦里是印度最大的商人种姓，足迹遍及全印度，比尔拉财团即是马尔瓦里商人最主要的代表。

二、曲折发展期（1947 年独立—经济改革前）

独立后，印度财团的发展进入一个新阶段。国大党主席尼赫鲁是抱有社会主义情愫的理想主义者，主张推行兼具资本主义与社会主义特性的“混合经济模式”，并于 1950 年成立国家计划委

① “柴明达尔”（Zamindar）原是波斯文的复合字，“Zamin”指土地，“dar”指所有者，合起来意为“土地所有者”。柴明达尔制就是政府通过柴明达尔向农民征收田赋的制度。20 世纪 50 年代末，被印度政府废除。

② 孙培钧、华碧云、张敏秋、高鲲：《印度垄断财团》，1984 年版，第 29 页。

员会，强调建立社会主义类型社会，对财团资本的态度不甚积极。不过，由于独立初期百废待兴、政府财政拮据，而私营资本在经济中的地位又很重要，印度政府当时的经济政策对私营资本做出了重大让步，某种程度上是扶持私营资本的扩张。此外，印度财团是国大党领导的民族独立运动的幕后“金主”，与国大党领导人有着“剪不断、理还乱”的关系，这种密切关系一直延续到独立后。有鉴于此，国大党领导人的政策考虑难免会受到私心杂念影响，财团领袖也得以凭借与政治人物过硬的私交影响政府政策。印度财团在该阶段的发展，又可大致以 1969 年为界划分两个阶段。

第一阶段主要是印度独立后至其第三个五年计划完成前(1947—1966 年)。政府经济政策的核心目标，是在防止财产过度集中的前提下、尽快恢复国民经济增长。《1948 年工业政策决议》(*Industrial Policy Resolution* 1948）是印度政府颁布的第一份工业政策，规定将重工业和基础工业划归国家经营，突出公营经济的主导地位，但在与资本家的讨价还价博弈中，《决议》规定十年内不对私营企业实行国有化，在扩大私营工业经营范围、推迟和撤销独立前有关国有化的承诺等方面，对工商界作出重大让步。1951 年颁布的《工业发展和管制法》（*Industries Development and Regulation Act*）规定，凡新建企业或扩建企业（工人人数超百人，资产超百万卢比），事先都必须获得政府的许可证批准，也就是后来被人们熟知的“许可证统治”（Licence Raj）。同时规定，政府在制定工业政策时必须咨询“中央工业顾问委员会”（Central Advisory Council of Industries ，CACI）的意见建议，而主要垄断财团的领导人都是该机构成员，财团既是政府政策的受约束者，也是政策制定过程的参与者，政府出台的政策难免受到财团影响。其结果是，“在事实上，许可证制度对各个垄断集团发放工业许可证（创建或扩建企业）方面给予优惠，从而加速了印度垄断资本的发展。印度大企业在减税、免税和信贷等方面也受到政府种种优惠和照顾”。[①]在此情势下，虽然当时的政治话语体系充满社会主义论调，政府也对公营部门进行大量投资，但私营企业并未受到重大冲击，在印度经济中仍占据举足轻重的地位。马哈拉诺比斯委员会在1964年2月的报告中指出，“政府执行带有计划经济色彩的经济政策，其结果是大公司的实力不断增长。公营机构如工业金融公司、国家工业发展公司等提供的贷款，使得印度工业体系中的私营部分（特别是大公司）得以快速增长。”该时段印度财团发展的另一个重要特点，就是财团内部发展速度出现分化，与政府关系密切的财团因为能更容易获得生产许可证，故而也能获得更多机会扩大产能。科钦纳克教授的研究表明，对比塔塔财团与比尔拉财团在20世纪五六十年代的发展速度可以看出，得益于与国大党高层的密切关系，比尔拉财团更易在许可证体制下发展壮大。1958—1967年，排名靠前的六大财团的资产占国民经济比例未发生明显变化，只是从20%增加到21%，但个别财团的财富急剧增加。塔塔财团占前六大财团财富的比例由逾1/2降到1/3左右，而比尔拉财团的资产占比则在同期内翻番，几乎与塔塔财团持平。[②] 此外，财团的行业垄断程度有所提高。1965年10月，印度垄断调查委员会就大财团财富的集中程度和速度发布调查报告，分析了同民众生活息息相关的行业的垄断程度，发现65种属于“高度集中”（前三家企业在全行业的比重超过75%），10种属于中等集中（比重在60%—75%之间），8种属“低度集中”（比重在50%—60%之间），而只有17中属于“不集中”（比重低于50%）。[③] 剖析此段时期财团发展状况的原因，主要有以下几点：一是政府公营部门的项目多集中在投资额大、利润率

① 孙培钧、华碧云、张敏秋、高鲲：《印度垄断财团》，1984年版，第43—44页。

② Stanley A. Kochanek, *Business and Politics in India*, 1974, p. 96.

③ Government of India, *Report of the Monopolies Inquiry Committee*, 1965.

低、回报周期长的基础设施建设和重工业，例如水利、电力、交通、钢铁等。这虽然会影响私营部门在这些领域的投资，但并不会实质性地冲击或制约财团的发展。二是严格的准入资格限制了新企业的进入，中小企业又无力筹集扩张生产力的资本，老财团反而凭借资金优势占据“卡位”先机，并凭借其对政府的传统影响力，能够获得更多的生产许可证。许可证制度容易导致强者更强、弱者更弱的“马太效应”。三是政府对外国资本的限制，给印度财团营造了封闭的保护环境，使相对弱小的印度财团免受外国资本的冲击，得以积蓄进一步发展的力量。

第二阶段是指第三个五年计划结束至经济改革前（1967—1991 年）[①]。印度财团在该时段受到政府比较严格的管控，发展并不是特别顺利。1967 年大选，国大党表现糟糕，主要原因是尼赫鲁逝世引发的党内高层权力斗争，但英迪拉·甘地等领导人却将之归咎于经济上的不平等导致民众不满。英迪拉回忆道，“国大党在 1967 年遭遇挫折，我在认真思考（失败教训）后得出结论：推行一个进步的、激进的纲领对振兴国大党，重新获得人民的信任，是至关重要的。于是，我采取了主动出击的态度。”[②] 而且，当时印度财团的经济权力集中度确实较高，隶属的金融机构拥有巨额经济资本，“印度政府对当时 20 家大银行的调查发现，其中的 188 名银行董事同时也是其他超过 1452 家企业的董事。最大的是塔塔控制的中央银行，拥有资金超过 40 亿卢比，最小的马哈拉斯特拉银行也拥有 7 亿卢比”。[③] 印度财团的金融垄断程度如此之

① 印度第三个五年计划是 1961—1966 年。由于第三个五年计划的完成情况较差，印度政府在 1966/1967 财年至 1968/1969 财年没有制定五年计划，取而代之的是年度计划，也被成为“计划假期”（plan holidays）。

② 林承节：《印度史》，北京：人民出版社，2004 年版，第 469 页。

③ Rasheed Kidwai，24 *Akbar Road*，Gurgaon：Hachette Book Publishing India Pvt. Ltd，2011，p. 15.

高，引起了国大党政府的关切与担忧。1967 年 5 月，国大党中央执行委员会通过了《关于贯彻国大党纲领的决议》，提出著名的“十点计划”，包括对银行实行社会控制、普通保险业国有化、私营进出口贸易逐步由国有公司接管、废除土邦王公特权、有效遏制垄断和经济权力集中，这些措施对私营企业来说“招招致命”。1969 年，英迪拉又宣布将占全国存款总额 85%、贷款总额 84% 的 14 家最大私人银行国有化。英迪拉雷厉风行的国有化政策，不仅招致工商界的不满，也加剧了国大党的党内斗争，最终导致国大党于 1969 年分裂。经过激烈的政治角逐，英迪拉在党内斗争中胜出。在甩掉党内派系牵制后，英迪拉更加大刀阔斧地推进激进政策，1969 年底出台《垄断和限制贸易行为法》（*Monopolies and Restrictive Trade Practices Act*），对大财团的经济活动进行限制。根据该法案，凡是企业本身及其与该企业有资本关联的企业，资产总和在 2 亿卢比以上者，或资产在 1000 万卢比以上且占据行业市场份额 1/3 以上者，都必须接受该法案管理。该企业扩大产能、并购重组等事宜均需获得政府批准。英迪拉的强硬政策虽然短期内为其赢得了政治上的支持，但却极大地抑制了私营企业的生产积极性，导致印度经济形势不断恶化，民众不满情绪日渐增加。1977 年，英迪拉在全国大选中惨败，主张更大程度市场自由化的人民党上台。此后，印度政坛经历了人民党短期执政、英迪拉东山再起、拉吉夫·甘地子承母志推动改革，印度政府不断调整经济政策，财团实力版图也经历了重大变化。特别是拉吉夫·甘地执政后强调科技强国，推动软件信息业的发展，催生了一大批科技型大财团。在 1967—1991 年间的整个阶段，由于政府对遏制经济权势过度集中的政策比较强硬，对私营资本扩大产能的限制比较严格，主要财团的发展潜力未能得到有效发挥。特别是 1969 年的银行国有化政策，使印度主要财团损失惨重，塔塔财团的中央银行、比尔拉财团的联合商业银行、达尔米亚—贾因财团的旁遮普国家银行等，都在国有化清单之上。在该阶段，前四大财团占私营部门的权重基本维持不变，但前二十大财团占私营部门的权重则持续降低，表明政府遏制经济权势过度集中的政策，对不同财团的影响不一。塔塔财团一贯反对政府的管制政策，而比尔拉财团则因始终支持国大党和尼赫鲁家族，在获得许可证等多方面获得惠顾，其实力增长较其他老财团更快。无论从总资产还是营业额计算，印度主要财团在私营部门中的地位都保持较高水平，且越是排在前列的财团，其所占比重越大（参见表1）。安巴尼财团的异军突起，是这段时期印度财团实力消长最典型的案例。财团创始人迪鲁巴伊·安巴尼（Dhirubhai Ambani）1958 年才创办属于自己的出口商行，1966 年创办信实纺织公司。在此后几十年时间里，安巴尼财团准确把握政策动向，适时拓展业务，特别是资本运作非常成功，迅速崛起为印度最大的财团之一。

表1　主要财团总资产与营业额占私营部门的比例（1972—1989 年）

总资产的比例				营业额的比例			
时间	前四大财团	前十六大财团	前二十大财团	时间	前四大财团	前十六大财团	前二十大财团
1972 年	12.53%	12.69%	25.22%	1972 年	11.86%	13.68%	25.54%
1976 年	11.50%	11.73%	23.23%	1976 年	11.31%	12.65%	23.96%
1981 年	12.29%	11.78%	24.07%	1981 年	12.66%	13.14%	25.80%
1984 年	11.99%	11.25%	23.24%	1984 年	无数据	无数据	无数据
1985 年	11.53%	11.84%	23.37%	1985 年	11.16%	12.24%	23.40%
1989 年	11.50%	9.39%	20.89%	1989 年	10.62%	12.60%	23.22%

资料来源：J. Dennis Rajakumar, John S. Henley, "Growth and Persistence of Large Business Groups in India", *Journal of Comparative International Management*, Vol. 10, No. 1, 2007, p. 9.

对于1947—1990年这段时期财团发展的总体形势，大致可以概括为如下几点：一是财团发展受到制约，但总体保持增长势头。虽然政府的许可证制度、国有化政策等对财团发展有较大影响，特别是英迪拉政府的银行国有化政策，对财团冲击较大，但总体上看，主要财团都实现了一定程度的发展。“虽然传统观点认为政府监管将损及私企行为，但实际情况是，印度国家主导的经济政策（1947—1990年）促进了私营企业的成长，为公私企业都提供了信贷和预算支持，在本国企业与外国资本竞争时，较好地保护本国企业利益。通过大规模的基础设施建设，公营部门为私营资本的发展提供了基础支撑。更为重要的是，政府对商品价格的严格管控以及落后的基础设施，倒逼印度企业成功实现了低成本技术创新，为今后的信息产业发展奠定基础。”[①] 印度财团在该阶段属于“逆境成长”，其在获得许可审批等方面拥有优势，政府管制政策也未达到预期效果。二是财团内部发展速度出现分化，与政府关系密切的财团发展速度较快。许可证制度对财团的产能扩张进行严格审批，与政府的关系密切程度决定获得许可证的难易程度，进而影响产能扩张的规模与速度。比尔拉财团主张与国大党政府保持友好关系，塔塔财团则对政府的国有化政策大加抨击，导致两大财团的发展速度也出现分化，比尔拉财团在该时期的发展速度明显快于塔塔财团。三是一大批科技型财团逐渐发展壮大。传统财团主要涉及石油、钢铁、汽车、纺织等行业，而新兴财团则更加注重软件业为主的服务业。20世纪80年代后，拉吉夫·甘地主政时期推出的科技强国政策，其效果开始在工业界有所体现，诞生了一大批IT领域的新兴财团。信息时代的到来加剧了财团兴衰更迭的步伐，一批新兴财团涌现、一批老财团把

① Niraja Gopal Jayal, Pratap Bhanu Mehta, *The Oxford Companion to Politics in India*, 2010, pp. 461 - 462.

握机遇跟上时代潮流保持发展，另有一些传统财团则因未能赶上时代进步而发展滞缓、甚至被淘汰出局。

三、快速扩张期（1991年经济改革后—至今）

1991年，印度爆发严重的国际收支危机，迫使当时的拉奥政府进行大刀阔斧的改革。时任财政部长曼莫汉·辛格（2004—2014年出任印度总理）担负起落实此轮经济改革的重任，他本人也因此被称为印度经济改革的设计师。有学者总结道，印度经济改革具有“四个战略、三大目标”，“四个战略”是市场化、私有化、自由化和全球化，“三大目标”是克服当时紧急的国际收支危机，实现国家经济局势的稳定；摆脱长期缓慢的经济增长，实现经济的持续高速增长；把增长与公正联结起来，赋予改革以“人的面孔”。[①] 经济改革后，印度经济摆脱长期低迷不振的困局，开始走上稳步发展的道路，此后的历届政府虽然具体政策有所不同，但都坚持经济改革的大方向。改革初期，印度财团遭遇外国资本的竞争，一些无法适应新形势的财团被淘汰，财团间的兴衰沉浮更加明显。但总体来看，财团成为推动印度崛起的重要因素，同时也受惠于印度崛起的积极效应，印度财团享受了改革带来的巨大红利，迎来了快速发展的机遇期。[②]

财团规模不断扩大，成为印度举足轻重的经济力量。数据显示，印度排名前50位财团的市值，占孟买证券交易所市值总额的比例由1997年的32%增长到2001年的约40%，且主要动力来自

① 杨冬云：《印度经济改革与发展的制度分析》，北京：经济科学出版社，2006年版，第67页。

② 比尔拉家族的K. M. 比尔拉称，“如果我必须指出其中一项催生印度崛起的关键因素的话，毫无疑问是印度企业展现出来的企业家精神”，K. M. Birla，“Dare to Dream Big and Do It”，*Business Today*，January 14，2007。

前四家财团，前四家财团的市值份额从1997年的17%增至2001年的23.7%。[①] 以印度财团界的常青树塔塔财团为例，1992—1993财年至2011—2012财年，财团的总营业额增长43倍，净利润增长51倍，股票市值增长33倍。[②] 2008年金融危机之后，印度经济面临严峻挑战，2011年之后更是一片颓势，但印度财团的表现依然比较抢眼。印度《经济时报》称，"2012年，印度前55名富豪的财富大幅缩水至1890亿美元，其中前10名缩水至1000亿美元，但数额仍高于印度政府2012—2013财年财政赤字（约950亿美元）。"[③] 麦肯锡公司2013年2月的研究报告《理解亚洲企业集团》中指出，过去10年，中印两国最大的企业集团营业额年均增长率超过20%。[④] 普华永道国际会计事务所进行的2012年"家族企业调查"（Family Business Survey）显示，虽然经济形势整体不行，但印度的家族企业蓬勃发展，其中74%的企业销售额大幅增加，仅有8%的企业销售额出现下滑，好于全球家族企业的平均水平。[⑤] 2012年的福布斯世界2000强，中国大陆有136家，印度有56家。此外，20世纪90年代中期，印度仅有2位亿万富豪，总财富32亿美元；2012年，有46位亿万富豪总资产为1760亿美元。亿万富豪总资产与国内生产总值的比例，也由20世纪90年代中期的1%上升到2008年最高值的22%，此后随着

① J. Dennis Rajakumar, John S. Henley, "Growth and Persistence of Large Business Groups in India", *Journal of Comparative International Management*, Vol. 10, No. 1, 2007, p. 11.

② "Ratan Tata, India's Corporate Czar, Retires with a $500 Billion Vision", *Bloomberg*, January 3, 2013, http://www.mckinsey.com/insights/growth/understanding_ asias_ conglomer ates.（上网时间：2013年7月28日）

③ "India's Billionaire Wealth Much above Country's Fiscal Deficit", *Economic Times*, March 5, 2013.

④ Martin Hirt, Sven Smit and Wonsik Yoo, "Understanding Asia's Conglomerates",

⑤ "Family Businesses Thriving in India: PwC", *Indian Express*, October 28, 2012.

经济形势欠佳走低，但2012年仍高达10%（参见图1）[①]。另据乐施会（Oxfam）2015年1月的研究报告《财富：占据所有、索取更多》称，全球最富裕的1%人口，占世界总财富的比例由2009年的44%上升到2014年48%，[②] 而“福布斯印度”则指出，印度最富有的1%人口占全国总财富的50%，最富有的10%人口占全国总财富的75%。[③]

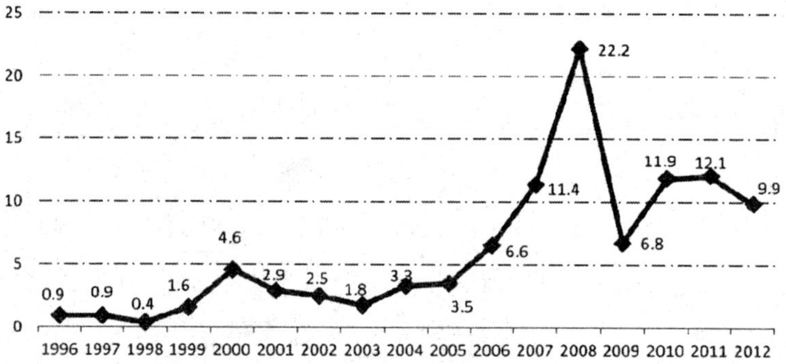

图1　印度亿万富豪财富与国内生产总值的比例（1996—2012年）

资料来源：Aditi Gandhi，Michael Walton，“Where Do India's Billionaires Get Their Wealth?”，*Economic & Political Weekly*，Vol. XLVII，No. 40，October 2012，pp. 10 – 14.

除规模外，印度财团对重要经济领域的渗入也在增强。印度最大的机械类集团Larsen & Toubro（L&T），就在国防与核能等战

① Aditi Gandhi，Michael Walton，“Where Do India's Billionaires Get Their Wealth?”，*Economic & Political Weekly*，Vol. XLVII，No. 40，2012，p. 10.

② Oxfam，“Wealth：Having It All and Wanting More”，*OXFAM Issue Briefing*，January，2015，ib-wealth-having-all-wanting-more-190115-en. pdf，p. 2.（上网时间：2015年5月8日）

③ Ujval Nanavati，“Compared to China，India Has Far Greater Wealth Disparity”，February 2，2015，http：//forbesindia. com/article/special/compared – to – china – india – has – far – greater – wealth – disparity/39503/1#ixzz3TYsi jma9.（上网时间：2015年5月8日）

略领域大显身手。在核能领域，L&T 几乎参与了印度所有的核电项目，是印度唯一一家获得国际资质、能研制核设备的企业，早在 1970 年就参与位于卡尔帕卡姆（Kalpakkam）的核反应堆建设，曾因其在核电厂建设领域的杰出成就，被授予“工业卓越奖”。在国防军工领域，L&T 拥有的技术涵盖海军舰船、国防电子和控制系统、航空和测试系统、军事通信系统等，能生产舰船所用的开关、总机、启动与控制系统等，为印度海军和海岸警卫队建造舰船。2010 年，L&T 获得印度国防部高达 97.7 亿卢比（约 2.15 亿美元）的订单，建造 36 艘快速拦截船，用于装备海岸警卫队。该公司预计未来 6—8 年在国内外军工领域的市场额将达到 227.5 亿卢比（约 5 亿美元）。L&T 还参与印俄联合研发的超音速布拉莫斯导弹的工作，并参与国防研究发展组织（DRDO）的核动力潜艇的研制。[①]

此外，许多印度财团积极拓展海外业务，塔塔、比尔拉、安巴尼等顶级财团，其业务收入一半以上来自海外市场。近年来，一方面得益于自身实力的增长和业务拓展的需求，另一方面也得益于印度政府在贷款、审批等政策领域的支持，印度财团大举兼并外国企业，掀起海外并购潮。2012 年初，印度工业政策与促进局（DIPP）就曾表示，政府将东南亚、东欧和非洲作为印度企业走出去的重点区域，将向在这些地区进行并购活动的印度大企业提供支持。[②] 正如美国著名的印度问题专家斯蒂芬·科恩（Stephen Cohen）指出的，“印度私营企业在全世界大显身手，有些还

① “L&T Wins Rs977 Crore Defence Ministry Order”, http://www.livemint.com/2010/03/22212911/LampT-wins-Rs977-crore-defen.html（上网时间：2013 年 8 月 28 日）

② “Govt to Boost India Inc’s Global M&A”, *Times of India*, January 30, 2012, http://articles.times of india.indiatimes.com/2012-01-30/mumbai/31005291_1_fdi-inflows-net-outflows-foreign-buyouts.（上网时间：2014 年 1 月 2 日）

占据了一定的海外市场。例如，比尔拉财团在泰国的投资企业跻身所在国前十，塔塔集团成立了‘美利坚塔塔’等。两大工商协会工商联和工联也拥有全球网络。”①埃森哲（Accenture）公司对1995—2006年（截止8月）印度财团海外并购情况的研究统计显示，十年间海外并购量增加近8倍，且主要针对欧美市场。1995—2006年的并购案中，北美和欧洲的比例分别占32%和29%，中东、南美、非洲等地的总和仅为12%左右。（见图2、图3）2012年，印度海外并购总值112亿美元，较上年增加68.5%，显然，“对于印度公司（特别是家族大企业）来说，海外并购成为抢占国际财富快速而高效的方式”。② 不过，2012年以来，由于印度卢比贬值严重，印度财团海外并购的步伐也有所减缓，2012—2013财年海外并购案为149起，2013—2014财年为102起。

还需提及的是，在此时期内，印度财团主导的工商协会发展迅速，成为财团整合并引导工商界，与政府打交道的重要力量。早在英殖民时期，印度工商协会即已存在，当时主要有外国资本主导的商业和工业协会（商工协）和民族资本主导的工业和商业联合会（工商联）。独立后，印度工商协会中的外国资本逐渐式微，本土财团力量增强，工商协会历经重组与变革。20世纪90年代经济改革以来，印度财团发展迅速，与之相伴的是，以财团为核心牵引力的工商协会，规模和实力也大幅提升。目前，印度主要有工商联、工联和商工协三大全国性工商协会，每家工商协会都拥有超过10万名会员（含地方工商协会、行业协会、大财

① Stephen P. Cohen, *India: Emerging Power*, Oxford India Paperbacks, New Delhi: Oxford University Press, 2001, p. 80.

② “M&A Helping Indian Firms Emerge Globally”, July 9, 2013, http://businesstoday.intoday.in/story/sanjay-dawar-md-accenture-consulting-mergers-and-acquisitions/1/195901.html.（上网时间：2013年9月25日）。

团、中小企业等)，遍布各邦各行业，并与国外同行建有密切联系，成为财团与政府打交道的重要媒介。

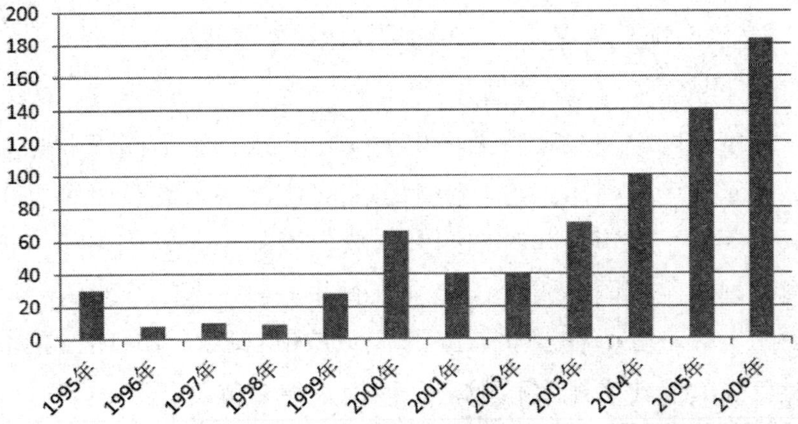

图 2　印度海外并购案数量态势图（单位：件，1995 年—2006 年 8 月）

资料来源：Accenture,"India Goes global：How Cross-border Acquisitions Are Powering Growth"，2006，http：//www. presidencia. pt/archive/doc/India＿ Goes＿ Global. pdf。(上网时间：2013 年 10 月 25 日)

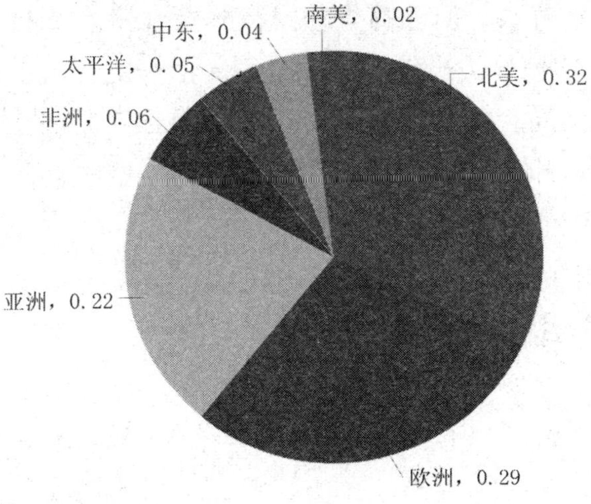

图 3　印度海外并购案地区分布图（1995 年—2006 年 8 月）

资料来源：Accenture，　"India Goes global：How Cross-border Acquisitions Are

Powering Growth", 2006, http://www.presidencia.pt/archive/doc/India_Goes_Global.pdf。(上网时间: 2013年10月25日)

第二节 印度财团的主要特点

印度财团根植于独特的历史、文化背景，既不同于西方资本主义国家的老牌财团，也不同于东方文化影响下的日本和韩国财团，更不同于中华民国时期四大家族代表的买办官僚。印度著名工商管理类院校国际管理学院（新德里）的一位教授指出，“印度财团大致可分为四类：一类是家族/种姓驱动的财团，例如马尔瓦里商人的代表比尔拉财团。他们重视积累与投资，财富像滚雪球一样得到积累。第二类是品格驱动，例如帕西人的代表塔塔财团，坚持正直、诚实的商业规则，通过敬业、勤奋获得财富。第三类以安巴尼财团为代表，凭借自身努力及对政府政策的敏锐把握实现发展，证实了‘梦想多大，财富就有多大’的理念。第四类是技术驱动，例如印孚赛斯、维普洛（Wipro）等，他们没有种姓或阶级背景，但能抓住信息技术革命带来的机遇，实现迅速成长。”① 这种分类虽然不一定全面，但一定程度上反映了印度财团的基本格局。虽然印度财团已经历漫长历史演变，并在全球化、信息化等冲击下发生重大调整，但其一些特性延续至今，是考察印度财团非常重要的视角。

一、鲜明的族群色彩

印度财团除了具有与西方一样的现代化模式外，还有其特殊

① 2011年9月17日，国际管理学院（International Management Institute），新德里。

的传统性，受到家族、种族、种姓、宗教等因素影响。从财团领袖的出身背景看，主要来自少数具有经商传统的特定种姓或族群。虽然英殖民者的到来使得社会分层加剧，冲击了传统的社会结构，淡化了种姓制度的影响，但“印度均衡的一大要素，就是持存久远的种姓制度”。[①]“印度乡土主义”（Indian Localism）是印度社会的一大特征，人们生活在特定的地理范围，也根据种姓、族群和语言等分为很多团体，印度财团也具有强烈的种姓特征。“当印度的民众根据个人的利益算计参与政治时，它的观念仍局限在家庭、种姓和部落的范围内。”[②] 独立建国后，印度历届政府都反对种姓制度，出台了不少扶持低种姓企业家的措施，但成效都不明显。种姓依然在很大程度上与一个人的身份相联系，低种姓的经济社会地位依然落后。据调查，2002 年，表列种姓（Scheduled Castes，贱民）拥有的平均财富仅占其他更高种姓的 27%。[③] 有学者尖锐地指出，“虽然经济自由化为社会底层公民提供比先前更多的机会，但对穆斯林和低种姓印度教徒（如贱民）的严重歧视依然存在。印度贱民研究所 2009 年的研究报告发现，在寻找就业时，贱民和穆斯林的面试机会只有高种姓印度教徒的 2/3 和 1/3”；报告还将社会歧视与腐败并列为加剧社会不公的两大因素。[④] 印度财团反对种姓制度，工联曾推出扶持贱民（Dalit）企业家的倡议，如向聪明的低种姓学生提供奖学金等，工商联也

---

① ［印］迪帕克·拉尔著，赵红军译：《印度均衡：公元前 1500—公元 2000 年的印度（节选和修订版）》，北京：北京大学出版社，2008 年版，第 4—5 页。

② Atul Kohli, *India's Democracy*, Princeton University Press, 1990, p. 3. 转引自：王红生：《论印度的民主》，北京：社会科学文献出版社，2011 年版，第 3 页。

③ Shigemochi Hirashima, Hisaya Oda, Yuko Tsujita, edit, *Inclusiveness in India: A Strategy for Growth and Equality*, IDE-JETRO. London: Palgrave Macmillan, 2011, p. 17.

④ Basharat Peer, “India's Broken Promise: How A Would-Be Great Power Hobbles Itself”, *Foreign Affairs*, Vol. 91, No. 3, 2012, p. 15.

曾发起支持印度最贫穷地区企业家的计划。[①] 但作为印度整个社会系统中的一部分，财团也无法摆脱种姓/种族的影响，财团领袖主要来自一些从事商业活动的特定种姓和家族。

哈里什·达摩达兰（Harish Damodaran）在其著作《印度新资本家：现代国家的种姓、商业和产业》一书中指出财团发展三大趋势，即：从市场到工厂，指从贸易商转行为企业家；从办公室到工厂，指受过良好教育的高种姓婆罗门投身工业。一般从事高端服务业，如印孚赛斯企业；从田野到工厂，指从事农业的中低种姓投身工业。“最后一条或许才是贱民发展之路，但研究结果显示，迄今尚无贱民出身的大工业家。”[②] 换句话说，印度财团从诞生之日起到现在，虽然经历了曲曲折折的发展，也涌现出了不少新的财团，一些与时代发展不适应的财团被淘汰，但其种姓色彩仍比较强烈。财团领袖主要出自传统商业种姓，新兴科技财团的婆罗门种姓较多，而低种姓则依然难以产生大企业家。有学者对 2012 年福布斯富豪榜的 46 位印度亿万富豪进行背景分析，发现其中 28 人来自传统商业种姓，包括巴尼亚种姓（Bania）、帕西人、信德人，部分马里亚（Mallya）、穆提（Murthy）等婆罗门种姓，较少的来自纳达尔（Nadar）、加特（Jat）、雷迪（Reddy）等低种姓，只有 1 人来自穆斯林，而来自贱民的人数为零。[③] 此外，印度宗教多元，包括印度教、伊斯兰教、佛教、耆那教、拜火教、莲花教等，不同的教义也会导致不同宗教对工商业认识的

---

① “India's Government Is Threatening to Make Companies Hire More Low-caste Workers”, October 4, 2007, http://www.economist.com/node/9909319.（上网时间：2013 年 8 月 15 日）

② “India's Government Is Threatening to Make Companies Hire More Low-caste Workers”, *Economist*, October 4, 2007, http://www.economist.com/node/9909319.（上网时间：2013 年 10 月 8 日）

③ Aditi Gandhi, Michael Walton, “Where Do India's Billionaires Get Their Wealth?”, p. 12.

差异，导致特定宗教（耆那教）的信徒可能更多地从事工商业活动，产生大财团的概率也较大。目前，印度大财团主要来自马尔瓦里（Marwari）种姓、帕西人（Parsi）、耆那教徒（Jain）、南方的查提亚（Chettiar）种姓，以及按地域划分的古吉拉特人。

马尔瓦里是拉贾斯坦邦的商业种姓，其特点是抱团、精明、有闯荡精神，突出代表是比尔拉财团。英殖民时期，马尔瓦里商人主要集中在当时的经济首都加尔各答，是东部财团的代表。马尔瓦里商人从做小买卖的商人转型为产业寡头，从掮客转型为银行家，在第一次世界大战后打破英国人对黄麻产业的垄断，并逐渐进入棉花、制糖等工业领域。经济学家托马斯·A. 提姆博格（Thomas A. Timberg）著有《马尔瓦里：从商人到实业家》，该书从宗教文化角度剖析了马尔瓦里商人的商业思维，并用翔实的资料论证了马尔瓦里商人在印度经济生活中举足轻重的地位。[①] 民族独立运动时期，虽然有不少马尔瓦里商人不愿开罪于英殖民者，但比尔拉财团代表的力量坚定支持民族独立运动，为国大党领袖提供大量资金支持，并在独立后收获回报。“1931 年，马尔瓦里商人只控制了少量公司，但 1951 年已经控制了全国约 1/6 的企业。1931 年，担任公司主管的马尔瓦里人占总数的 5%，到 1951 年几乎占了一半”，[②] 20 世纪 50 年代末，马尔瓦里商人已在印度私有工业中占据主导地位。不过，目前马尔瓦里商人在印度经济中的地位远不如独立初期，其发展正处于艰难转型的十字路口。新诞生的企业家很少来自马尔瓦里种姓，主要是古吉拉特人、旁遮普人和南方人。过去几年，新兴产业（基建、医药、信息科技、通讯）的领军人物都没有马尔瓦里商人。“很重要的原

① Thomas A. Timberg, *The Marwaris: From Traders to Industrialists*, New Delhi: Vikas Publishing House Pvt Ltd, 1978.

② Ibid., p. 79.

因是，马尔瓦里商人内部有严格的集权架构，家族成员占据重要职位，而不顾其个人能力”，[①] 这种“用人唯亲”的做法使之缺乏持久发展驱动力。

帕西人是指为躲避穆斯林迫害而从伊朗迁居印度的琐罗亚斯德的信徒，“Parsi”的意思就是“波斯人”。帕西人信奉拜火教，严格意义上来讲其并非印度本土的固有种姓，但因其独特的宗教信仰和生活习俗，而被视为独立群体。帕西人逃亡到印度后主要生活在马哈拉斯特拉邦和古吉拉特邦，也是印度经济较为发达的两个西部沿海省份，此后由于人口减少和从事经商等原因，逐渐移居到孟买及其周边地区。帕西人人口数量非常少，而且呈持续减少的趋势。根据2001年的人口统计，帕西人数量不足7万，约占印度总人口的0.006%，比1941年巅峰时期减少40%。如果此趋势持续下去的话，到2020年帕西人将不足2.3万。[②] 帕西人人口数量如此之少，以致引起印度政府的重视。英国广播电台（BBC）报道，“印度政府曾在近年启动增加帕西人人口的项目。”[③] 帕西人人数不多，受教育水平却很高，是印度识字率最高的群体，识字率高达97.9%，远高于74%的全国平均水平。由于教育水平良好，英殖民时期，帕西人较快地适应了西式教育，也是印度国内英国化程度最深的群体。英殖民者对孟买地区的经济政策优惠（与加尔各答相比），很大程度上也是考虑到帕西人教育水平较高、对西方文化适应较快。得益于自身比较高的素质、英殖

---

① Harsh Goenka, “Marwari Businesses at Crossroads”, *Times of India*, November 15, 2012.

② Sudha Ramachandran, “Parsis May Be Silenced by Success”, *Asia Times*, May 14, 2008. http://www.atimes.com/atimes/South_Asia/JE14Df01.html.（上网时间：2014年4月1日）

③ “India Tries to Boost Its Dwindling Parsi Community”, *BBC*, October 20, 2013, http://www.bbc.co.uk/news/business-24582607.（上网时间：2013年11月8日）

民者的青睐，以及作为外来族群的生存压力，帕西人较早参与工商业，是印度最早发展工业和银行业的族群。他们起初充当东印度公司的掮客和代理人，然后通过与非洲、远东（特别是中国）的贸易变得富有，后来拓展到钢铁、造船、房地产等业务。帕西人精英荟萃、人才辈出，遍布科学、艺术、军界和商界，工商界最杰出的代表有塔塔财团和高德雷吉财团。

耆那教是世界上最古老的宗教之一，信奉非暴力、精神独立和万生平等的教义，主张绝对的不杀生，甚至视鸡蛋、土豆等为有生命力的生物而不予食用。耆那教徒人数不多，仅占印度全国总人口的约0.4%。耆那教在印度全国建有大量的耆那教图书馆，鼓励信徒获得更高水平的教育。因此，与帕西人一样，耆那教徒的识字率也远高于印度的平均水平，约94.1%。由于宗教信仰的原因，耆那教徒一般不从事农业、行伍、屠夫等“杀生”行业，因为那将违背其非暴力的教义，故而更多的是从事工商业，曾涌现出许多著名的财团，包括瓦尔昌德（Walchands）、达尔米亚（Darmia）和贾因（Jain）等财团。新兴财团阿达尼财团（Adani）的创始人兼主席高塔姆·阿达尼（Gautam Adani，1962 年生）也是耆那教徒，高塔姆·阿达尼 1988 年创立出口有限公司，现在已经涉略煤炭、油气、港口建设、电力输送等诸多领域，拥有印度最大的私营港口曼德拉港（Mundra Port）。高塔姆被普遍认为与莫迪关系密切，其公司市值在莫迪当选总理后迅速上升，也使得高塔姆本人在 2014 年福布斯印度富豪榜上的排名跃升至第 11 位（2013 年为第 22 位）。

南部财团主要是泰米尔纳德邦和喀拉拉邦的查提亚种姓（Chettiar/Chetty），“查提亚”的意思就是“财富”。查提亚种姓最早从事贩盐活动，19 世纪初开始充当欧洲贸易商的代理，后来逐渐兴办工厂。与北部财团不同，独立前，查提亚种姓主要将业务投放在东南亚，包括缅甸、马来亚等地，结果在二战时期损失惨重，也导致其在很长时间里无法形成强有力的大财团。不过，印度独立后首任财政部长 R. K. 查提亚（R. K. Chetty）和曾两度出任财政部长的奇丹巴拉姆（Chidmbaram，2004 年 5 月—2008 年 11 月、2012 年 7 月—2015 年 5 月），都来自该种姓。

此外，古吉拉特人在商业领域也非常出色。古吉拉特人不是严格意义上的种姓或宗教族群，而是以地域划分的群体。得益于得天独厚的地理环境和悠久的经商传统，古吉拉特一直是印度经济活力较强的地区之一。多次连选连任古吉拉特邦首席部长的莫迪，也凭借其开放的经济理念和高效的治理模式，促进该邦的经济发展。2008 年福布斯印度富豪榜上，前 10 名有 4 人来自古吉拉特，前 40 名有 9 人来自古吉拉特。[①] 截至 2014 年 9 月的福布斯印度富豪榜上，祖籍古吉拉特的穆克什·安巴尼（Mukesh Ambani）连续 8 年位列印度富豪榜首位，排名第二的太阳医药工业（Sun Pharmaceutical Industries）的迪利普·尚维（Dilip Shanghvi）也来自古吉拉特。上文提及的耆那教财团领袖高塔姆·阿达尼也来自古吉拉特邦，位列印度富豪榜第 11 位。据称，他与莫迪关系密切。[②] 有媒体甚至报道，根据 2015 年最新数据，印度前 5 大富豪均来自古吉拉特或与古吉拉特有密切联系。[③]

---

① "Bhai Is King: Gujaratis Are Ruling Fobes 40 Richest Indians List", November 14, 2008, http://deshgujarat.com/2008/11/14/bhai-is-king-gujaratis-are-ruling-forbes-40-richest-indians-list/.（上网时间：2015 年 6 月 5 日）

② Naazneen Karmali, "2014: When India's Rich Got Richer", http://forbesindia.com/article/india-rich-list-2014/2014-when-indias-rich-got-richer/38733/1#ixzz3TZ39rQOi.（上网时间：2015 年 6 月 5 日）

③ Admin, "Top 5 Richest Indians Are Gujaratis-Proud to Be Gujarati", February 4, 2015, http://www.news.maffat.com/2015/02/top-5-richest-indians-are-gujaratis-proud-to-be-gujarati/.（上网时间：2015 年 8 月 8 日）

二、强烈的家族特性

由于种姓与家族出身密切相关，种姓特性在一定程度上也意味着家族特性，印度财团的家族特性也比较强烈。有学者在比较印度财团与西方财团异同时指出，“与西方同行不同，印度绝大多数商业家族都是传统家庭体系的一部分。该体系包含家庭、亲戚、人脉网络等诸多支撑体系。虽然兄弟间难免有矛盾，但该庞大家族体系的存在，确保矛盾可控而不会引发大动荡。”[①]

2010 年初，巴克莱财富印度（Barclays Wealth India）与印度著名财经类节目《Web18》联手，启动“家族企业论坛”（Family Business Forum），为家族企业提供交流平台。[②] 2011 年，印度《经济时报》调查发现，在印度最有权势的 100 名首席执行官（CEO）中，来自家族企业的达 69 人，占 2/3 强。[③] 印度最典型的三大家族财团，是比尔拉财团、塔塔财团和安巴尼财团。如果以营业额计算，在印度《经济时报》2013 年的 ET500 指标中，前十大财团共有 47 家企业上榜，其中塔塔财团有 16 家。穆克什·安巴尼的信实集团占比权重最大，为 10. 9%，塔塔和比尔拉财团紧跟其后，分别是 9. 18% 和 4. 13%，阿尼尔·安巴尼的企业排名第六，也占 1. 9%。[④] 2014 年的 ET500 指标中，塔塔财团有 13 家公

---

① “Indian Family Businesses”, October 22 issue of Forbes India, 2010, http://www.forbes.com/2010/10/22/forbes-india-indian-family-businesses-turn-to-professionals.html.（上网时间：2013 年 10 月 8 日）

② “Barclays Wealth Launches ‘The Family Business Forum’ to Encourage Next Generation Entrepreneurs on Family Businesses in India”, 27 January 2010,

③ “Family Business Heads Among India Inc’s Top 100 Most Powerful CEOs 2011”, *Economic Times*, April 29 2011.

④ “Big Boys Get Bigger”.

司在列，安巴尼财团和比尔拉财团分别有 11 家公司上榜。[①]

比尔拉财团是马尔瓦里种姓，堪称印度最有政治头脑的财团之一，创始人 G. D. 比尔拉与甘地、尼赫鲁、萨达尔·帕蒂尔等开国领导人私交甚密。G. D. 比尔拉的祖父纳拉因·比尔拉（Narain Birla）1857 年到孟买创业，后将家族企业转至加尔各答，逐渐成为东部财团的领头羊。1919 年，G. D. 比尔拉在西孟加拉邦建立黄麻厂，奠定比尔拉财团的工业基础。1926 年，G. D. 比尔拉拒绝接受英国殖民政府赐予的爵位，1927 年退出亲英派戈恩卡领导的马尔瓦里协会，成立工商联，支持国大党的非暴力不合作运动。正是得益于 G. D. 比尔拉卓越的政治眼光，其领衔的马尔瓦里商人得以在独立后获得政府特殊照顾，崛起为当时最有权势的经济势力。印度《经济时报》曾赞扬 G. D. 比尔拉是“现代印度的创建人之一”，“半个世纪以来印度工业发展史有一半是由他谱写的”。[②] 1969 年，G. D. 比尔拉之孙阿迪特亚·比尔拉（Aditya Birla）开始拓展海外市场，成为首家走向国际化的印度财团，不过其本人于 1995 年英年早逝。目前，经过几代人的发展壮大，比尔拉财团仍强调企业的家族特性，但已分化成多家企业集团，其中实力最强的当属库马尔·曼迦拉姆·比尔拉（Kumar Mangalam Birla）的阿迪特亚·比尔拉集团（Aditya Birla Group）。集团总部在孟买，在全球拥有超过 12 万名员工，在全球 36 个国家有业务，超过一半的收入来自海外业务。集团是全球最大的粘胶短纤维生产商、最大炭黑生产商、第四大绝缘子生产商、第五大丙烯腈系纤维生产商和第七大水泥生产商。2014 年营业额从

---

① ET 500 Companies，*Economic Times*，http：//economictimes. indiatimes. com/marketstats/pid-55，pageno-1，sortby-CurrentYearRank，sortorder-asc，year-2014. cms.（上网时间：2015 年 7 月 8 日）

② *Economic Times*，June 14，1983，转引自孙培钧、华碧云、张敏秋、高鲲：《印度垄断财团》，1984 年版，第 86 页。

1997 年的 20 亿美元增至 450 亿美元，不到 20 年间增长近 25 倍，营业额排名仅次于塔塔和安巴尼集团。

塔塔家族则是帕西人的代表，是印度历史最悠久、知名度最高的财团之一。其创业始祖努塞尔万吉·塔塔出身帕西族的祭司家庭，19 世纪 50 年代开始经商。1857 年，英国殖民者发动侵略伊朗的战争，塔塔财团向英侵略者提供军需品，从中牟取暴利；1859 年塔塔财团在中国香港创办商行，从事对华鸦片出口等行当，加速原始资本积累；19 世纪 60 年代美国南北战争期间，塔塔财团成功进行棉花投机，财富急剧增长；1869 年，塔塔财团在孟买建立第一家棉纺厂，正式进军工业；1907 年成立塔塔钢铁公司，初步奠定在印度私营经济中的领先地位。此后，塔塔财团的发展虽然并非一帆风顺，但由于财团领导层能够不断适应形势变化，扩充企业规模、增加经营范围、拓展国内外业务，使之始终位居印度一流财团之列。截至 2015 年 7 月 2 日，塔塔财团旗下各上市公司拥有 390 万股民，总市值高达 1240.6 亿美元，占孟买证券交易所总市值的 7.7%。[①] 2013 年 5 月的福布斯世界 2000 强排名榜中，印度有 56 家企业榜上有名，塔塔财团有塔塔汽车（Tata Motors，334 名）、塔塔钢铁（Tata Steel，590 名）和塔塔咨询服务（Tata Consultant Services，636 名）三家上榜，销售额分别为 326 亿美元、261 亿美元和 96 亿美元，共 683 亿美元，市值分别是 159 亿美元、64 亿美元和 569 亿美元，共 792 亿美元。[②] 2015 年的福布斯世界 2000 强排行榜中，印度仍有 56 家企业榜上有名，塔塔汽车、塔塔咨询服务和塔塔钢铁排名有所上升，分列 263 名、

---

① http://www.tata.com/article/inside/Market-capitalisation-of-Tata-companies.（上网时间：2015 年 7 月 8 日）

② http://www.forbes.com/global2000/list/# page: 1 _ sort: 0 _ direction: asc_ search: _ filter: All% 20industries_ filter: India_ filter: All% 20states.（上网时间：2013 年 7 月 28 日）

485 名和 590 名，销售额分别为 423 亿美元、151 亿美元和 241 亿美元，共 815 亿美元，市值分别是 288 亿美元、803 亿美元和 50 亿美元，共 1141 亿美元。[①]

古吉拉特企业家的典型代表是安巴尼家族。安巴尼财团的传奇创始人迪鲁巴伊·安巴尼早年在也门经商，1957 年回到印度从事进出口贸易，1966 年创立信实纺织工业有限公司，1977 年上市并于 1985 年更名为“信实工业有限公司”。此后，以信实工业为龙头的安巴尼家族企业，经营业务不断拓展，综合实力大幅提升，20 世纪 70 年代还是名不见经传的小公司，现在已经成长为印度最大的私营企业。1996 年，信实工业成为首家被标准普尔和穆迪纳入评级系统的印度私营企业；2004 年，信实工业又成为首家进入福布斯全球 500 强的印度私营企业。2002 年迪鲁巴伊去世，穆克什·安巴尼和阿尼尔·安巴尼于 2005 年“分家”，长兄主掌“信实工业有限”（RIL），弟弟阿尼尔·安巴尼执掌“信实阿尼尔迪鲁巴伊安巴尼集团”（Reliance ADA Group）。目前，两家集团都运营得非常好，业务涵盖能源、化工、纺织、零售、通信、媒体娱乐、电力等领域，是纳税最多的印度私营企业。2013 年福布斯世界 2000 强排名榜中，信实工业和信实基建分列第 121 名和第 1984 名，市值分别是 504 亿美元和 20 亿美元。[②] 2015 年的福布斯世界 2000 强排行榜中，安巴尼财团仅有信实工业上榜，排名下滑到 142 名。但根据截至 2014 年 9 月的福布斯印度富豪

① http://www.forbes.com/global2000/list/#country: India.（上网时间：2015 年 7 月 8 日）

② http://www.forbes.com/global2000/list/# page: 1_ sort: 0_ direction: asc_ search: _ filter: All%20industries_ filter: India_ filter: All%20states.（上网时间：2013 年 7 月 28 日）

榜，穆克什·安巴尼仍以236亿美元的资产雄踞富豪榜榜首。①

目前，越来越多的印度财团重视职业经理人制度，甚至选定非本家族人士进入财团最高层，但仍有“远亲”色彩。2012年12月，塔塔财团原掌门人拉坦·塔塔正式退休，由于家族内部没有合适的继承人，转而选择赛鲁斯·P. 米斯特里出任塔塔集团主席。米斯特里曾出任沙普尔吉·帕隆吉集团（Shapoorji Pallonji Group）总经理，主持修建过印度最长铁路大桥、最大陆港等标志性工程，商业能力不容质疑，但其最终能接任拉坦·塔塔，也与其出身有关。米斯特里也是帕西人，其姐姐嫁给了拉坦的胞弟，算得上是塔塔家族的亲戚。另有媒体报道，米斯特里家族在20世纪30年代起开始购买塔塔有限公司的股份，截至2011年11月股份达到18.5%，米斯特里的父亲成为塔塔有限公司的最大单一股东。② 拉坦·塔塔个人所持股份仅有0.83%，塔塔家族主要通过各种慈善机构和投资公司参股。实际上，印度的私营企业普遍以家族经营为核心，虽然逐渐采取现代资本主义股份公司的形式，但在企业的组织结构和经营管理上，带有很浓厚的家族色彩。目前，“印度几乎所有的大财团都是家族所有的，而且孟买证券交易所排名靠前的30家企业，大约一半由其创始家族控制”。③ 比尔拉财团虽然已经分裂成很多集团公司，但仍主要由比尔拉家族成员掌控，实力最强的K M 比尔拉就读大学期间，因家父病危而中断学业回国接班。即使是后来居上的安巴尼财团，

① “India's 100 Richest People”, http://www.forbes.com/india-billionaires/list/.（上网时间：2015年7月8日）

② Henry Fory, “Cyrus Mistry, A Tata in All But Name”, *Reuters*, November 23, 2011.

③ “CII Organizes Program for Family-run Businesses”, September 12, 2011, http://www.cii.in/ResourceDetails.aspx?enc=bK2V2lvDNCaBJGv690H1hgs4CpDcUe8Ph9Kxz1LjHNWQa18JARsO5CQw927wjyzJzzhfneT09H+CJENJPX1iqg==.（上网时间：2013年10月15日）

也没有摆脱“子承父业”的传统，穆克什·安巴尼也是中断在斯坦福大学的学业回国料理公司事务。实际上，“虽然全世界的商业巨头可能都会将管理权转交给专业人士，但对于印度企业家来说，牢牢控制企业并传给后代的模式仍是主流趋势。印度企业家中大约46%认为他们的接班人应该来自家族内部。与之相比较，北美和欧洲企业家中持此观点的比例只有22%和24%”。①

三、密切的政经关系

财富与权力密不可分，财团与政治力量亦相生相依，任何国家的财团/企业集团都与政府有密切联系。但对于印度财团来说，其产生、发展与壮大，都与政府息息相关。自诞生之日起，印度财团就是国家权势系统中不可分割的一部分。印度财团是国大党民族独立运动最主要的资金提供者，早在20世纪初，拉坦·塔塔就为圣雄甘地提供经费，资助其在南非的政治活动；1921年，国大党设立“提拉克纪念基金募集”（Tilak Memorial Fund Collection），也是国大党为民族独立运动筹集资金而设立的首个大规模基金，其主要资金来源就是孟买和加尔各答的大财团，马尔瓦里商人是西孟加拉、比尔哈等邦国大党地方党部的主要资金来源。有学者指出，“在独立斗争的整个过程中，甘地一直同包括塔塔和比尔拉在内的主要工商业家，以及同几十名加尔各答、孟买和艾哈迈达巴德等地稍次一点的企业家、商人和工厂主保持亲密的个人关系”，②“财团对领导独立运动的国大党提供过巨额经费，

① “Family Owned Business in India：History and Present Day”，December 10，2009，http：//lindsayleaver. blogspot. com/2009/12/family-research-report. html.（上网时间：2013年10月15日）

② 孙培钧：“论印度垄断资本”，《南亚研究》，1982年第11期，第23页。

他们当中有些人还直接间接地参与过国大党的决策”。[①] 其中，马尔瓦里商人民族主义意识较强，许多马尔瓦里商人都是坚定的甘地主义者，为民族独立运动提供了大量资金援助。1947 年独立前的几年时间里，马尔瓦里商人给民族主义运动提供的资金预计超过 1 亿卢比。[②]

独立后，印度财团与政府依然保持密切联系。一方面，印度财团通过向政党提供竞选经费、与政治领导人保持私人联系、参与各种政府政策咨询委员会等途径，对政府内外政策施加一定影响力，是政府不容忽视的一股力量；另一方面，财团发展又深受政治制约，其兴衰沉浮很大程度上取决于与政府的关系，以及对政府政策的把握程度。例如，马尔瓦里商人是民族独立运动最坚定的支持者，独立后又愿意与国大党政府打交道，因而在政治上能够获得国大党政府的特殊照顾，得以在 20 世纪 50—60 年代国大党主政期迅速发展。再如，印度政府在 20 世纪 80 年代后倡导技术革命，推动信息产业发展。一些老牌财团未能跟上时代步伐，依然固守原有经营领域和模式，逐渐被淘汰出局；塔塔、比尔拉等传统财团较好适应形势发展，安巴尼财团后来居上，印孚赛斯与维普洛更是大举进军信息科技领域，成为全球一流的 IT 公司。

时至今日，财团与政治力量的相互需求更加强烈，彼此利益关系也更加紧密。有学者对印度财团的财富来源进行分析发现，财团的发展规模与速度在很大程度上取决于其与政府的关系，相当比重的财富来自需要与政府保持密切关系的行业。学者阿迪特·甘地（Aditi Gandhi）和米歇尔·沃顿（Michael Walton）将

① 陈翰笙、孙培钧：“印度财团的发展过程及其前途”，《南亚研究》，1983 年第 4 期，第 7 页。

② Gopal Krishna, “The Development of the Indian National Congress as a Mass Organization”, *Journal of Asian Studies*, Vol. 25, No. 3, May 1966, p. 426.

经济活动分为“寻租性强”（rent-thick）和“其他”两大部分，前者指生产活动需要政府颁发许可证的领域，包括房地产、建筑、矿产、通信、水泥、媒体等，后者指与政府联系密切、管理者声誉较好、丑闻不多的行业，包括医药、IT 等。笔者对 2012 年 46 名富豪的分析发现，20 名个体的原始财富积累来自“寻租性强”领域，其余 26 人来自医药与生物技术、IT、酿酒等行业（参见图 4）。[①] 而且，来自寻租性较强行业的富豪，其财富占所有亿万富豪财富总额的比重高达 63%，足见所涉领域多是暴利行业。以反腐著称的平民党领导人、2015 年 2 月出任德里首席部长的阿温德·凯杰里瓦尔（Arvind Kejriwal）曾指责莫迪和拉胡尔·甘地“大同小异，无非是安巴尼财团的两张脸”，并指责安巴尼财团“像东印度公司一样操纵印度政府”。[②] 但平民党自身也无法切割与财团的关系。早在 2008 年，印孚赛斯创始人纳拉亚纳·穆尔提就曾同意向柯基利瓦尔提供 250 万卢比/年、为期 5 年的赞助，而塔塔财团也做出相似承诺，不过后来两者都与柯基利瓦尔产生分歧而中断资助。[③] 总之，“财团与权势政治家的勾连贯穿了印度公共和私营部门关系的发展。印度的亿万富翁占国家财富的比例，要远远大于德国、英国和日本等国的富翁。在福布斯富豪榜上的印度亿万富翁中，多数人的财富来自与土地、自然资源相关以及需要政府许可证的行业，而这些都需要得到政治力量的支持”。[④]财团与政府的这种息息相关的关系，也决定了其拥有相当

---

① Aditi Gandhi, Michael Walton, “Where Do India’s Billionaires Get Their Wealth?”, p. 10.

② Heena Kausar, “Arvind Kejriwal Says Rahul Gandhi and Narendra Modi in Mukesh Ambani’s Pockets”, *India Today*, February 24, 2014.

③ “No Donation for Politics: NRN”, *Economic Times*, November 7, 2012.

④ Ruth Fremson, “Billionaires’ Rise Aids India, and the Favor Is Returned”, *New York Times*, July 26, 2011.

政治影响力。

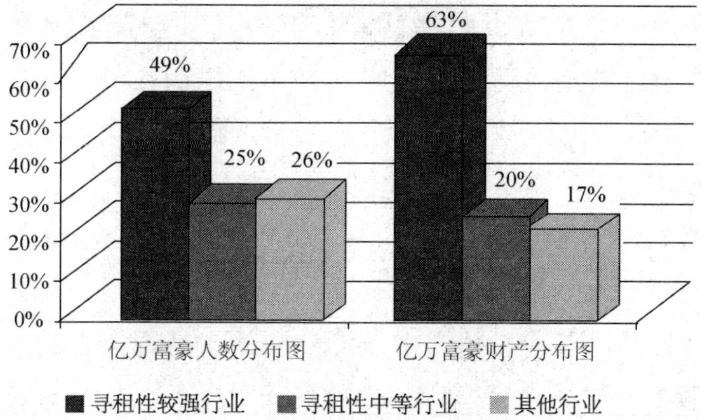

图4　亿万富豪在各行业的人数和财产分布图

资料来源：Aditi Gandhi, Michael Walton,"Where Do India's Billionaires Get Their Wealth?", *Economic & Political Weekly*, Vol. XLVII, No. 40, October 2012.

四、务实的政治手段

从诞生之日起，印度财团就兼具封建与现代的两面性。一方面，印度财团在殖民地条件下产生，“在经济上和政治上严重依赖英国资本和殖民当局，同土邦封建势力的关系千丝万缕，它的第一代主要由一批具有相当规模的大资产阶级组成”。[①] 另一方面，印度财团又不满英殖民政府对本土资本的压制政策，寻求与英属资本的平等地位，谋求经济上的独立自主，支持国大党领导的民族独立运动。对英殖民者依附与反抗的两面性，本质上是印度财团有其独特的经济利益，而这又反映到其与政治力量打交道时的务实（或者说两面）态度。

① 孙培钧、华碧云、张敏秋、高鲲：《印度垄断财团》，1984年版，第30页。

民族独立运动时期，印度财团基本上对国大党持支持态度，但在具体策略和手段上，却并非完全与国大党保持同步。例如，马尔瓦里商人主要从事贸易活动，贸易活动与英殖民者密切相关，国大党的政治运动势必会影响马尔瓦里商人与英殖民者间的关系。因此，马尔瓦里商人不赞同甚至反对国大党与英殖民者彻底破裂，特别是从事贸易活动较久的老牌财团。在1920—1921年和1930—1933年间，国大党发起“非暴力不合作运动”，导致工商团体内部出现“挺国大党派”和“反国大党派”，前者以少壮派为主，后者以老牌财团为主。即使向来支持国大党的比尔拉财团，也不希望与英殖民者公开决裂，而是或多或少地采取“骑墙”态度，充当国大党和英殖民者间的政治掮客。1929年11月，当甘地还在犹豫是否参加第一次圆桌会议时，G. D. 比尔拉就怂恿他参加，并游说甘地接受英殖民当局可能提出的条件。他在给甘地的一封信中说，“我自己的印象是，目前我们将不会得到完全的自治领地位。我们首先要考虑的是眼前可以得到的东西，其余诉求将在今后十年内实现。……让我们不要失去这个（与英殖民当局妥协的）机会。”[①] 1942年8月9日，甘地和其他国大党领导人被英殖民者逮捕，孟买爆发大规模示威抗议，商人罢市、工人罢工。唯一的例外，是比尔拉出于商业利益考虑，拒绝关闭旗下的印度自行车厂，国大党领导人也是在比尔拉提供的住所被英殖民者逮捕的。[②] 一位著名的甘地传记作家写道：“比尔拉参与政治活动的兴趣点，是促进印度民族主义者和英国领导人之间达成谅解，特别是致力于向英国的要员们解释甘地的思想和方法。他在《浦那协定》和促使国大党接受组织各省政府的建议中，也曾

① G. D. Birla, *In the Shadow of the Mahatma*, Mumbai: Orient Longman's Ltd., 1955, p. 43.

② Debajyoti Burman, *Mystery of Birla House*, Calcutta: Jugabani Sahitya Chakra, 1950, pp. 1 – 2.

起过有力的作用。”[1] 实际上，在印度寻求民族独立的过程中，印度财团一直试图扮演“协调人”的角色，充当英属殖民政府和国大党的和谈掮客。

独立后，印度财团对政府的经济政策也持两面态度。一方面，寻求政府制定更加开放、更加自由化的政策，反对政府过度干预；另一方面，又担心如果政府政策过于开放的话，可能会引发外国资本涌入，进而冲击国内企业，故而又寻求政府保护国内产业。1944 年，塔塔财团联合其他主要财团发表《印度经济发展计划》，也被称为《孟买计划》。[2] 该计划旨在为独立后印度政府的经济政策“出谋划策”，甚至主张政府应该加强对经济的主导与管控。有学者指出，“（根据《孟买计划》的设想），国家对私营企业家的管控，程度如此之深以至于私营资本将失去自由。大财团们不是没有意识到这个问题，而是予以接受。该计划承认，经济生活的几乎所有方面都要受到政府的严格管制，以至于个人和企业的自由将短暂受损。”[3] 但是，在印度政府独立后采取“混合经济模式”和许可证制度时期，不少财团又持反对态度，特别是英迪拉执政时期对经济活动的管制，更是引发财团的强烈抵制。当然，在探讨这个问题时，也不能将财团视作一个整体，财团之间也存在竞争与矛盾，对政府的态度也不尽相同。比尔拉财团与国大党关系密切，虽然对政府的经济管制政策有所不满，但

① Atulananda Chakrabarti, *Gandhi and Birla*, Mumbai: General Printers and Publishers, 1955，转引自：孙培钧、华碧云、张敏秋、高鲲：《印度垄断财团》，1984 年版，第 43 页。

② 8 名签署人是 P. D. 塔库尔达斯（Purushottam Das Thakurdas）、J. R. D. 塔塔（Jehangir Ratanji Dadabhoy Tata）、G. D. 比尔拉（Ghanshyam Das Birla）、阿德希尔·达拉尔（Ardeshir Dalal）、斯里·拉姆（Shri Ram）、卡斯图拜·拉拜（Kasturbhai Lalbhai）、A. D. 斯罗夫（A. D. Shroff）和约翰·马泰（John Mathai）。

③ Sharmila Kantha, Subhajyoti Ray, *Building India with Partnership: The Story of CII, 1895 – 2005*, New Delhi: Penguin Books India, 2006, p. 60.

认为只有国大党执政才能保证政局稳定，才能为企业发展提供良好的政治环境，其他政治势力都无法取代国大党的地位。因此，20 世纪 70 年代前比尔拉财团主导的工商联，也秉持支持国大党的政策。与之相反，塔塔财团主张更加自由的市场经济，反对国大党政府对经济的监管，尤其反对英迪拉对银行的国有化政策。20 世纪 70 年代，塔塔财团因与比尔拉财团的政见不合而拒绝参加工商联，甚至扶持组建与国大党抗衡的政治势力——自由党。不过，自由党上台后未能保证工商界需求的政治稳定，塔塔财团又转而支持国大党。

目前，财团对政治经济事务也持灵活务实的态度。例如在给政党提供竞选资金支持时，财团一方面呼吁政府完善相关法律法规，建立透明的政治献金制度，另一方面又继续私下为政党提供资金支持，即使 2013 年后设立了诸多专门提供竞选资金的选举信托，也并非将之作为提供政治献金唯一或者主要的渠道。再如，随着政治力量的多元化，印度财团也改变传统上专注某一政党的做法，而是选择“多头下注”，有时甚至能敏锐地捕捉到政治生态的潜在变化而及时做出调整，以求最大限度地实现自身经济利益。以安巴尼财团为例，安巴尼家族长期与国大党保持密切联系，财团创始人迪鲁巴伊曾协助英迪拉 1980 年重掌政权。但自 2009 年曼莫汉·辛格第二任期以来，双方关系有所疏远，重要原因是安巴尼财团认为辛格政府经济改革太慢，故而转向支持同是来自古吉拉特邦的莫迪，并任命与莫迪关系密切的帕里马尔·纳特瓦尼（Parimal Nathwani）为公司事务部负责人，主责与政府部门的联络。国大党认为纳特瓦尼是安巴尼财团与莫迪打交道的“全权大使”，“自迪鲁巴伊开始，安巴尼财团都是倾向于国大党，甚至曾帮助英迪拉重掌政权，但纳特瓦尼改变了这一切”，国大党一名高官曾对穆克什·安巴尼身边的人说：“你们还想做生意吗？如果想的话，管好纳特瓦尼。”[①] 2011 年 1 月，贾帕尔·雷迪（Jaipal Reddy）出任石油部长后，加强对信实工业有限公司油区的审计，信实集团高层甚至需要预约才能见到部长，这与之前大不一样。

第三节 财团与政府的关系演变史

印度财团与政府的关系演变，以 1947 年民族独立和 1991 年经济改革为时间节点，大致可划分为英殖民时期、独立后至经济改革前、经济改革至今三个阶段。需要指出的是，英殖民时期的政府是英殖民政府，而非印度本土政治势力领导的政府，与后续论述会有行为主体不一致的问题。为保证与后续论述的主体一致性和逻辑连贯性，本书对英殖民时期的论述，并非论述财团与英印政府的关系，而是论述财团与国大党的关系。

一、彼此借重但潜藏矛盾（英殖民时期）

英殖民主义者对印度进行统治期间，曾在很长时间里忽视本土工商业的发展，直至 20 世纪初才设立“帝国商贸与工业部”，主抓英属印度的工业发展。但是，随着本土工业的发展，英国人为主的欧洲工商业者感受到巨大压力，敦促英殖民政府发布针对印度本土企业的禁令，引起印度民族资产阶级的不满，也引起印度知识界和国大党的不满。比尔拉财团的创始人 G. D. 比尔拉，就对英殖民者的歧视政策耿耿于怀。在自传《在圣雄甘地的庇护下》一书中，G. D. 比尔拉写道：“当我 16 岁的时候，我开始从

① Rohini Singh, “Why Mukesh Ambani Is Losing Influence with Congress & Getting Close to BJP”, *Economic Times*, March 4, 2014.

事掮客的工作，逐渐与英国人发生联系。在与他们的交往中，我发现他们在商业模式、组织能力等领域确有很多优点值得学习。但是，他们的种族傲慢也非常露骨。我被禁止使用电梯，甚至在等他们的时候也不能坐在板凳上。我对这种羞辱深恶痛绝，在内心最深处培育了1912年至今所坚守的民族主义政治信念。”[①] G. D. 比尔拉的这种民族自尊心也为同时代的许多本土企业家所共有，他们坚信自己拥有正当的经济权利和独特的身份担当。“在民族独立运动的政治支持下，这批新兴的本土资本家决心不再向英国人低三下四，这些人反对制约印度工业发展的歧视政策。”[②] 印度商界精英与英殖民者产生了冲突，经济民族主义情绪增强，并最终转向支持国大党的政治民族主义。虽然在国大党变得日益激进时，一些工商业者选择疏远或者观望，但毋庸置疑的是，印度工商界的主流是支持民族独立事业的，也是民族独立运动最主要的资金来源，许多财团对甘地及国大党提供资金支持。整个民族独立运动期间，塔塔财团、比尔拉财团等都是国大党民族独立运动的重要资金来源。圣雄甘地坦承“国大党经费实际上全部来自印度的富翁”。[③]

印度的民族独立运动可以分为政治与经济两个维度，前者是国大党领导的政治运动，后者主要由一些民族主义财团推动，两者在争取民族独立运动期间合作密切。财团及其主导的工商联直接参与国大党与英殖民者的谈判。1930年，国大党发起第二次非暴力不合作运动，当时最有影响力的工商团体工商联积极介入政治事务，并给予国大党全力支持。例如，1930年5月，英印政府

① G. D. Birla, *In the Shadow of the Mahatma*, Mumbai: Orient Longman's Ltd., 1955, pp. xiv-xv.

② Dwijendra Tripathi, *Historical Roots of Industrial Entrepreneurship in India and Japan*, New Delhi: Manohar Publishers & Distributors, 1997, p. 115.

③ 孙培钧：“论印度垄断资本”，《南亚研究》，1982年第11期，第23页。

总督宣布举行圆桌会议，邀请印度政商各界领袖与会，但遭到国大党拒绝。对此，工商联通过支持国大党的决议，将“甘地参加或同意圆桌会议”作为工商联参加圆桌会的前提条件，迫使英殖民政府让步。1931 年 1 月，英殖民者释放甘地和国大党中央委员，国大党与英殖民政府重启谈判；同年 3 月 5 日，甘地与英印政府总督欧文勋爵签订《甘地—欧文协定》（Gandhi-Irwin Pact），也称《德里协定》。双方同意举行第二轮圆桌会议，各自作出让步，如国大党停止非暴力不合作运动、英印政府释放所有政治犯（有暴力犯罪的除外）等。甘地在未充分征得国大党党内意见的情况下，与欧文签署此协议，遭到尼赫鲁及一些国大党左翼人士的反对。但在甘地的坚持下，国大党于 1931 年 12 月的卡拉奇年会上通过决议，承认《甘地—欧文协定》。参加第二届圆桌会议的成员中，工商联成立了包括 G. D. 比尔拉在内的三人委员会，接受甘地领导。工商联与国大党的关系如此密切，以至于在最初一段时间里，工商联大会与国大党年会的召开时间都是同步的，工商联首届年会于 1905 年 12 月在瓦拉纳西（印度教圣地，英殖民时期称为贝纳勒斯）召开，国大党前领导人拉米什·昌德拉·杜特（Ramesh Chandra Dutt）主持。此后，工商联经常邀请国大党领导人参加其年会，1931 年曾邀请甘地主持年会的开幕式。

当时，虽然也有财团对国大党持疏远态度，但那并非主流。随着一些马尔瓦里商人将业务重心从商业转向工业，他们对英属印度政府的依赖也在减少，对独立运动的支持更为积极，带动了整个工商界对国大党的支持。在 1931 年 1 月的印度商人协会（Indian Merchants Chamber）选举上，支持国大党的少壮派（也被称为“民族主义派”）赢得 40 名执委议席中的 25 席，G. D. 比尔拉在与主张对英殖民者妥协的老财团斗争中取得胜利。印度财团对国大党的支持引起了英印政府的不满，丘吉尔在 1942 年指责大财团是国大党民族独立运动的幕后推手，而工商联的答复是，

“工商联是民族独立运动的重要组成部分，与国大党追求自由和独立自主的诉求相一致，我们因此而感到骄傲。”① 1945 年 7 月 11 日，英属印度的财政部官员詹姆斯·格里格（James Grigg）致信英国政府内阁，称“在抵制英国货物、增大英国商人的经商难度、将英国人赶出政府部门等问题上，印度本土企业家借国大党之手给英国政府施压”。②

当然，印度财团与国大党的关系并非毫无隔阂。一些财团（特别是从事商贸活动的财团）对英殖民者的依附较强，故而对国大党的政治运动也有一定疑虑。更重要的是，国大党内部左翼势力抬头并不断增强，引起财团的担忧与质疑。20 世纪 30 年代起，国大党领导层对印度未来发展道路的争论愈发尖锐起来，尼赫鲁主张社会主义的激烈言辞引起了印度工商业资产阶级的不安，也给尼赫鲁与甘地之间的关系投下了阴影。“尼赫鲁新的思想和政治态度，特别是在国大党勒克瑙年会主席致词中的清晰表态，使印度资产阶级感到惊恐。当这个阶级中占统治地位、具有远见、支持国大党的领导人开始采取防护措施牵制和限制尼赫鲁时，其余保守的、反对国大党的派别则决定发动正面攻击。”③ 当时，为了应付国大党内左翼力量的挑战，国大党内的右翼势力对尼赫鲁又打又拉，以求瓦解左翼势力。国大党 1932 年重启不合作运动后，孟买的企业家拒绝向国大党提供资金援助，甚至独自与英属印度政府签署《里斯—莫迪协定》（Lees-Mody Pact），被尼

① Correspondence and Relevant Documents, 1942 – 43, p. 294. 转引自：H. Venkatasubbiah, *Enterprise and Economic Change*: *50 Years of FICCI*, New Delhi: Vikas Publishing House, 1977, p. 41.

② Her Majesty's Stationery Office, *The Transfer of Power*, 1942 –47, *Vol. V*, *The Simla Conference*, p. 1231. 转引自：H. Venkatasubbiah, *Enterprise and Economic Change*: *50 Years of FICCI*, 1977, p. 41.

③ ［印度］比潘·钱德拉著，白荷译：“1936 年的贾瓦哈拉尔·尼赫鲁与印度资产阶级（续）”，《南亚研究》，1982 年第 4 期，第 61 页。

赫鲁斥责为“背叛”。1934 年 5 月，孟买的 21 名财团领袖在报纸上联名发表《反对贾瓦哈拉尔·尼赫鲁的孟买宣言》，指责“尼赫鲁的言论破坏了印度民族主义运动的内部团结，鼓吹阶级斗争违背了甘地的非暴力主义的原则，并将妨碍印度工业企业的发展和使资本流出印度，将彻底毁灭现存的社会经济结构，将印度引向苏式社会主义的方向”。[①] 虽然工商联总体上支持国大党，但“不再像之前那样饱含激情地支持国大党了。有些人依然支持国大党，另外一些人则开始重新评估其与政府的关系，还有一些人态度冷淡”。[②]

总之，在民族独立运动时期，印度财团的两面性表现突出，既渴望民族独立，反对英殖民者在经济领域的压制，又不愿或者不敢与英殖民者彻底决裂，以免自身经济利益受损，这也侧面反映了印度财团与英殖民者间复杂的依存与矛盾关系。该时期的财团很多由从事贸易活动的商人转变而来，其对英殖民者的态度是依赖与反抗并存，既希望尽早实现民族独立，又担忧过激的政治行为可能加剧社会动荡或招致英殖民者的打压报复，抑或担忧共产主义的兴起，这种犹豫心态也导致部分人对民族独立运动持暧昧态度。此外，新老财团、东西部财团之间的矛盾，也折射到各个财团对国大党的不同态度上。总体上看，财团诉求与国大党的政策大方向一致，双方的共同利益大于彼此矛盾，但由于跟英殖民者千丝万缕的依附关系，其与国大党的关系并非铁板一块，潜藏一些矛盾隐忧。只不过在争取民族独立的共同目标下，任何一方都不愿公开撕破脸。

---

① 王红生：《论印度的民主》，2011 年版，第 146—147 页。

② Khushwant Singh and Arun Joshi, *Shri Ram: A Biography*, Bombay: Asia Publishing House, 1968, pp. 204 - 205.

二、合作与矛盾同步增强（独立后—1991 年经济改革前）

尼赫鲁是具有社会主义情怀的政治家，对苏联的社会主义模式有一定青睐，重视政府对市场的监管作用，主张兼具资本主义与社会主义特点的混合经济模式。这与当时的国际环境密不可分。第二次世界大战后，西方殖民主义国家受到重创，以苏联为首的社会主义阵营蓬勃发展，广大亚非拉国家争取民族独立运动，社会主义模式有很大感召力。尼赫鲁的左翼思潮在民族独立运动期间就曾有所流露，并引起财团和国大党内右翼势力的担忧。1947 年 3 月，工商联首次邀请尼赫鲁参加年会并发表讲话，尼赫鲁未就经济政策作出具体表态，但工商联内部已经开始对独立后如何与国大党政府相处提出疑问。许多人质疑，“过去二十年，工商联全身心地支持组建国大党领导的民族政府。但当这个政府最终成立的时候，很少有人想过应该如何与这个政府打交道。国大党将抛弃工商界？还是延续之前的甜蜜关系？抑或是建立一种爱恨交织的关系？”[①]

1947 年 8 月，尼赫鲁领导组建独立后的首届印度政府，同年 12 月，国大党政府主持召开“三方工业会议”，工商界参与制定了《1948 年工业政策决议》。该政策决议加上《1951 年工业发展和管制法》，成为尼赫鲁执政时期主要的经济政策文献。这两个政策文献强调政府对私营企业的管控，突出公营经济的主导地位。但考虑到国家百废待兴，各项建设急需资金，尼赫鲁政府也对工商界作出了重大让步，大财团当时未受到相关政策的太大冲

① H. Venkatasubbiah, *Enterprise and Economic Change: 50 Years of FICCI*, 1977, p. 71.

击。尽管如此，尼赫鲁未改变对社会主义模式的偏好，曾在1953年一次演讲中宣称，“我并不认为私营企业是民主体制的必要组成部分”；“我们不愿意像有些国家一样，赋予私营企业很高的地位”；“我们对此种观点持怀疑态度……如果有人认为，我们把私营企业的存在作为公理，他们就大错特错了”。[①] 尼赫鲁的言论及其在1953年大选中大获全胜的结果，引起了工商界的恐惧，导致后者重新评估与国大党打交道的方式。许多财团对尼赫鲁政府的“左翼言论和政策”大加抨击，并一直在整个20世纪50年代蔓延。

1962年中印爆发边境冲突，政府与财团的紧张关系暂时得以舒缓。财团最初出于多方面的考虑，支持政府“保家卫国”的政策，向“全国国防基金”（National Defense Fund）提供大量捐助，并主动配合政府平抑物价。但随着战争的结束和最紧迫威胁的消除，双方的矛盾又重新浮现出来，并趋于严重。工商界日渐不满政府将过多资源投入国防领域，而忽视经济发展。当时，尼赫鲁处于“两面不讨好”的困境。他强调公营部门和私营部门的共同繁荣，但工商界认为尼赫鲁的政策是牺牲私营、偏袒公营，而国大党内的左翼势力又指责政府未能有效遏制住大财团对财富垄断的加强。1964年5月尼赫鲁逝世，工商界开始公开表达对政府经济政策的不满。在1965年的年会上，时任工商联主席K. P. 戈恩卡（K. P. Goenka）对政府的经济政策进行激烈批评，年会通过的一些决议对政府大加鞭挞，以至于时任总理夏斯特里亲自提出抗议，要求工商联“注意言辞表述”。总理夏斯特里派人与几大财团斡旋，表示“政府没有摧毁私营资本的意图，但也希望工商界

① FICCI, *Proceedings of the Twenty-Fifth Annual Meeting*, 1952, Delhi: FICCI, pp. 33 – 34. 转引自：Stanley A. Kochanek, *Business and Politics in India*, 1974, p. 217。

人士认识到，极端的批评态度于事无补”。[1] 夏斯特里的努力虽然对财团及其工商界起到一定的安抚甚至警告作用，但双边关系已经到了进一步恶化的拐点。

财团与政府间的矛盾也传导至国大党内部，使得国大党内部遭遇严重分裂和权力斗争。英迪拉领衔的左翼力量主张延续尼赫鲁的“社会主义类型社会”理念，而党内的“辛迪加派”则主张减少政府干预、鼓励私营资本的自主发展。党内政治斗争以经济政策歧见的形式表现出来。最终，英迪拉·甘地在斗争中胜出，于1966年成为印度共和国第三任总理和首位女总理。英迪拉在任内启动了绿色革命，较好地促进了农业的增长；但同时采取较为激进的国有化政策，与大财团的关系变得僵硬，许多财团相应减少了对国大党的资金支持。其结果是，国大党在1967年大选中表现糟糕，许多高层领导人落选。但令财团们始料不及的是，他们对国大党支持的减少，非但没有“牵制”国大党，反而引发国大党上下对工商界的不满，激化了彼此矛盾。国大党内很多人将选举失败归咎于工商界减少支持，许多曾经支持工商界的国大党议员也对工商界的倒戈表示不满。国大党内部的新生代政治家不满工商界资助国大党的方式，认为传统方式强化了政治老人的权力，要求“采取强硬措施制约大财团的经济权力，将私营银行国有化，防止大财团制约经济扩张，并将比尔拉财团作为许多腐败行径的主要祸根，要求对其行为进行调查”。[2] 左翼政党也指责大财团试图将经济权力转化成政治权力，以便控制政府、改变印度的经济发展方向。

在党内外左翼力量的推动下，英迪拉于1967年提出“十点经济纲领”，包括遏制垄断和经济权力集中、取消土邦王公的特

---

① Stanley Kochanek, *Business and Politics in India*, 1974, p. 223.

② Ibid., p. 224.

权和年薪等激进内容，1969 年又宣布激进的银行国有化政策，将占全国存款总额 85%、贷款总额 84% 的 14 家最大的私人银行国有化。英迪拉的激进政策招致工商界的强烈反对，塔塔财团直言不讳地批评道，“在过去二十年，私营部门的自由不断受到侵蚀，政府对生产和分配的控制日益严格。除了集权国家，这种情况在任何国家都是鲜见的。……我曾经认为政府的初衷是好的。但我发现，英迪拉总理或者重要部门官员关于经济政策的说法很难令人接受，他们的言论无异于将印度推向经济集权主义。”[①] 在此情势下，许多财团进一步缩减对国大党的支持，转而支持对私营经济更加友好的人民党。人民党是各种政治力量在反英迪拉·甘地和反紧急状态的旗帜下组建而成的政党联盟，囊括了国大党（组织派）、印度人民同盟（印度人民党前身）、印度民众党等。1977 年大选中，人民党击败国大党赢得议会多数，组建印度独立后首个非国大党政府。人民党政府上台后，在内外政策上都做了部分调整，包括改善对美对华关系、推进经济改革等。为了表示对人民党政府的支持，以塔塔为首的 18 家主要财团“自愿冻结物价 7 个月”，帮助政府克服通货膨胀；人民党政府也投桃报李，任命塔塔财团的高层领导巴基瓦拉为驻美国大使、批准塔塔财团的若干工业许可证等。[②] 但是，人民党政府是由许多政见不同的势力拼凑而成的，各派矛盾重重，缺乏强有力的领袖人物，其对英迪拉进行政治报复也引起民众不满，使得政局持续动荡，经济发展艰难重重，逐渐失去塔塔等财团的信任与支持。最终，人民党政府于 1979 年中旬因不信任案投票而倒台。人民党执政时间虽然不

① J. R. D. Tata, “The Future of the Private Sector”, *Journal of the Indian Merchants' Chamber*, Vol. 65, No. 43, 1971, 转引自：Stanley A. Kochanek, *Business and Politics in India*, 1974, p. 38。

② 孙培钧、华碧云、张敏秋、高鲲：《印度垄断财团》，1984 年版，第 80—81 页。

长，但其在推动印度政治生态变化和经济模式调整方面起到重要的推动作用，也促使英迪拉·甘地反思其过激的经济政策。

英迪拉沉寂的时候，安巴尼财团、比尔拉财团仍给予其大量支持，认为只有国大党才能组建稳定而强大的政府，才能为财团发展营造稳定的政治环境。得益于这些财团的资金支持，英迪拉·甘地在1980年卷土重来。东山再起后，英迪拉对工商界的态度较之前更为温和，称赞“私营经济贡献了约85%的国内生产总值，在印度的发展大业中占据一席之地”。[①] 英迪拉“向外界透露其首要任务是促进生产。在与企业家频繁的会晤中，她明确表示政府最关心的是促生产”，而这又加深了政治精英与经济精英间的联盟关系。[②] 在具体政策上，英迪拉强调“（政府部门将）采取一套实用的政策，排除长期影响工业生产的障碍，并促进今后几十年的发展”；“政府在解决财团的各种问题时不会采取教条主义的方法，政府还会努力纠正工业许可证审批工作中的拖沓作风”。[③] 此后，在英迪拉的第二任期、拉吉夫·甘地以及拉奥执政时期，国大党政府都奉行相对开放的经济政策，放松对私营企业的限制、鼓励外资进入、鼓励公私企业竞争等。拉吉夫·甘地执政时期，倡导科技兴国、主张对外开放，催生了一大批IT领域的大企业，促进了软件外包业的蓬勃发展，印度也因此享有“世界办公室”的称号。在这一时期，一批以科技为主业的新兴财团兴起，并以南部的班加罗尔等城市为中心，也促进财团在地域上分

① Stanley Kochanek, *Business and Politics in India*, 1974, p. 225.

② Atul Kohli, *Poverty Amid Plenty in the New India*, Cambridge: Cambridge University Press, 2012，转引自：Kunal Sen, Sabyasachi Kar, “Boom and Bust? A Political Economy Reading of India’s Growth Experience, 1993—2013”, *Economic & Political Weekly*, Vol. XLIX, No. 50, 2014, p. 44。

③ *Financial Express*, August 27, 1980，转引自：孙培钧、华碧云、张敏秋、高鲲：《印度垄断财团》，1984年版，第81页。

布更加广泛，与地方政治力量联系更加密切。拉奥执政时期，印度经济面临严峻的内外考验，政府被迫出台经济改革举措，进一步促进经济自由化与市场化，印度迎来第一轮经济改革。与此同时，工商界也逐渐认识到，即使对政府政策有所不满，也不能简单地予以坚决反对，更不能作出过激的对抗行为，否则只会适得其反；与简单的对抗相比，循循善诱的引导、润物无声的参与，或许更能影响政府政策，因此转而通过提出“经济行动最低纲领”、发表研究报告等形式，借助舆论影响政府决策。[①] 在整个20世纪80年代，财团与政府的关系相对平稳，没有发生尖锐的矛盾。双方似乎达成某种新的约定，即工商界需要接受政府渐进但实质性的工业政策调整，并继续给执政党提供资助；政府则为工商界营造更好的经商环境，并学会理解和接受工商界的抱怨与不满。[②]

总之，经济改革前，印度政府与企业的关系不同于东亚国家政府和企业间的紧密合作关系。“在日本、台湾等东亚国家和地区，体制内的经济专家通过信息分享、相互沟通，与私人资本联系密切，寻求就发展问题达成共识。印度的情况完全相反，这不仅是因为绅士管理者与私人资本家之间的文化差距比较大，更重要的是，印度不同阶级之间的竞争比较激烈，政府与工商业者的这种紧密联系和利益默契，会引起其他利益集团对不公平的指责和抱怨。”[③] 印度虽然曾经有短暂的人民党执政时期，但总体上由

① B. M.,“FICCI's Charter of Demands”, *Economic and Political Weekly*, Vol. 15, No. 45/46, 1980, p. 1919.

② Diego Maiorano,“Continuity Amid Change in India's Political Economy from 1980 to 2004”, *Economic & Political Weekly*, Vol. XLIX, No. 9, 2014, p. 48.

③ Pranab Bardhan, “The Intermediate Regime: Any Sign of Graduation”, in Pranab Bardhan, Mrinal Datta-Chaudhuri, and T. N. Krishnan (eds), *Development and Change*, New Delhi: Oxford University Press, 转引自 Niraja Gopal Jayal, Pratap Bhanu Mehta, *The Oxford Companion to Politics in India*, 2010, pp. 459—460。

平民主义、左翼思想较强的国大党执政，经济政策强调政府对市场的监管，典型的产物就是许可证制度。政府对财团的政策以管制为主，而财团对政府的态度则是爱恨交织。一方面，印度财团受惠于许可证制度（比中小企业更容易获得许可证）或进口替代战略（免受外国资本的冲击），能够在受到保护的环境中加速资本积累，抢占乃至垄断国内市场。例如，大财团可以通过旗下的子公司，申请同一行业的诸多营业许可，排挤其他竞争对手的进入，进而逐步控制整个行业。在获得许可证方面，大财团与中小企业相比具有明显优势。G. D. 比尔拉曾表示，“政府的政策可能有不妥之处，但政策出发点是建设强大国家、让民众受惠，这与财团的目标是一致的，私营企业在国大党执政下有很大的发展空间。”[①]另一方面，政府的许可证制度又抑制了财团的自由发展。财团虽然能以比国营企业较高的效益促进企业发展，但总的来说，它们受到半封闭半管制的经济束缚，不能自由地扩大投资领域、引进外资和跨国经营，导致潜力无法充分发挥。[②] 由于政府对经济的管控非常严格，企业家为了获得各种批文，必须对政府官员卑躬屈膝。部长们掌握分配资源和批文的权力，官僚部门无非是尽量使程序看似公平。某种程度上，国大党从一个争取民族独立自由的积极的政治力量，变成阻碍经济发展的消极力量，既得利益固化妨碍了改革步伐。在此阶段政府与财团的博弈中，政府居于相对强势的地位，财团与政府关系中的矛盾面比较突出。

---

① FICCI, *Proceedings of the Twenty-Fifth Annual Meeting*, 1954, Delhi: FICCI, p. 101.

② 华碧云：“印度财团在印度经济发展中的作用”，《南亚研究》，2005 年第 2 期，第 36 页。

三、财团实力和地位提高（改革后至今）

20世纪80年代末期开始，印度政府逐渐意识到有必要与工商界保持紧密且良性的合作关系，转而对工商界采取更加宽容的鼓励政策。此前的主流意识形态是相互怀疑与互不信任，但20世纪80年代末之后转向相互帮助、各取所需。这一方面与印度官员出访西方国家次数增加、专业人才不断进入政府有关，另一方面也受到苏联解体及计划经济体制崩溃的冲击。经济改革大大解放了财团的生产力，使之能够更有效地发挥发展潜能。政府对财团的认知也更趋积极，更加借重财团在促进经济发展方面的独特作用，财团的地位较经济改革前有所提高。

经济改革后，印度政府对经济活动的管控减少了，但政治力量与经济精英之间的合作关系一直延续，且地方政治精英与地方工商集团的关系更加密切。因此，“国家和商界的关系拉近了，在正式和非正式的层面，都衍生出互利互惠的关系”。[①] 一方面，政府对财团的重视程度增强，需要依靠财团带动经济增长，当然也需要财团资金支持以参加选举。经济全球化的大背景下，财团的实力和地位在不断提高，对经济生活的影响日益增强，是政府在实现国家治理中不可或缺的力量。另一方面，财团也需要与政府保持良好关系，如此才能“背靠大树好乘凉”，在出现经济纠纷时也能获得政府“合理、合法、合情”的支持。有的时候，大财团甚至能够获得政府强力机构的保护。2009年2月19日和25日，印度联邦院和人民院分别通过《中央工业安全部队法（修正案），2008》，授权中央工业安全部队向私营企业提供有偿服务，

---

① Niraja Gopal Jayal, Pratap Bhanu Mehta, *The Oxford Companion to Politics in India*, 2010, p. 466.

保护相关企业的重要基础设施，迄今已有印孚赛斯、信实化工（属安巴尼财团）等多家企业享受此服务。

导致这种变化的因素很多。首先是政府政策重心的调整。早在20世纪80年代中后期，虽然有一些官员依然不愿意放弃干预经济的权力，但印度政府经济政策的总基调是对市场采取更加友好的态度。经济改革后，印度政府将促进经济增长作为首要政策目标，对此前的混合经济模式进行大幅改革，转而支持私营企业发展，为财团发展提供良好契机。在“经济优先”的政策指导下，政府也更加重视维系好有利于财团发展的外部环境。官僚和政治领导人的社会结构也随着时间流逝而出现变化，商人、企业家及其他种姓群体更加活跃地参与政治活动。在一些地区（特别是西部和南部），新资本家（许多是农业种姓）和政治组织、政府间的关系迅速发展，如在安得拉邦的卡玛人（Kammas）、古吉拉特邦的帕迪达人（Patidars）、马哈拉斯特拉邦的马拉塔人（Marathas）、泰米尔纳杜邦的衮德人（Gounders）和纳达人（Nadars）。“一些新的企业精英来自官僚、军官家庭，还有一些企业家来自专业阶层，他们可能在顶尖的工商类学校中建立权力关系网，官僚和私人资本间形成了新的网络”。[①] 政治领导人对财团的态度更加温和、更加友好，双方关于经济改革的共识，以及上述关系网络的构建，对建立资本主导的政治文化至关重要。

其次，财团得益于经济自由化改革而迅猛发展，综合实力今非昔比，较之前具备更多的手段去施加政治影响力。随着经济全球化和社会信息化的加速，政府迫切需要加深对经济事务的理解，为更好地适应经济全球化做好知识储备。财团具备长期从事经济事务的研究与实践经历，能够更好地为政府提供政策咨询，

① Pranab Bardhan, *Awakening Giants*, *Feet of Clay*: *Assessing the Economic Rise of China and India*, New Jersey: Princeton University Press, 2010, pp. 85 – 86.

自然受到政府倚重。此外，越来越多的工商界人士开始直接参与政治，财团在议会和政府机构中的影响力增强，对政府的影响手段也更加多元和有效。大财团对中央和地方政府都拥有巨大影响力，其手段不仅通过选举动员，而且还包括依靠官僚阶层、影响力日增的印刷和视频媒介、司法机构以及其他独立监管机构。[①]更重要的言外之意是，由于财团在政治经济生活中地位的提高，其对经济发展的全局性影响较之前更大，政府在制定任何经济政策时，都不得不顾及财团的诉求。此外，随着中央层面政治版图的进一步碎片化，以及地方政治势力地位的上升，政治力量在与财团打交道时的资源和底气不如以前。竞选激烈导致政治力量倾向于寻找财团资金支持参加大选，无形中也提升了财团的地位。

第三，政府和财团彼此借重才能更好地走出国门，双方有彼此借重的需求。印度政府希望成为“有声有色的世界大国”，希望在国际舞台上发挥更大影响力，一些表现突出的财团可以成为其“经济外交”的重要工具。印度政府发现，“在参加国际谈判时，当涉及到专业信息、成本控制等复杂问题时，很多议题超出自身能力，需要与企业界更紧密的互动。而且，政府需要在与企业领导人的互动中，为其在国际上的谈判提供合法依据”。[②]另一方面，财团海外业务拓展及其走出去，需要政府的支持与保障。印度企业走出国门后，意味着在全球市场的环境下与其他国家的财团进行竞争，这就需要政府为其提供政策、资源等各方面的保护，创造有利于财团参与全球竞争的氛围。近年来的达沃斯世界经济论坛上，印度加大经济外交的宣传力度，政府搭台、企业唱戏，很好地向全世界展现了“不可思议的印度”。

---

① Niraja Gopal Jayal, Pratap Bhanu Mehta, *The Oxford Companion to Politics in India*, 2010, p. 8.

② Ibid., p. 466.

小 结

印度财团是英殖民主义者在印度“建设性革命”的副产品之一，也是其本土资本主义发展到一定阶段的产物。从诞生之日至今，印度财团主要经历了英殖民主义时期、独立后至经济改革前、经济改革后三大阶段，从萌芽初长到曲折发展再到今天的快速扩张，成为印度发展模式的重要组成部分。印度财团根植于独特的历史和文化背景，故而存在一些不同于欧美、日本、韩国等国财团的特性，例如：身份背景浓厚，主要来自少数特定的种姓或族群，故而在地域分布上也存在明显的不均衡状态；具有较强的两面性，体现在其对政府的态度、对自身管理模式的践行等方面，这种两面性甚或引发了财团内部的矛盾；从民族独立运动开始即保持与政治力量的密切联系，成为印度政治—经济权势系统中不可分割的组成部分。至于财团与政府的关系，则经历了跌宕起伏的演变，大致可以 1947 年民族独立和 1991 年经济改革为时间节点，划分为英殖民时期（1947 年独立前）、独立后至经济改革前（1947—1991 年）、经济改革至今（1991 年—）三个阶段。

总体上看，印度财团与政府的关系是合作与斗争并存，究竟是合作面还是斗争面更加突出，则与特定历史时期有关。财团与政府是政治市场的交易主体，双方关系的本质是交易、博弈和妥协，或者说没有绝对的和谐，只有绝对的利益。当双方利益一致的时候，财团与政府的合作面大于矛盾面；当双方利益不同的时候，斗争面又会上升甚至超过合作面。虽然有些学者认为“印度政府是大资产阶级的政治代表”、“印度政府的政策实际上为垄断财团服务”等，甚至认为，“独立以来印度政府的经济政策主要是为这个阶层服务的，这种政策促使印度财团的进一步发展”。[①]但通过对历史的梳理比对可以看出，财团与政府之间既有共同利益，也存在难以避免的矛盾。一方面，财团和政府对彼此都有利益诉求，财团需要政府政策支持，政府亦需要财团为政党竞选提供赞助、为经济发展贡献力量，双方在维护统治阶级利益方面，存在相似利益。但另一方面，财团与政府的利益并不完全一致，政府的根本目的是维系政治统治与政权稳定，一旦财团的资本主义特性损及政府权威或公众利益，导致政府执政地位受到挑战，则政府势必会加强对财团的管制。“虽然所有的财团都讨厌社会主义，但他们都必须支持那些公开支持社会主义理念的政党。因为，每个政党都需要将‘社会主义’作为一种吸引选民的工具，以赢得广大穷困民众的选票。当然，任何一个政党也都清楚，选举不能离开大财团的经费支持。”[②] 同理，倘若政府的管制措施严重抑制了财团发展，使之难以实现利益诉求，财团也会予以抗争，这在历史上也能找到真实的案例。纵观印度财团—政府关系史可以看出，双方就是在这种合作与斗争、共识与矛盾并存的状态下互动的。不过，不论矛盾如何尖锐，双方关系都不会彻底破裂，双方都需要维护政治市场系统的总体稳定。“‘官僚’与‘资本’之间分离的同时又和谐一致，既维持了独立以来民主制度的基础，又呈现了独立后最初30年里国大党一党独大的政治局面和大资产阶级经济上进一步发展的态势。”[③]

---

① 孙培钧、华碧云、张敏秋、高鲲：《印度垄断财团》，1984年版，第42页。

② J. C. Johari, *Indian Political System*, New Delhi: Anmol Publications, 2010, p. 252.

③ 王红生：《论印度的民主》，2011年版，第170页。

第三章

印度财团政治影响力的系统要素

印度财团与政府关系的演变，或者说印度财团发挥政治影响力的途径、大小、效果等，受到复杂的内外因素影响。美国学者斯坦利·科钦纳克曾对此有研究，称之为“体制主导型”因素，包括政治文化、社会现代化水平、决策机制和公共政策模式。科钦纳克认为，社会现代化进程会催生新的社会团体及其不同互动模式，冲击印度传统的乡土主义和种姓制度，因此会对社会组织间的互动关系造成影响。政治文化指民众对政治体系以及社会组织（包括财团）的态度，决定人们对政治体系及社会组织“合法性”的认知；印度虽然效仿英国民主制度，但仍深受其独特的社会价值和社会架构影响。决策机制是指印度政府的权力架构、力量格局与决策程序，决定了利益集团施加政治影响力的渠道与空间。公共政策模式指政府的政策倾向对利益集团施加影响的渠道和条件起到重要引导和塑造作用，利益集团寻求影响政府公共政策模式，而政府的公共政策模式（如混合经济模式）也对利益集团起到约束作用。[①] 本书的理论逻辑基础是“政治市场”，故而认为财团的政治影响力将在政治市场的系统内完成，而这个系统的构成要素包括供需关系互动的合理性、交易商品的多寡、交易能力的大小等。具体而言，印度财团政治影响力的系统要素包括政

① Stanley A. Kochanek, *Business and Politics in India*, 1974, pp. 3 - 88.

治机制、财团资源、公众认知及其财团凝聚力。政治机制指的是印度政治体制的运行机理，实际上是印度财团发挥政治影响力的政治土壤，为财团发挥政治影响力提供机制性渠道，解决的是可能性与合法性的问题。财团资源是指财团拥有的可以与政治力量进行交易的商品（资金、信息等），决定财团是否具备施加政治影响力的基本能力，财团资源的多寡决定其政治影响力的大小，解决的是程度问题。公众舆论及其深层次的文化认知，则是影响财团政治影响力的社会因素。考虑到在印度民主制度下，政治力量必须考虑民意，公众舆论能够对财团政治影响力起到很大的牵制作用。如果社会民意认可度较高，财团发挥政治影响力的环境也更宽松，否则相反。财团凝聚力是指财团内部关系的整合程度，财团能否避免分兵作战甚至内耗内斗，转而发挥集体作战优势，在很大程度上决定了其施加政治影响力的强弱。因为当前的经济力量格局与独立初期不同，单个财团的政治影响力已经不如此前那样突出，工商协会代表性强且能够兼顾各方利益，往往拥有比单个财团更大的影响力。

第一节 政治机制

财团是印度最严密的社会组织之一，也是最有影响力的利益集团。得益于其独到的视野、超前的眼光、强大的网络、专业的素养，印度财团已经成为影响政府内外政策（特别是经济政策）的重要力量。不过，印度财团并非在真空的环境中发挥政治影响力，除了技术层面的企业策略外，还需要考虑政治影响力产生和作用的外部环境。换句话说，即使印度财团有施加政治影响力的意愿和能力，但如果没有合适的政治土壤，也不能有效地发挥影响力。如前所述，独立后的印度执行严格的许可证制度，“政府的控制无处不在，政府拥有大量管理经济的政策工具，企业界完全依赖政府。印度政府有权力干预诸多重要的经济决定，包括项目规模、工厂选址、公司资本结构等。这些决策对单个企业、全行业乃至整个工商界都有影响”。[①] 在当时的政治情势下，财团必须处理好与政府的关系，才能为自身发展营造良好的政治环境。直到经济改革前，印度政府都重视国家主导的经济发展路线，私营企业处于相对次要的地位，更多地是在管制严格的环境中艰难寻找合适的出路。经济改革后，虽然财团的市场环境有所改善，但印度政府依然在土地征用、环境审批、行业准入等领域有很大权限，财团必须发挥政治影响力以拓展自身利益。换句话说，印度政府对经济事务的管理乃至干预，增强了财团发挥政治影响力的必要性。但是，仅有意愿和必要性还不够，还需要有发挥政治影响力的可能条件。印度政治机制是其政治架构、政治功能与政治生活的运行规则和程序的有机系统，其中的一些特性为财团发挥政治影响力提供可能。

一、家族政治与大佬政治

印度虽然是全球最大民主国家，实行三权分立和议会选举，1984 年以来的“联盟政治”（Coalition Politics）[②] 又弱化了主要政

① Stanley A. Kochanek, *Business and Politics in India*, 1974, p. 88.

② “联盟政治”是印度政治生态的重要特征，指任何政党都无法单独执政、必须依赖与其他多个小党结成联盟才能组阁的现象。独立后相当长时间里，国大党都处于一党独大的局面；20 世纪 70 年代后，社会力量多元分化，种姓政党、地方性政党、宗派政党等涌现，以致任何政党都不具备在中央单独执政的能力。“联盟政治”的一个直接后果，是小党能对政府决策施加超出自身地位的影响，严重制约政府决策效率。2014 年大选，莫迪率领的印人党大获全胜，打破了几十年来的联盟政治怪圈，但决定其成功的因素除莫迪个人魅力外，还在于国大党糟糕的执政业绩和严重的腐败问题，使之渐失民心。因此，此次“一党独大”的现象更多地是由特定的情势决定，未来很难成为普遍现象。

党的主导权，地方政府的自主性也比较大，给外界呈现出权力分散的面貌。不过，对其政治体制的深入分析发现，印度政治体制也有很强的“集权特性”，主要反映在政治领袖在党内的权力威望以及对本党议员的控制力上。对此，学者维尼塔·亚达夫（Vineeta Yadav）在著作《发展中国家的政党、商业团体和腐败》中，以印度和巴西为案例，研究了采取议会民主制的发展中国家，其政党集权性与腐败程度之间的关系。研究发现，在印度，政治领袖对政党、政党对本党议员的控制力都比较强，反而容易导致政治集权的家族政治或大佬政治，为权力寻租提供机制性“保护伞”，工商界更多地通过政治领袖和政党（而非议员个人）施加政治影响力。印度政治机制的这种集权性有其文化和历史背景。因为，印度社会深受种姓制度影响，社会结构流动性受到制约，社会等级有很强的固化性，或者说在人们的观念里，社会结构“天然”带有很强的固化色彩。因此，人们习惯接受自己及其他人的出身背景，被动“依附”于社会结构的某一部分。在此情况下，人们对政治领袖往往有较强的服从心理，导致家族政治的现象比较严重，无论是中央还是地方，都有一些政治大家族长期居于权力顶峰，一些年轻的政治人物仅仅凭借其出身就能轻松赢得大选。

在中央层面，尼赫鲁家族长期执政，先后诞生了尼赫鲁、英迪拉·甘地和拉吉夫·甘地三位总理，现任国大党主席、拉吉夫·甘地之妻索尼娅·甘地也被认为是“辛格总理身后的头号实权人物”。某种程度上，尼赫鲁家族已经成为凝聚国大党的精神符号，如果缺乏尼赫鲁家族成员的参与，国大党在大选中就会显得手足无措。英迪拉·甘地遇刺后，考虑到拉吉夫·甘地起初没有从政心愿，有的国大党高层萌生“取而代之”的心理，欲取代拉吉夫出任总理，但最终迫于党内压力而作罢，拉吉夫也被迫放弃自己飞行员的梦想，继承家族衣钵，投身政治。不幸的是，拉吉夫·甘地也如其母亲一样遇刺身亡，其遇刺给尼赫鲁家族蒙上了阴影，索尼娅·甘地选择远离政治。但是，形势比人强，国大党在20世纪90年代以来的大选中频频落败，党内高层多次游说索尼娅出面重振国大党。1997年底，索尼娅·甘地正式加入国大党，推动党内改革，助力国大党在2004年、2009年两次大选中获胜，其本人也一直担任国大党主席。索尼娅育有一子一女，其子拉胡尔·甘地2007年当选国大党总书记，并以国大党候选人身份参加2014年大选，但不敌印人党的莫迪。虽然拉胡尔的政治阅历和政治威望不及国大党内的一些元老，但其作为尼赫鲁家族继承人的身份就足以让其代表国大党竞选总理，这也折射出尼赫鲁家族的政治影响力。此外，英迪拉·甘地一心栽培的二儿子桑贾伊·甘地，1980年因飞机失事不幸身亡，其妻玛妮卡·甘地（Maneka Gandhi）与英迪拉相处不睦。由于政治威望和政治资源不及拉吉夫·甘地夫妇，玛妮卡难以在国大党内部实现政治抱负，故而转投反对党。玛妮卡在1989—1991年和1996—1998年两次代表人民党当选人民院议员，2004年转投印人党之后，三次连选连任人民院议员，2014年大选后出任莫迪政府的妇女与儿童发展部部长。其儿子菲罗兹·瓦伦·甘地（Feroze Varun Gandhi）1980年出生，而立之年即已成为政坛新秀，2004年随母加入印人党，2009年和2014年两次当选人民院议员，现在是印人党全国执委会委员，也是该党历史上最年轻的秘书长。

随着地方政治力量的崛起，地方层面的家族政治也非常普遍。从西北的查谟·克什米尔邦、旁遮普邦，到东南的卡纳塔克邦、泰米尔纳杜邦，从西部的马哈拉斯特拉邦到中部的北方邦再到东部的奥里萨邦，都有长期掌握地方权力的“地方诸侯”。旁遮普邦主要的政治家族是巴达尔家族，帕卡什·辛格·巴达尔（Parkash Singh Badal）在1970—1971年、1977—1980年、1997—2002年、2007年至今数次出任首席部长，1995—2008年任地方政党阿卡利党（Shiromani Akali Dal）主席。2008 年后，其儿子苏克比尔·辛格·巴达尔（Sukhbir Singh Badal）接任党主席，同时出任邦副首席部长。北方邦的现任首席部长、社会党（Samajwadi Party）主席阿基莱什·亚达夫（Akhilesh Yadav）来自当地政治望族亚达夫家族，2000 年以来数次连选连任人民院议员，2012 年出任邦首席部长，成为印度历史上最年轻的首席部长（时年 38 岁）。其父姆拉亚姆·辛格·亚达夫（Mulayam Singh Yadav）曾在 1989—1991 年、1993—1996 年和 2003—2007 年，三次出任邦首席部长，1996—1998 年还曾出任印度国防部长。奥里萨邦的比朱人民党（BJD）成立于 1997 年，是从人民党中分裂出来的政党，该党的名称就取自曾两度出任奥里萨邦首席部长的比朱·帕特奈克（Biju Pattnaik）。1996 年，比朱·帕特奈克的儿子纳文·帕特奈克（Naveen Patnaik）接替其人民院议员的位置，并于 1997 年独立建党。2000 年以来，纳文·帕特奈克连续四届出任奥里萨邦首席部长，2014 年大选更是赢得该邦 21 个人民院议员名额的 20 个、邦议会 147 个议员名额的 117 个，其在奥里萨邦的地位无人能及。查谟·克什米尔邦的阿卜杜拉家族在当地的政治力量也是无人能及，所属政党是查谟·克什米尔国民大会党（Jammu & Kashmir National Conference）。奥马尔·阿卜杜拉（Omar Abdullah）在瓦杰帕伊政府期间曾任外交国务部长，2009 年起出任首席部长，其父亲法鲁克·阿卜杜拉（Farooq Abdullah）曾五次出任首席部长，爷爷谢赫·阿卜杜拉（Sheikh Abdullah）也曾出任首席部长。

除上述地方邦的“一党独大”外，另有一些邦处于几大政治家族的轮流坐庄。泰米尔纳杜邦的全印德拉维达进步联盟（AIADMK），自 1989 年起由贾雅拉莉塔（Jayalalithaa）女士领导，她在 1991—1996 年、2001 年、2003—2006 年、2011—2014

年和2015年五次出任首席部长。[1] 2014年大选中，该党赢得邦39个人民院议员席位的37个。该党在泰米尔纳杜邦的劲敌是德拉维达进步联盟（DMK），自1969年以来均由卡伦纳尼迪（Karunanidhi）领导，卡伦纳尼迪曾于1969—1971年、1971—1976年、1989—1991年、1996—2001年、2006—2011年共五次出任邦首席部长，胞弟姆拉索里·马兰（Murasoli Maran）曾三度出任中央政府部长，侄子达亚尼迪·马兰（Dayanidhi Maran）两次出任中央政府部长，女儿卡妮莫芝（Kanimozhi）是联邦院议员，其家族还长期主导泰米尔纳杜邦的电影和娱乐行业。安得拉邦有南达姆利（Nandamuri）和雷迪（Reddy）家族。前者领军人物是南达姆利·塔拉克·拉玛·拉奥（Nandamuri Taraka Rama Rao，简称为NTR），1982年创立泰卢固之乡党（ Telugu Desam Party，TDP），由电影演员华丽转身为政客，曾三次出任首席部长，多位子女和女婿也叱咤政界；后者领军人物是Y. S. 拉贾赛卡拉·雷迪（Y. S. Rajasekhara Reddy，简称为YSR），两次出任首席部长，妻儿兄弟都是议员，2009年飞机失事身亡后由儿子嘉甘·雷迪（Jagan Reddy）接任。因与国大党矛盾加剧，嘉甘于2011年创立YSR大会党（YSR Congress Party），2014年6月以来是安得拉邦议会反对党领袖。马哈拉斯特拉邦的巴尔·萨克雷（Bal Thackeray）是湿婆党（Shiv Sena）创始人，后由儿子乌达夫·萨克雷（Uddhav Thackeray）接任。该邦另一家族是帕瓦尔家族，领军人物萨拉德·帕瓦尔（Sharad Govindrao Pawar）1999年创立民族主义大会党（NCP），曾三次出任首席部长，也曾任印度国防部长、农业部长等职，女儿苏普里娅·苏蕾（Supriya Sule）是联邦院议员。在西孟加拉邦，现任总统普拉纳布·慕克吉的父亲是独立运

① 贾雅拉莉塔出任首席部长时，并非每次都能顺利完成任期，因此其任期时间也有长有短。

动领导人，其儿子现在也是人民院议员。西孟加拉邦现任财政部长阿米特·米特拉（Amit Mitra）的外公与印度独立运动领袖苏巴斯·钱德拉·鲍斯（Subhas Chandra Bose）是亲兄弟，后者在民族独立运动期间曾两次出任国大党主席，后因主张联合德、日抵抗英殖民者而被国大党开除出党。阿米特·米特拉曾任工商联秘书长，现在也是与印人党关系密切的智库辩喜基金会（VIF）的执委会委员。比哈尔邦全国人民党（Rashtriya Janata Dal）主席拉鲁·普拉萨德·亚达夫（Lalu Prasad Yadav），1990—1997 年出任首席部长，2004—2009 年任中央政府铁道部长。其 1997 年因腐败案辞去首席部长职务后，妻子拉布莉·德薇（Rabri Devi）接任，后者在 1997—2005 年间任首席部长。

显而易见，无论中央还是地方，家族政治或大佬政治的现象在印度都比较普遍。在强势政治领导人（如尼赫鲁、英迪拉·甘地）执政期间，领导人甚至可以决定由谁代表政党参加选举、谁有资格出任政府部长等。其结果是，个人或家族权威较强，党内民主难以起到有效监督，有时甚至出现“党产即家产”的现象，“由于缺乏党内民主，政党好比家族封邑，且依赖大量非正规的企业赞助”。[1] 推动这两年 2G 丑闻调查的某位政治人物在接受笔者访谈时指出：“印度政治家族为了确保自身利益延续下去，在政党建设、政策制定等层面，千方百计设计符合家族利益的政策。例如，在挑选部长等官员时，他们肯定会挑选对家族忠诚的人，而非那些对自身利益构成挑战的人。那些依靠政治家族获利的人，也希望维持家族政治，确保自身利益得以延续。”[2] 由于背后庞杂的利益纠葛，主要政党往往对彼此的贪腐行为持默认态

① Niraja Gopal Jayal, Pratap Bhanu Mehta, *The Oxford Companion to Politics in India*, 2010, p. xxvi.

② 2011 年 9 月 16 日上午，新德里，某政治人物家中。

度，或者党内拥趸竭力掩盖本党领导人涉嫌腐败的情况，捍卫本党领导人的权威。国大党领导人迪格维迦亚·辛格（Digvijaya Singh）2012 年 10 月 21 日称，“有证据显示印人党领导人瓦杰帕伊和阿德瓦尼的亲戚涉嫌腐败，但国大党不会将之公之于众。有人指责索尼娅·甘地的女婿罗伯特·瓦德拉（Robert Vadra）卷入与德里土地金融（Delhi Land & Fiannce，简称 DLF，印度最大房地产开发商）的土地买卖交易，这种攻击领导人亲戚的做法有违政治传统”，① 暗示所谓的政治惯例就是“对政治领导人及其亲属的腐败行为保持睁一只眼闭一只眼的默认”。还有的时候，政党领导人在挑选候选人和处理资金分配问题上有很大的权力，以至于连形式上的民主都荡然无存。最典型的例子就是比哈尔邦前首席部长拉鲁·普拉萨德·亚达夫因腐败辞职后，操控妻子拉布莉·德薇出任首席部长长达 8 年。此事被认为是印度历史上最不可思议的政治闹剧，因为后者是传统的家庭主妇，毫无从政经验且是文盲。家族政治的普遍存在，一方面阻止了社会各阶层的正常流动，不利于社会的整体进步，使得一些政治大家族将族群利益置于社会整体利益之上，不少家族饱受腐败指控但依然能继续执政，另一方面更是在无形中强化了家族政治和大佬政治，财团只要做好政治大家族的工作，就能较好地发挥其政治影响力。

二、选举政治与“黑金问题”

印度实行民主选举制度，号称世界上最大的民族国家，选举政治自然涉及到竞选资金的问题。国大党一党独大期间，任何其他政治势力都无法挑战国大党地位，印度大选某种程度上是国大

① “Evidence of Graft against Kin of Vajpayee & Advani”, *Economic Times*, October 22, 2012.

党的党内事务。当时，议会候选人主要由国大党领袖决定，不需要耗费巨资参加竞选，因而当时的竞选成本也比较低。即使有不同政见，也是党内派系之争而非不同政党之间的竞争。“从中央到地方邦再到村舍的长老会，国大党都居于主导地位……并据此控制着政府资源的分配，包括许可证审批、肥料和种子的配给、道路建设的规划等。对这些资源的垄断，反过来巩固了国大党的执政地位，也便于其落实本党的经济政策。各种团体出于利益考虑也愿意留在党内，因为即使不能获得短期利益，但一旦退出国大党，就意味着剥夺了今后永久的预期收益。”① 不过，随着人们对民族运动的政治热情逐渐消失，以及不同政治力量的兴起，国大党的优势地位也受到挑战，国大党不得不跟其他政党一样，依靠党的基层组织而非不用报酬的自愿者来获得资金，筹集支付宣传品印刷、人员雇佣、汽车租借等所需的费用。

第二届大选后，国大党党内派系斗争开始加剧，反对党不断侵蚀国大党的票仓，国大党参加选举时不再稳操胜券。1957 年中央和地方的各种选举，各政党及独立候选人的竞选资金预计在 2500 万卢比左右，但 1962 年飙升约 10 倍，达到 2.3 亿卢比。1967 年各类大选的竞选资金预计在 3 亿—6.6 亿卢比之间，而到了 1971 年，仅人民院选举就耗资约 2.5 亿—5 亿卢比。② 20 世纪 70 年代后，各种新兴社会力量发展壮大，不同利益集团追寻多元利益诉求，依据不同的身份特性，不断集聚化并形成各自的政治势力，选举的竞争性越来越强。随着竞选成本水涨船高，印度政府不断修正选举经费的使用上限。2003 年 10 月，印度政府将人民院和邦议会选举的竞选经费上限提高至 250 万卢比（5.6 万美

① Matthew McCartney, *Political Economy, Growth and Liberalisation in India*: 1991 - 2008, London: Routledge, 2010, p. 22.

② Stanley Kochanek, *Business and Politics in India*, 1974, p. 231.

元）和100万卢比（2.2万美元），2011年2月又提高至400万卢比（8.9万美元）和160万卢比（3.6万美元）。[①] 目前，印度大选已经是世界上投票选民最多、耗时最长的大选，2014年大选历时5周，共有8.15亿合格选民参与投票。根据民间机构“全国选举观察”（National Election Watch）和“民主改革联盟”（Association for Democratic Reforms）的统计数据，印度六家全国性政党[国大党、印人党、大众社会党、民族主义大会党、印共、印共（马）]在近三届大选中募集和耗费的资金屡创新高。2014年人民院选举，六家政党募集竞选资金总计115.859亿卢比，是2004年和2009年大选时募集资金的5.18倍和1.35倍，印人党独得55.845亿卢比（占48.2%），国大党为35.039亿卢比（约30.2%）；实际花费资金总额130.875亿卢比，是2004年和2009年大选花费的4.86倍和1.49倍，印人党花费高达71.248亿卢比（占54.4%），国大党为48.621亿卢比（37.2%）（参见表1、表2）。

表1　全国性政党在2004年、2009年、2014年人民院选举中募集资金额（单位：亿卢比）

全国性政党	2004年选举	2009年选举	2014年选举	募集资金总额
印人党（BJP）	10.432	47.861	55.845	117.138
国大党（INC）	11.436	31.374	35.039	77.849
大众社会党（BSP）	0.003	3.316	7.826	11.045
民族主义大会党（NCP）	0.387	0.923	7.785	9.095
印共（CPI）	0.072	0.950	0.952	1.974
印共（马）（CPM）	0.05	1.065	5.512	6.627
合计	22.38	85.489	115.859	223.728

资料来源：Association for Democratic Reforms，National Election Watch，*Analysis*

① M. V. Rajeev Gowda，E. Sridharan，“Reforming India's Party Financing and Election Expenditure Laws”，p. 230.

of Funds Collected and Expenditure Incurred by National Political Parties-Lok Sabha 2004, 2009, 2014, March 2, 2015, p. 8.

表 2　全国性政党在 2004 年、2009 年、2014 年人民院选举中花费资金数量（单位：亿卢比）

全国性政党	2004 年选举	2009 年选举	2014 年选举	花费资金总额
印人党	10. 265	44. 881	71. 248	126. 394
国大党	14. 961	38. 004	48. 621	101. 586
大众社会党	0. 421	2. 123	3. 006	5. 550
民族主义大会党	0. 386	0. 806	6. 448	7. 64
印共	0. 052	0. 812	0. 672	1. 536
印共（马）	0. 857	0. 955	0. 88	2. 692
合计	26. 942	87. 581	130. 875	245. 398

资料来源：Association for Democratic Reforms, National Election Watch, *Analysis of Funds Collected and Expenditure Incurred by National Political Parties-Lok Sabha* 2004, 2009, 2014, March 2, 2015, p. 10.

随着竞选费用的增加，党费、私人赞助筹资等渠道获得的资金显得“杯水车薪”，印度政党日益倚重财团代表的工商界。在印度，财团向政治力量提供竞选资金是合法的，但倘若没有规范、透明的机制约束，就会出现“黑金”问题。早在 1951 年，印度政府就出台《人民代表法》（Representation of the People Act, RPA），规定财团必须在公司账目中清楚地列出给政党的选举资助，并设定了竞选经费的上限，超过此上限的候选人面临取消选举资格或选举结果无效的后果，[①] 但实际执行情况不如人意。除了左翼政党外，其他政党直到 1995 年面临公民组织的起诉时，才被迫应允公布选举资金收支情况，虽然“（政党提供的数据）与

① V. S. Ramadevi, S. K. Mendiratta, *How India Votes: Election Laws, Practice and Procedure*, New Delhi: Butterworths India, 2000, pp. 378 – 380.

其所开销的资金有出入，普遍被认为是不准确的……但很少有针对该问题的调查，检举起诉更是几乎从未听说"。[①] 印度学者型政治家拉吉夫·高达（M. V. Rajeev Gowda）和宾夕法尼亚大学印度高级研究所德里分部负责人 E. 斯里达兰（E. Sridharan）曾就印度政党资助和选举支出等问题进行调研，匿名访谈的对象包括国大党和印人党的财务主管、选举策略策划者及负责资金筹集的工作人员、部长、高级官僚、选举委员会官员，以及若干捐款大户。研究表明，有两大因素导致财团和政治力量之间存在利益交换的空间：其一是经济自由化并没有终结政府在许多领域分配资源的权力；其二是有关政党献金及选举费用的法律存在瑕疵，导致政党和政客滥用政府分配资源的权力，来为本党的选举活动筹集资金。[②] 拉吉夫·高达横跨政学两界，曾任国大党发言人和联邦院议员，也是经济学和社会学双料教授，其基于自身从政经验和强大人脉基础所做的调研，应该说有很强的内幕性和参考价值。

政党向财团的筹资行为有时会导致腐败，历史上许多腐败大案都与此有关。例如 1993 年的贿选丑闻，前总理拉奥在 2000 年因此案被判有罪。此外，各政党及其议会候选人需要获得足够资金支持参加大选。"虽然人气最旺的候选人可能有实力筹集足够的资金来资助自己的选举，但大多数候选人都必须依靠政党的大量资助。"[③] 印度政府也一直在不断修订关于选举经费及捐助机制的规定。20 世纪 60—70 年代，印度国内对政治献金特别是"黑

① Vineeta Yadav, *Political Parties, Business Groups and Corruption in Developing Countries*, 2011, p. 142.

② M. V. Rajeev Gowda, E. Sridharan, "Reforming India's Party Financing and Election Expenditure Laws", p. 226.

③ Chandan Mitra, *The Corrupt Society: The Criminalization of India from Independence to the 1990s*, New Delhi: Penguin Books India Ltd., 1998, p. 115.

金问题”的讨论非常激烈。当时，许多年轻的国大党议员认为，政治献金加剧了党内寡头主义，来自工业发达地区的议员人数过多，且占据重要岗位，有损国大党的“亲民”形象。印度政府于1960年成立桑塔纳姆委员会（Santhanam Committee），负责调查官商勾结及其引发的腐败问题，并最终于1962年出台相关报告。根据此报告，印度政府于1964年成立中央警戒委员会（CVC），调查涉及中央政府的腐败案件。20世纪60年代末，在一些财团的支持下，推崇市场经济的人民党已经在印度部分地区获得影响力，对国大党构成了某种程度的政治挑战。英迪拉·甘地强化对政治献金的监管，“表面理由是防止大财团对政治施加过多影响。但不少人质疑，英迪拉的举措是出于对大财团向右翼反对党提供捐款的担忧”。[①]1969年，在国大党左翼力量推动下，印度政府根据桑塔纳姆委员会报告的建议，出台法案规定各党将政治献金公开化。但该项制度实际效果事与愿违，企业捐款仍然是各政党尤其是国大党资金的重要来源，而且由于合法渠道被关闭，反而促使企业捐款途径由公开转向秘密。桑塔纳姆委员会的一名成员L. P. 辛格（L. P. Singh）表示，“关闭公开的捐款渠道的政策，非但没有抑制住政治捐款的问题，反而导致大量黑金以非正规、秘密的方式流入政党。”[②]

1974年，印度最高法院裁决认定，政党给候选人的资助也应计算在候选人竞选资金之内，引起了主要政党的反对。作为回应，印度议会于1975年修订了《人民代表法》相关条款，规定没有获得候选人授权的政党或支持者的捐款，不应计入候选人竞选开支，此修正案使得有关候选人竞选经费上限的规定形同虚

① M. V. Rajeev Gowda, E. Sridharan, “Reforming India’s Party Financing and Election Expenditure Laws”, pp. 227 – 228.

② Chandan Mitra, *The Corrupt Society: The Criminalization of India from Independence to the* 1990*s*, p. 112.

设。1978 年，查兰·辛格（Charan Singh）政府通过公司法修正案，全面禁止公司向政党捐款。但 1980 年上台的英迪拉政府终止了该法令，侧面反映了英迪拉对政治献金的复杂心态。其背后原因，就是主要政党或政治力量，都不愿就财团给自己的政治捐款作出说明，因此也不必担心受到调查。1985 年《公司法》第 293A 款修正案，再次允许企业在特定条件下可以向政党提供捐款。但规定，必须获得董事会许可并公开综合损益报表，且给政党的捐款不得超过此前三年平均利润的 5%。1996 年最高法院在判决中裁定，政党必须提交经过审计的收支账目表，否则其对候选人的资助就应该计入竞选资金，这在一定程度上提高了政党资助的透明度。印度政党还通过利用公共资源来“平抑”选举费用的过快增长，1998 年，印度政府规定向 7 个全国性政党和 34 个地方政党提供免费使用国营电视台和广播电台的时间，占用时间根据上次大选中所获选票的比例决定，但当时只有一家电视台和两家广播电台提供此服务，时间也最多十分钟左右。2003 年，印度政府通过《选举和其他相关事务法（修正案）》，规定公司和个人给政党的捐款可以免税，但政党需要向选举委员会提交捐款额超过 2 万卢比（当时约合 450 美元）的捐款人名单。但总体上看，印度政府对竞选资金的监管仍有不足。例如全国性政党的主要领导人到候选人选区的交通费、推广政党竞选纲领的宣传费，都不计入竞选资金。

三、党内决策机制的封闭性

印度的政党制度设计赋予政治领导人对政党事务拥有巨大影响力，进一步加重了权力的集中。20 世纪 70 年代，印度政坛进入动荡期，很多议员都根据自身利益进行政治投机，经常脱离母党而加入其他政党，严重影响政局稳定。为了减少脱党现象、增加政治稳定性，印度议会于1985年通过宪法第52条修正案，规定任何经由选举产生的议员，如果脱离原政党，其议员资格自动作废。2003年，印度议会又通过《人民代表法（修正案）》，规定联邦院的投票过程必须公开，议员必须向所属政党的监督人员展示投票选项，任何未遵从党团领袖统一立场的议员，都有可能被清理出党，进而失去议员资格。这些修正案一方面有助于减少党内动荡（抑制党内投机风气），另一方面却加强了党的领导人对本党议员的控制力。[①] 政党领导人对本党议员的政治约束力较强，党内存在严格的“政治规矩”，如果违背政治规矩，则很可能被清理出党。除了极少数有足够政治资本“跳槽”的政坛大佬外，大多数议员都不会冒此风险。

除人事任免权外，政党领导人对政党资金的使用也有很大的权限。政党候选人的竞选资金很大程度上仰仗政党领导人，因为在很长时间里，工商界主要通过党部和政党高层提供资金支持，而非具体针对某人提供竞选资金支持。当然，这种情况现在慢慢出现转变，一些财团开始重点扶持有潜力的政治人物。随着印度竞选费用的不断增加，很少有候选人能够独自承担参加竞选所需的巨额开支，大多数政党都承担了候选人的主要竞选资金，而政治领导人也惯于将自己的亲信安排在负责政治捐款的重要岗位上。因此，政党领导人通过党内政治安排，得以“直接干预政策实践，将不听使唤的官员撤换以便为政治捐款提供便利，建立‘上梁不正下梁歪’的等级体系，使得国家机构成为政党捞取资金的从属机构”。[②]

虽然印度奉行“三权分立”的制度，但在具体实践中，行政

① Bimal Jalan, *The Future of India*, New Delhi: Pengui Group, 2006, pp. 56 - 57.

② Vineeta Yadav, *Political Parties, Business Groups and Corruption in Developing Countries*, 2011, p. 133.

权对立法与司法机构有很大影响力。假设某个政党在议会中居于主导地位，该党领导人就有可能对行政机构施加影响，使本党的违法违纪行为免受调查，“政党能够（在缺乏约束的情况下）充当腐败资金的保护伞，这使得他们得以大胆地（向商界）表达资金诉求”。① 负责监督政党和候选人行为的选举委员会，以及与政治调查紧密相关的机构中央调查局（CBI）和中央警戒委员会（CVC），既没有有效资源也没有政治独立性去严格调查政治献金问题，难以有效处理官商勾结的案件，因为“政党已经控制了这些机构，使得这些机构不可能落实现行法律法规，甚至一些臭名昭著的违法案件都得不到应有惩罚”。② 而在政党内部，由于等级森严，缺乏有效的党内民主，使得政党领导人的自主选择权得以最大化。“政党精英在选择候选人时权力很大，私人关系起到很大作用，为那些愿意假公济私的‘坏’候选人进入候选人名单提供便利。虽然在纸面上，政党拥有非常详细的、权力分散化的候选人挑选程序，但在实践中，政党通常授权其领导人挑选候选人。” ③

其结果是，在印度，一个政党的纪律性越强，非但无法通过严格纪律预防党员腐败，反而使得政党领导人能够更随意地支配党员和本党议员，进而肆无忌惮地进行权力寻租。更有甚者，因为只有在立法机构有代表的政党，才能参与立法进程，商界对立法决策影响的需求大于供给，使得政党领导人能够索要更多资金。换句话说，印度政治体制中为了确保政局稳定的相关规则，

---

① Vineeta Yadav, *Political Parties, Business Groups and Corruption in Developing Countries*, 2011, p. 40.

② Ibid., p. 142.

③ Milan Vaishnav, “The Merits of Money and ‘Muscle’: Essays on Criminality, Elections and Democracy in India”, 2012, http: //academiccommons. columbia. edu/catalog/ac%3A146579.（上网时间：2015 年 2 月 5 日）

最终反而成为强化政党权力、便利权力寻租的工具。学者维尼塔·亚达夫对印度进行深入田野调查后，在其著作《发展中国家的政党、工商团体和腐败》一书中写道："印度政党领导人不愿意建立正式的出纳制度，或者内部监督机制，避免将政党资金的情况整合起来。政党的不同部门彼此不交流信息，而该党的中央领导人也将信息控制在小圈子内。政党经费开支的种类繁杂，使政党领导人更容易隐瞒开支情况，相关机构难以监测到违法情况。"①

第二节　财团资源

财团要有效发挥政治影响力，前提条件是其拥有满足政治力量需求的资源，或者说影响政治力量的实力。因为在政治市场里，如果缺乏可交易的"商品"，就无法实现政治力量与财团之间的利益交换，财团也就难以发挥政治影响力。对于印度来说，选举政治催生政治献金，政治力量对财团有"金钱政治"的需求，这是财团所具备的最大资源。选举政治和金钱政治的存在，为财团提供将资本转换成政治影响力的渠道，一方面是可以通过提供选举资金支持来影响政党，另一方面是利用自己雄厚的资金实力获得较好的参选结果。此外，财团本身经济实力的增强和专业素养的提高，也使其成为政府在制定政策时必须重视的因素。

一、政治力量的最大金主

一般来讲，政党和政客有多种资金来源，包括党员缴纳的党

① Vineeta Yadav, *Political Parties, Business Groups and Corruption in Developing Countries*, 2011, p. 143.

费、利益集团的资助、党产的收入等。独立运动期间，印度财团就为国大党及其领导的民族独立运动提供大量资金支持，为国大党的群众集会提供人力、设备、场地等支持，堪称国大党的最大金主。这在包括甘地在内的国大党领导人讲话中都有所佐证。20世纪70年代以来，印度主要政党的日常党务支出不断增加，且需要挖其他政党的墙角、贿赂其他政党的议员等，导致政党所需费用日渐增多。与此同时，各政党面临党费减少的问题，仅靠党费已经无法有效满足党务支出，故而对财团的需求不断增大。目前，各政党收缴的党费在下降，但获得的“捐助额”却在大幅增加。财团代表的工商利益集团逐渐成为政党资金的最大提供者，政党领导人和商业领袖都证实了这种情势，强调“商业利益集团作为政党可靠、重要的资金来源，其战略重要性日益明显”。[①] 2013年新修正的《公司法》，将公司对政党的资助不超过前三个财年净利润的比例，由之前的5%提高到7.5%，但仍需经过董事会批准。财团政治献金对政党的重要性日益明显。

根据“全国选举观察”和“民主改革联盟”对2004/2005—2011/2012财年主要政党的收入情况和捐助来源的分析，六大全国性政党在此期间的收入总额为489.596亿卢比。其中，选举信托捐助10.586亿卢比，占比2.16%；有捐助者具体信息的捐助4.3585亿卢比，占0.89%，党费、政党出版物等获得收入78.56亿卢比，占16.05%，另有75.05%不知收入来源。在有明确来源的剩余25%捐款中，财团代表的工商界是主要提供者。[②] 国大党

① Vineeta Yadav, *Political Parties, Business Groups and Corruption in Developing Countries*, 2011, p. 124.

② National Election Watch, Association of Democratic Reform, “Sources of Funding of National Political Parties for FY 2004 - 05 to 2011 - 12”, September 9, 2013, 数据来源是各政党向选举委员会递交的材料，可参见选举委员会网站：http://eci. nic. in/eci_ main1/political_ parties. aspx。

收入最多，总计 236.502 亿卢比，印人党为 130.422 亿卢比，其余依次是大众社会党（49.744 亿卢比）、民族主义大会党（20.163 亿卢比）、印共（1.001 亿卢比）和印共（马）（5.211 亿卢比）。

此外，国大党、印人党的捐助者主要是大财团；工商界捐款约占政治献金总额的 87%，且对印人党的捐助多于国大党。印度人民党获得 19.247 亿卢比的企业捐助，国大党则获得 17.225 亿卢比。比尔拉财团是国大党和印人党的最大金主，阿迪特亚·比尔拉集团给国大党捐赠 3.641 亿卢比，给印人党捐赠 2.657 亿卢比。[①] 印共和印共（马）从财团处获得的资助很少，经费主要来自党费、党支部乃至领导人的捐款。

表 3　企业（含财团）捐款占政党所获总捐款的比例

（2004/2005—2011/2012，单位：亿卢比）

政党	总捐款额	企业捐款额	企业捐款额占总额的比例
国大党	18.756	17.225	92%
印人党	22.646	19.247	85%
民族主义大会党	1.235	1.228	99%
印共（马）	0.571	0.178	31%
印共	0.38	0.011	3%
总计	43.587	37.889	87%

资料来源：Association of Democratic Reforms，"Analysis of Donations Made by Corporates and Business Houses to National Parties between FY 2004 – 05 and 2011 – 12"，January 8，2014. adrindia. org/download/file/fid/3349。（上网时间：2014 年 1 月 20 日）

① Association of Democratic Reforms，"Analysis of Donations Made by Corporates and Business Houses to National Parties between FY 2004 – 05 and 2011 – 12"，January 8，2014，adrindia. org/download/file/fid/3349.（上网时间：2014 年 1 月 20 日）

喀拉拉大学助理副校长（Pro-Vice Chancellor）、政治学教授J. 普拉巴什（J. Prabhash）对印度主要政党在2002年、2004年和2006年的收入情况进行分析，国大党所获捐助额最多，三年总计39.106亿卢比，是印人党的3.56倍。虽然与上述机构提供的数据有所出入（这也再次证明此项研究的难度），但反映出来的基本态势是一致的，即工商界捐助日益成为政党主要资金来源，特别是国大党与印人党，获得的捐助最多，远高于其他政党，其所获捐助远高于党费收入；左翼政党的重要资金来源是党费。

表4　主要政党收入情况表（2002—2006年，单位：亿卢比）

政党及收入情况		2002年	2004年	2006年
国大党	捐助	13.47	14.687	10.949
	党费	2.04	1.08	0.046
印度人民党	捐助	1.716	6.75	2.507
	党费	0.053	0.526	0.138
印共（马）	捐助	8.07	1.477	1.79
	党费	0.639	1.164	1.699
印共	捐助	0.047	0.026	0.097
	党费	0.007	0.007	0.009
大众社会党	捐助	0.4	不详	0.255
	党费	0.1	0.95	0.355
社会主义党	捐助	0.716	1.461	4.035
	党费	0.082	0.003	0.496

资料来源：J. Prabhash，"India：Mounting Influence of Money Power in Election and the Crisis of Representation"，*Asia-Pacific Journal of Social Sciences*，Special Issue No. 1，December 2010，p. 89.

总之，与政党资金需求节节攀高不相称的是，政党的资金来源却日益减少。1978年以后，各政党被要求提交政治捐款、开支、纳税等详细信息，但除了左翼政党外，其他主要政党直到

1995 年才做到这一点。根据印度的相关法规，超过 2 万卢比的政治捐款需要公开捐款者信息，主要财团也设有专门的选举基金会，以支票的形式提供政治捐款。这些举措看似能够使政治献金更加透明，但实际效果则完全相反，因为财团可以通过“少量多次”（次数很多，但每次不超过 2 万卢比）的方式捐款，而且支票捐款的数额占总捐款额的比重很低。政党不希望公开资金来源，财团方面也是如此，因为财团担心，“鉴于民主制度下的政权更迭，如果完全公开捐款信息的话，那些认为自己所获捐款较少的政党，可能会对财团进行报复”。[①]

二、富人政治与政治企业家

选举经费的水涨船高，使得印度的选举日益成为有钱人的游戏。第 14 届人民院议员（任期 2004—2009 年）的平均资产 1860 万卢比，千万富翁的人数为 156 人，而到第 15 届人民院（任期 2009—2014 年），议员平均资产已飙升至 4560 万卢比，千万富翁的人数增至 315 人。其中，国大党议员平均资产 5900 万卢比，千万富翁 146 人；印人党议员平均资产 3400 万卢比，千万富翁 59 人。[②] 2014 年大选，共有 6727 名候选人参加竞选，“全国选举观察”和“民主改革联盟”对其中的 6672 名候选人进行了背景分析（其余候选人因资料不详无法分析），这些候选人平均资产

① Nikhil Inamdar，“Why India Inc's Demand for Secrecy on Political Funding Is Valid”，*Business Standard*，November 29，2013.

② 原文标注此处平均资产额时，特意指出没有将 3 名资产额超过 10 亿卢比的议员计算在内。National Election Watch，Association for Democratic Reform，“Lok Sabha Election Watch 2009：A Compendium of State Election Watch Reports”，http：//adrindia. org/sites/default/files/0. 10% 20full% 20report% 2020—05—2010. pdf。（上网时间：2014 年 1 月 20 日）

4470万卢比，其中千万富翁1766人，占比26%。国大党和印人党的候选人中，千万富豪的比例分别高达82%和74%。[①]“民主改革联盟”还对2014年选举胜出的541人进行了背景分析（其余2人材料不详），发现其中442人（82%）是千万富翁。

此外，对竞选情况进行量化分析发现，候选人能否参加大选以及能否顺利当选，与个人资产额有很大的正相关性。2004年和2009年的两届大选，在财富排名最后20%的候选人中，仅有1%的机会赢得大选，而财富排名前20%的候选人胜选率高达25%。[②]2009年大选中，资产超过5000万卢比的343名候选人中，有112人成功当选，胜选比例高达32.65%，而在资产少于100万卢比的3964名候选人中，仅有17人当选，胜选比例仅为0.43%（如表5所示）。2014年大选中，449名资产超过1亿卢比的候选人中，131人当选，胜选率是29%；资产在5000万—1亿卢比的320名候选人中，70人获选，胜选率是20%；资产在1000万—5000万卢比的1443名候选人中，241人获选，胜选率为17%。[③]最终当选的议员中（有数据支撑的样本是2009年521人、2014年541人），2009年有300名议员（约58%）是千万富翁，2014年当选议员的千万富翁增至442人（约占82%）。在2014年第16届人民院中，各党情况虽有不同，但千万富豪的比例都较高。印人党、国大党、全印安纳德拉维达进步联盟（AIADMK）、全印草

① National Election Watch, Association for Democratic Reform, "Lok Sabha Elections 2014: Consolidated Analysis of Criminal Background, Financial, Education, Gender and other details of Candidates", April 22, 2014.（上网时间：2014年5月1日）

② Milan Vaishnav, "Crime but No Punishment in Indian Elections", January 24, 2014.

③ Association for Democratic Reforms, "Lok Sabha 2014 Winners-Analysis of Criminal and Financial Background Details of Winners", 18 May 2014, http://loksabha.adrindia.org/lok-sabha/analysis-of-criminal-and-financial-background-details-of-winners.（上网时间：2014年5月22日）

根国大党（AITC）的比例分别是84%、80%、38%和62%，印人党议员的平均资产是1.159亿卢比，国大党议员平均资产是1.671亿卢比。此外，414名议员（约占总议员的77%）的财富，是其所在选区候选人中的前三甲，其中159人（约29%）是其所在选区最富有的候选人，142人（26%）是所在选区第二富有的候选人。[①]

在此情况下，工商界出身的人有更大的财力优势。米塔尔财团的主席苏尼尔·米塔尔直言不讳地宣称："印度正在朝着下一代领导人的方向发展，必将决定商人或者专业人士能否在政界拥有一席之地"，"我想我们（工商业者）正在从旧的政治卫道士转向新的政治角色。届时，专业人士或商人可能在政界占据一席之地"，并期待工商界能在政界发挥更大作用。[②] 印度议会竞选费用虽然很高，但一旦成功当选，也能带来财富上的回报。根据对2014年连选连任的168名议员进行资产分析，发现连选连任的议员2009年时平均资产5380万卢比，2014年时已飙升137%，至1.278亿卢比。印人党78名连任议员资产增加146%，国大党29名连任议员资产增加104%，地方政党连任议员资产增加幅度更大，增长幅度最小的是印共（马）的连任议员，增幅仅11%。

---

① Association for Democratic Reforms,"Lok Sabha 2014 Winners-Analysis of Criminal and Financial Background Details of Winners", 18 May 2014, http://loksabha.adrindia.org/lok-sabha/analysis-of-criminal-and-financial-background-details-of-winners.（上网时间：2014年5月22日）

② "Mittal for Greater Business-Politics Ties",August 02, 2009, http://zeenews.india.com/news/business/mittal-for-greater-business-politics-ties_552273.html.（上网时间：2014年1月1日）

表 5　竞选议员资产额与胜选概率的关系（以 2009 年大选为例）

资产额	候选人人数	成功当选议员的人数	胜选比例
5000 万卢比以上	343	112	32.65%
500 万—5000 万卢比	1592	294	18.47%
100 万—500 万卢比	1911	120	6.28%
100 万卢比以下	3964	17	0.43%

资料来源：National Election Watch，Association for Democratic Reform，"Lok Sabha Election Watch 2009：A Compendium of State Election Watch Reports"，http：//adrindia. org/sites/default/files/0. 10% 20full% 20report% 2020 – 05 – 2010. pdf，April 2010。

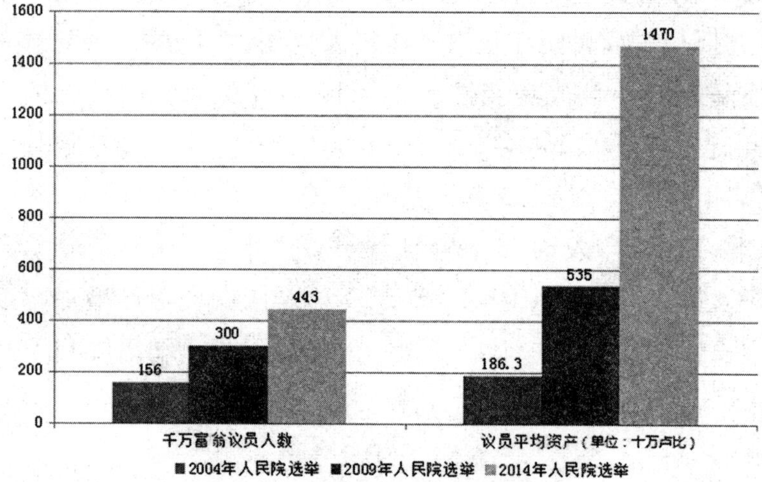

图 1　近三届人民院议员资产情况图

资料来源：National Election Watch，Association for Democratic Reforms，"Lok Sabha Election Watch 2009：A Compendium of State Election Watch Reports"，April 2010；National Election Watch，Association for Democratic Reforms，"Lok Sabha Elections 2014：Analysis of Criminal Background，Financial，Education，Gender and Other Details of Winners"，May 18，2014；另，根据前一报告，2009 年当选议员千万富翁议员人数是 315 人，平均资产 4566.2 万卢比，但后一报告已更新至 300 人和 5350 万卢比，此处采用后一报告的更新数据。

三、经济实力赋予话语权

除了选举政治外，财团在引领印度经济变革中的突出作用，以及其强大的经济实力，也赋予其施加政治影响力的强大手段。在美国，“企业共同体所掌握的投资或撤资，以及雇用或解雇员工的权力，导致了这样一种政治环境：由选举产生的官员试图尽其所能地创造一个有利的投资氛围，以避免因经济衰退而下台。这一结构性权力又通过复杂的政策研制网络制定新政策的能力而得到增强”，[①] 印度也面临相似情况。除了有施加政治影响力的供需和意愿外，财团还有可靠、管用的手段（包括正面和负面的）来影响政府。一旦财团实力达到足够强大的时候，政府就必须考虑财团的政策看法。“经济权力赋予企业共同体针对民选和派任官员的直接影响力，因为如果企业对政府缺乏商业信心，一个城市或国家的经济增长和稳定在总体上就会陷入危险的境地。”[②]换句话说，财团的经济实力已经如此之强，其纯粹的经济权力就能够影响政府。再如，根据瑞士信贷（Credit Suisse）2012 年8 月的研究报告，“阿达尼（Adani）、埃萨（Essar）、GMR、GVK 等10 家大财团（不包括塔塔集团、信实集团和德里土地金融），占印度全国银行贷款总额的 13%，且这些贷款大多数来自国有银行。2006/2007—2011/2012 财年，这十家公司的贷款额翻番”，[③] 足见

---

① ［美］威廉·多姆霍夫著，吕鹏、闻翔译：《谁统治美国：权力、政治和社会变迁》（第五版），2009 年版，第 372 页。

② Charles Lindblom，*Politics and Markets*：*The World's Political Economic System*，New York：Basic Books，1977，转引自：［美］威廉·多姆霍夫著，吕鹏、闻翔译：《谁统治美国：权力、政治和社会变迁》（第五版），2009 年版，第 96 页。

③ Amiya Kumar Bagchi，“Sealing the Victory of the Corporate Sector”，*Economic & Political Weekly*，Vol. XLIX，No. 24，June 14，2014，p. 17.

其对印度整体经济的影响。

有的大财团还直接参与城市的管理工作，如贾坎德邦最大的城市贾姆谢德普尔城（Jamshedpur City），是印度东部仅次于加尔各答和帕特纳的第三大城市，也被称为“塔塔城”。该城市原本只是一个小村庄，1919 年更名为“贾姆谢德普尔”，以纪念其开创者“贾姆谢德吉·努赛万·塔塔”（Jamsedhji Nusserwanji Tata）。开创者的生日 3 月 3 日也成了“建城日”。贾姆谢德普尔迄今仍是塔塔集团很多公司（如塔塔钢铁、塔塔电力、塔塔汽车等）的所在地，也是印度唯一没有市政机构的百万人口大城市。塔塔集团参与了城市的教育、医疗、水务等诸多管理工作。20 世纪 80 年代末，贾坎德邦政府试图在贾姆谢德普尔设立市政府，收回城市管理权，后因当地民众反对而作罢。2005 年，邦政府再次提出类似倡议，仍遭到当地民众的反对，该市市政机构迄今未设立。城市人口识字率为 85.94%，远高于全国平均水平 74%。城市有诸多公民自治机构，包括塔塔钢铁下属的贾姆谢德普尔公共服务公司（JUSCO），负责管理塔塔集团租借的 41 平方公里地区的行政事务。城市现有机场较小，主要用于塔塔集团的物流运输，2011 年，塔塔钢铁和塔塔房地产与基础设施有限公司组建联合企业，拟修建面积 600 英亩（约 2.4 平方公里）的机场。塔塔钢铁还资助城市的体育运动，设有塔塔体育馆、塔塔足球学院、塔塔箭术学院等。

显然，政府在制定政策时，必须考虑到财团的态度，如果财团强烈反对某项政策，除非这项政策获得民意的明显支持，否则政府不敢贸然推行。如果因为政府推行的政策伤害了财团的利益，就有可能间接损害到经济发展，进而影响到民众对政府的支持。在印度这样的民主社会，政治人物或许可以不完全遵从财团的意愿，但必须顾及民众的感受，而一旦财团实力强大到足以影响社会经济发展，则政府必须考虑到财团的政策变化。因此，财团就拥有了影响政府决策的话语权。

第三节　传统文化认知

财团政治影响力的发挥，也受到公众舆论的重要影响，深层次讲，就是印度的社会认知与传统文化。特别是在印度这样一个具有悠久历史文化传统、强烈平民主义思潮的国家，社会公众的舆论认知更是对财团政治影响力有较大影响。在这方面，虽然财团通过其所控制的大众媒体，引导公众改善对财团的认知，且越来越多的中产阶级认可物质生活的重要性，但普通大众仍然认可精神生活的重要性，或者说存在根深蒂固的“轻商”文化，这在一定程度上增加了财团发挥政治影响力的难度。“政治文化包括个人对政治，以及对在一种政治体制运作下的社会组织的态度。这些态度和社会模式在社会志向和期望的形成、影响决策的形式等方面发挥着重要的作用，并成为一种可以接受的政治行为。”[①]政治文化与经济发展具有很大的相关性，马克斯·韦伯在其名著《新教伦理与资本主义精神》中，就论述了新教与西方资本主义间的关系，国内外也有很多学者探讨儒家精神与中国经济发展的关系。总体来看，印度政治文化有六大特性，即：对“含糊不清”的包容，允许相互矛盾的理念或利益并存；强烈的互不信任感与怀疑精神；寻求和谐，避免冲突；超理性主义，或者说轻视现实挑战，强调“逻辑上的乐观主义”；信奉教条法规；根据意图而非行动来进行价值判断。[②] 印度政治文化中存在的爱猜疑、期待和谐、重视意图等特点，影响了政治精英层对财团的态度，

---

① 任佳：《印度工业化进程中产业结构的演变：印度发展模式初探》，北京：商务印书馆，2007 年版，第 220 页。

② Stanley A. Kochanek, *Business and Politics in India*, 1974, pp. 44 – 51.

导致政治精英经常以怀疑的态度审视财团。例如，财团是利益集团，主张实现本集团的利益，被政治精英视为“破坏和谐”；财团强调创造财富，实现利益扩大化，则很有可能被视为“态度不端”。

一、社会大众认知

印度社会具有“重精神、轻物质”的文化基因，对财团的生存基础与社会地位并不是非常有利。如前所述，种姓制度是印度社会的重要特征，并形成婆罗门、刹帝利、吠舍、首陀罗四个等级的体系，而财团大多来自吠舍种姓。在种姓制度中，主持祭祀的婆罗门是最高种姓，而从事商业活动的吠舍仅处于第三种姓，表明印度传统文化重精神而轻物质。印度的资本主义是通过许多商业群体而非统一的商人阶层来实现的，这与其庞杂的种姓体系有关。根据印度的种姓制度，贸易、银行等行业由特定的吠舍种姓完成。此外，经商并不被认为是特别荣耀的职业。吠舍的地位比首陀罗高，却低于婆罗门（祭司）和刹帝利（武士）。在印度等级森严的种姓阶梯中，“商人种姓处于较低的地位，往往同黑市交易、投机倒把和高利贷者联系在一起”。[①] 实际上，“印度传统种姓制度重人文理论轻务工实践，大学生及其家长们认为出身高级种姓的孩子到属于商业种姓的公司或务工种姓开办的工厂工作是一件很耻辱的事”。[②] 印度历史上著名的政论家、被称为“印度马基雅维利”的考底利耶（Kautilya）甚至指出，“虽然名义上

① 孙培钧、华碧云、张敏秋、高鲲：《印度垄断财团》，1984 年版，第 297 页。

② B. B. Misra, *The Indian Middle Classes, Their Growth in Modern Times*, New Delhi: Oxford University Press, 1961, p. 294，转引自王红生：《论印度的民主》，2011 年版，第 47 页。

并不如此称呼，但商人实际上就是盗贼，他们应该被阻止压迫人民”，“应该通过严厉的律法，惩戒其通过组建卡特尔控制物价、获得额外利润、出售欺诈获取的财物等”。[①] 有学者指出，“在一些地区，民间歌谣将马尔瓦里商人比喻成吸血鬼，称‘暴徒杀死陌生人，马尔瓦里商人杀死朋友’，‘如果你遇到一条蛇和一个马尔瓦里商人，请杀死马尔瓦里商人’。”[②]

由于没有经过大革命的洗礼，独立后的印度并未对传统文化进行有效扬弃，独立初期盛行的左翼思潮也使得很多人将财团/资本家与剥削者联系在一起。虽然甘地、尼赫鲁等国大党高层与比尔拉、塔塔等财团领袖关切密切，财团也为民族独立运动提供强大资金支持，但这并未提高财团在独立初期的政治地位。独立建国后，印度社会交织着马克思主义、甘地主义和资本主义等各种思潮，普通民众对财团的认知并不是很正面，财团必须依赖与政府的密切关系，才能弥补欠缺的社会根基。“大多数印度人将大财团视为贵族式资本家，认为其行事动机是贪婪与欲望，不顾及员工的福利，缺乏基本的社会责任，在雇佣员工时搞裙带关系和种姓歧视。”[③] 在这种“重精神、轻物质”的文化影响下，印度财团未能享有其应有的社会地位，相反却往往遭到公众怀疑和鄙视。民众的态度成为制约财团政治影响力的重要因素。例如，1967 年大选时表现耀眼的自由党，虽然获得许多财团支持，但由于其无法迎合普通民众的诉求，在经济政策上又没有大作为，故而未能持久屹立于印度政坛。

---

① Kautilya, *The Arthashastra*, Edited, rearranged, translated and introduced by L. N. Rangarajan, New Delhi: Penguin Books, 1992, p. 67.

② R. V. Russell and R. B. Hira Lal, *The Tribes and Castes of the Central Provinces of India*, London, 1916, Vol. II, pp. 129 – 130. 转引自：Thomas A. Timberg, *The Marwaris: from Traders to Industrialists*, 1978, p. 103。

③ Stanley A. Kochanek, *Business and Politics in India*, 1974, p. XII, p. 198.

经济改革后，整个社会对经济发展的重视程度得到提高。而且，财团在推动经济社会发展方面确实作出突出贡献，特别是一些财团通过企业社会责任赢得民众好感。因此，工商界的社会地位得到有效改善。此外，随着市场经济深入人心，人们追求改善物质生活的诉求在增强，民众对财团的认知也逐渐发生积极变化。但是，延续千年的种姓制度并未完全退出历史舞台，打着某一种姓旗号而博得民众支持的“种姓政治”的存在就是典型的例子。因此，公众对财团活动“合法性”的认识，也是政治力量在处理与财团关系时必须考虑的重要因素。正如有学者指出，“公民社会、法律界、中产阶级、媒体对增长的看法，以及非精英层如何反对他们认为经济上有利但政治上非法的现象，都非常重要。尤其是拥有强大公民社会和选举政治的国家，如果带来经济增长的政商互动机制被认为排他性的，或经济增长具有掠夺性，则其产生的政治影响有可能是负面的。”①

二、政治精英认知

尼赫鲁及其许多政治精英都认为，“古代印度种姓主义对商业和商人的态度至今仍然存在……正如过去一样，商业上的成功受到蔑视，并且古老的商业权力（以及不断增长的政治权力）与社会地位之间的印度式脱离在未来仍将持续。”② 尼赫鲁曾表示，“在整个历史中，古老的印度理想对政治和军事上的胜利并不赞赏，它蔑视金钱以及那些以赚钱为职业的阶级。光荣与财富并不

① Kunal Sen, Sabyasachi Kar, “Boom and Bust? A Political Economy Reading of India’s Growth Experience, 1993 – 2013”, *Economic & Political Weekly*, Vol. XLIX, No. 50, 2014, p. 43.

② ［印］迪帕克·拉尔著，赵红军译：《印度均衡：公元前1500—公元2000年的印度》（节选和修订版），2008年版，第189—190页。

同行，至少从理论上讲，光荣属于服务于社群但自己却几乎没有得到任何金钱回报的人们。”① 甘地反对西方式的发展道路，反对大工业、反对国家集权，反对国家对经济的过度干预，主张发展村舍经济作为印度未来社会的基础，其思想对印度经济发展道路起到很大影响。② 因此，在日常政策实践中，政治精英在内心深处往往存在着对财团的怀疑态度，虽然在当今经济全球化的时代有所改变，但内心仍存在一定的偏见。这也是独立后印度政府推行许可证制度的文化动因。

有时，政治精英甚至为了迎合民众诉求，刻意压制财团的发展。“虽然印度私营企业历史悠久，但独立后的前30年，他们的地位相对被抑制。官僚精英并不支持商业，不管是出于感情还是意识形态，或者是社会等级（高种姓主导的官僚通常瞧不起商人种姓）。”③实际上，政治精英惯于打着“平民主义”的旗号，监管经济活动、阻止经济改革，经济改革前的许可证制度就是这种思维的反映。印度从上到下都重视“民主”理念，但对民主的过分强调，会诱发“竞争性平民主义”的问题。所谓“竞争性平民主义”，就是指政治精英出于赢得民众支持的政治目的，刻意出台迎合民意的政策举措。这种情况在大选前夕更为明显，政党领导人出于赢得大选的短期诱惑，经常在大选前夕作出迎合选民的惠民举措，而很多举措事后都被证明是难以落实的或效果不彰的。例如，英迪拉·甘地将国大党在1967年大选中表现不佳归咎于民众对财团的不满，于是在选后提出了迎合民众诉求的“十点

① Nehru, *An Antobiography*, 1936, pp. 431 – 432, 转引自：［印］迪帕克·拉尔著，赵红军译：《印度均衡：公元前1500—公元2000年的印度》（节选和修订版），2008年版，第190页。

② 王红生：《论印度的民主》，2011年版，第68页。

③ Pranab Bardhan, *Awakening Giants, Feet of Clay: Assessing the Economic Rise of China and India*, 2010, pp. 85 – 86.

经济纲领"，并于1969年采取激进措施，将14家大银行全部国有化、取消经理行制度、通过《垄断和限制性贸易行为法》等。这些举措虽然使国大党赢得选民普遍支持，并在1971年大选中大获全胜，但给印度的经济发展带来了消极影响。

经济改革后，政治精英将发展作为重要政策目标，对财团的态度有所改观，但仍无法彻底摆脱"平民主义"的思维，特别是大选临近，任何政党都将采取迎合选民的政策，其中一些难免影响财团发展。例如，2012年以来，印度经济形势糟糕，沦为"褪色金砖"。时任辛格政府为扭转颓势而推出一系列经济改革举措，包括提高油价、向外资开放多品牌零售业等，但或因投鼠忌器而未能全力推动，或因其他政党抨击其"违反民众利益"而终止，改革效果未能如愿。而且，印度政府在推动自由化改革的同时，对食品、燃料等仍提供大量补贴以维系民意。这些改革未能根本性克服财政赤字的困难，也未能实质性提振财团对经济改革的信心。再如，虽然各政党都无法摆脱与财团和工商界的利益关系，但却习惯于将自己标榜为普通民众利益的代言人，而将对手形容为资本家的代言人。2014年莫迪当选总理后，国大党候选人拉胡尔·甘地指责其与大财团有交易。拉胡尔·甘地此后不断批评莫迪"只为资本家着想"，而将自己塑造成普通民众利益的捍卫者。[①] 高举反腐旗帜崛起的平民党，则将国大党一同纳入攻讦之列，称拉胡尔·甘地和莫迪"大同小异，无非是安巴尼财团的两张脸"。[②] 总之，政治精英存在的平民主义倾向，及其在民主体制

① Manoj C. G，"Modi Govt Is for Big Businessses：Rahul"，*Indian Express*，October 10，2014；R. Jagannathan，"Rahul Gandhi's Pulling a Kejriwal on PM Modi：It Is Time for A Strategic Retreat on Land Bill"，May 1，2015，*Firstpost*；"Modi Govt Working Only for Capitalists：Rahul Gandhi"，*Business Standard*，August 18，2015.

② Heena Kausar，"Arvind Kejriwal Says Rahul Gandhi and Narendra Modi in Mukesh Ambani's Pockets"，*India Today*，February 24，2014.

下迎合民意的心理，使其出于自身政治利益而压制财团。这成了制约财团政治影响力的重要因素。

第四节　财团凝聚力

上面三节分别探讨了财团发挥政治影响力的资源、途径和外部因素。除此之外，主要财团内部关系也在一定程度上影响了其政治影响力的发挥。从财团与政府关系发展史看，主要财团之间并非铁板一块，有时甚至出现严重矛盾。主要财团虽然都具有扩大产能、发展经济的共同诉求，但在具体操作办法、实施路径方面则有不同看法，也因此滋生了彼此间的矛盾。历史上，这种矛盾曾一度发展到难以调和的地步，严重影响财团间的团结；现在，主要财团间的矛盾有所缓和。由财团及其他工商企业组成的三大工商协会，也在印度内外事务中扮演重要角色，成为财团施加政治影响力的重要渠道。

一、财团间矛盾：以塔塔财团与比尔拉财团为例

在相当长时间里，财团内部矛盾重重，难以形成有效合力。工商界虽然拥有成立时间早、自主、组织结构清晰等优势，但从未能够建立属于自己的政党或形成“资产阶级专政”。“工商界内部无法形成统一的阶级，以至于印度现代贸易和工业的发展史，某种程度上是商界内部分歧固化的历史，这与种姓、宗教和语言等因素有关。”[①] 有学者指出：“由于经济利益与政治理念的差别，大财团之间也存在分歧乃至内部矛盾，有时甚至采取恶劣手段损害对方形象。比尔拉财团与达尔米亚—贾因财团、比尔拉财团与

① Stanley A. Kochanek, *Business and Politics in India*, 1974, p. 11.

塔塔财团之间都存在矛盾，他们给自己一派的议员提供对手的黑材料，在议会里相互攻讦。工商界通过抹黑和打击对手，谋求在工业许可证、进口许可证等方面的私利。”① 在安巴尼财团异军突起之前，塔塔财团和比尔拉财团是印度实力最强、与政府纠葛最深的两大财团，也是彼此矛盾最为严重的两大财团。塔塔财团与比尔拉财团的相互合作与矛盾，相当程度上反映了印度主要财团间的关系。塔塔财团主要代表以孟买为基地的西部财团，比尔拉财团主要代表以加尔各答为据点的东部财团。除了种姓、宗教、经济利益等分歧外，两大财团的政策路径及其对政府的态度，也是导致双方矛盾长期存在的重要原因。

塔塔财团主张工商界应该在政治上更加积极，必须公开支持自由企业，并向倡导上述理念的组织提供强力支持，包括“公平贸易行为协会”（Fari Trade Practices Association）、“自由企业论坛”（Forum of Free Enterprises）② 以及自由党（Swatantra Party）③，对国大党政府及其许可证制度等则大加鞭挞。1968 年 2 月，J. R. D. 塔塔在印度商会（Indian Merchants Chamber）上宣称：“印度的政治体制正在走向失败”，“英国的议会制不适合印度国情，不适合印度国民的品行，印度应该以总统制代替议会

① Stanley A. Kochanek, *Business and Politics in India*, 1974, p. 262.

② “自由企业论坛”于 1956 年 7 月 18 日正式成立，旨在让印度民众认识到自由市场、私营企业及其与民主制度的关系，创始人是印度著名企业家斯罗夫（A. D. Shroff）。论坛成立后即引起广泛争论，并曾遭到尼赫鲁公开反对。该论坛至今依然存在，网址是 www. forumindia. org。

③ “自由党”成立于 1959 年，创立者是 C. 拉贾格帕拉查理（C. Rajagopalachari），政策主张是倡导市场经济，反对许可证制度。该党获得许多企业家支持，但尼赫鲁称其为“由中年封建地主、土邦王公组成”。1962 年大选，自由党在其首秀中即获得 18 议席，1967 年大选则获得 44 个议席，成为最大反对党。1974 并入“人民革命党”（BKD），后者于 1977 年并入人民党。

制。如此，印度政局将落稳，公共事务的管理也将更加专业”。[①]这足见其对当时政局及政治体制的极度不满。当时大多数工商界人士同意塔塔的看法，认为印度需要比现存体制更加稳定和有效的政府。科钦纳克在调研后发现，“有孟买企业家抱怨，我们需要稳定而能干的政府。现行体制养了一群不懂治理的家伙。虽然政府有许多部长，却无法开展有效工作。加尔各答的一名实业家也表示，现行议会制的问题是没有选出合适的人选。印度有许多有才能的人无英雄用武之地，他们不愿意在现行体制内工作……解决之道是采取总统制，提高政府效率。”[②] 1969 年 12 月，J. R. D. 塔塔在一次演讲中谴责偷税漏税、黑市、腐败行贿等，指责“一些大财团腐化堕落、为富不仁，在追求财富的过程中，罔顾公共利益，使私营部门的名誉受损”，实际上是不点名地批评比尔拉财团。[③]

与塔塔财团不同的是，比尔拉财团虽然支持市场经济，但反对与国大党政府的直接对抗，主张私下协商解决矛盾分歧。比尔拉财团认为，“财团不应直接或公开地与政府对抗或者挑战政府，而应该学会与政府相处，既要踩政府的脚趾头，又不能踩得过重，要学会与政府官员达成私下协议。”[④] 比尔拉财团的创始人 G. D. 比尔拉，自独立前就对国大党及其尼赫鲁家族给予大力支持。在 20 世纪 60 年代末至 70 年代初国大党最困难的时候，G. D. 比尔拉依然主张“国大党虽有很多不足之处，却是印度政

① J. R. D. Tata，Speech Delivered at the Sixtieth Annual General Meeting of the Indian Merchants Chamber，Mumbai，February 20，1968，转引自：Stanley A. Kochanek，*Business and Politics in India*，1974，p. 32。

② Stanley A. Kochanek，*Business and Politics in India*，1974，p. 33.

③ *The Economic Times*，December 16，1969. 转引自：Stanley A. Kochanek，*Business and Politics in India*，1974，p. 176。

④ Ibid.，p. 188.

治唯一也是最好的选择”，“根据我的政治经验，我必须告诉你们的是，无论是自由党还是人民党，抑或其他任何政党，都没有丝毫机会赢得大选并取代国大党。你可以分化、弱化国大党，但那起不到任何作用。如果国大党垮台，共产党政府将取而代之，他们将掐断你的喉咙。千万不要犯这种错误。我也并不完全喜欢国大党，但除了国大党以外，任何其他政党都无法确保政局稳定”。[①] 1967 年大选，许多大财团（包括 G. D. 比尔拉的弟弟 B. M. 比尔拉）都积极支持反对党、独立候选人，乃至国大党内的反对派等，以削弱国大党的主导优势，G. D. 比尔拉则作出上述警告。两大财团的矛盾，也体现在全国性工商协会的内部关系上。比尔拉财团在 20 世纪 80 年代前是工商联的主导力量，塔塔财团从短暂加入，后因与比尔拉财团的矛盾而退出。

二、工商协会间的合作与矛盾

时至今日，工商协会的地位已经较以前大幅增强，其对财团政治影响力产生了两方面的作用。一方面，工商协会的增强意味着工商界凝聚力的增强，财团或可借助工商协会发挥更大影响力。由于公众舆论呼吁更透明的政商关系、中小企业自主性的提升弱化了财团直接影响力、政治多元化使财团难以完全寄托于某个政党、共同的发展利益诉求淡化了财团个体间矛盾等因素，财团转而融入工商协会，通过工商协会来追求自身利益。工商联、工联和商工协发展迅速，成为财团增强工商界内部凝聚力和协调性的重要平台，进而成为财团施加政治影响力的新渠道。

① G. L. Nanda Satyanarain Sinha and G. D. Birla, *Government and Business*, Speeches Delivered at the Indian Chamber of Commerce, Calcutta, April 10, 1965, pp. 8 - 9, 转引自：Stanley A. Kochanek, *Business and Politics in India*, 1974, p. 37。

另一方面，工商协会并非铁板一块，彼此竞争在一定程度上弱化了财团政治影响力。工商联、工联和商工协相互之间存在竞争性。有很多声音主张三大协会联合组建成一个统一的机构，但始终未能成功。1992 年，三大协会的主席曾提议设立最高委员会，协调工商界的政策；1993 年，印度外交部倡议成立“印度国际商业理事会”，将三家机构都囊括在内；1995 年，有人认为三家机构经常接待同一拨外国企业代表团，并讨论相似议题，这是在浪费时间和金钱，主张彼此加强涉外经济事务中的协调。但这些努力最终未能如愿；2000 年，工商联提议三家机构就政府预算联合提出方案，但工联和商工协还是分别向财政部长提出建议。① 总之，工商协会的成立，提高了财团发挥政治影响力时的“规模效应”，但财团之间及工商协会内部存在着相互矛盾和竞争，影响了工商界内部凝聚力及其与政府博弈的能力。②

小　结

本章论述了影响财团政治影响力的系统因素，实际上是探讨了决定印度政治市场运作的大环境。对于财团与政治力量而言，政治机制和财团资源决定了彼此互动的意愿与途径，也是财团政治影响力得以发挥的有利和必要条件。舆论认知和财团凝聚力，则分别从内外因的角度，探讨了制约财团政治影响力的因素。上述有利或制约因素的存在，客观上有助于维系财团与政府之间相对平衡的博弈关系，决定印度政治市场不会过度失衡。通过本章

① “Apex Chambers Divided on Growth Rate Proposals to FM: FICCI for Joint Statement, CII and ASSOCHAM Want to Go Separately”, *Business Standard*, 10 October 2000.

② Niraja Gopal Jayal, Pratap Bhanu Mehta, *the Oxford Companion to Politics in India*, 2010, pp. 465 – 466.

的论述，大致可得出如下结论：

首先，印度财团发挥政治影响力有其客观必然性与合理性。政治市场并非凭空产生，而是政治与经济双螺旋体系并行交互、逐渐演化而成的，与经济市场一样有其客观必然性。具体到印度的政治市场：一是印度政府与财团有进行利益交易的诉求，彼此存在供需关系。财团需要影响政府决策，为自己谋得有利的政策环境；政府需要财团在资金、专业知识方面的支持，以更好地发展经济并参与选举，维护自身的统治地位。二是印度的政治机制为财团施加政治影响力提供独特的客观环境。印度虽然是全球人口最多的民主国家，但其政治机制仍带有深深的传统文化特性，加上国家处于转型发展期，权力监督机制难言完善，权力寻租诉求为财团提供了施加影响的机会。三是财团有施加政治影响力的能力和手段。印度财团参与政策咨询、推进企业社会责任项目、敦促政府放松管制等，虽然根本出发点都是维护自身利益，但也客观上促进了经济社会的发展。在此过程中，印度财团的实力不断增长，在国家政治经济生活中的地位日益提高，其政治影响力也自然同步增强。

其次，印度政治文化中的“反资本主义”因子，制约了财团政治影响力的发挥。经济市场不可能没有监管，政治市场同样面临监管。对于印度财团来说，制约或者弱化其政治影响力的最大因素，与其说是体制制约或者财团内部矛盾的牵制，不如说整个印度社会（从精英到普通民众）都或多或少存在着“反资本主义”因子。如前所述，印度种姓制度中，财团代表的工商界人士处于第三等级，社会地位并不高，且印度传统文化重视精神追求，轻视物质利益，谋求经济利益的财团往往招致民众反感，加上一些工商业者为富不仁，引起了普通民众的不满。此外，近代以来受左翼思潮影响，尼赫鲁本人赞赏社会主义理念，印度国内精英层至今仍有不少人持左翼思想，进一步强化了民众对财团的偏见。因此，虽然财团对印度经济发展作出过巨大的贡献，对政治力量也拥有一定的影响力，但普通民众依然对财团持怀疑态度，普通民众的态度势必也会传导至政治力量，进而制约财团政治影响力的发挥，抑制“资本”力量的过度释放。这也就是为什么，虽然印度政府内部的改革派急切希望推进自由化经济改革，但仍需顾忌左翼政治力量和普通民众的反映，在推进改革时投鼠忌器，同时还需要推出大量非生产性的补贴政策，以对冲民众对社会不公的不满情绪。当然，随着印度财团承担越来越多的企业社会责任，加之确实在促进国民经济社会发展中发挥非常重要的作用，印度民众对财团的态度越来越积极，这也赋予财团在影响政府决策时拥有更大的民意基础。

第三，财团与政府关系的发展是动态演进的过程，影响因素也并非一成不变。政治市场本身是动态变化的，政府与市场的力量对比、利益诉求等都在出现变化，双方也将依据特定情势作出决策。虽然印度私营企业历史悠久，但在经济改革前的许可证制度下，他们的生产潜力并未得到有效发挥。在许可证时期，印度政府重视国家主导的战略重工业的发展，私营企业仅仅发挥辅助作用，并受到严格的政策管制。在此期间，用贿赂和政治献金换取营业许可的模式在财团和政治精英层间形成。经济改革后，政治领导人对市场原则的认可程度更高，财团发展的政策环境更为有利，财团施加政治策略的手段、渠道和资本也在增强，其发挥政治影响力的潜力也更大。英国曼彻斯特大学发展经济学教授库纳尔·森（Kunal Sen）和印度德里大学经济增长研究所教授萨布亚萨奇·卡尔（Sabyasachi Kar），对 1993—2013 年的印度政治形势与经济发展状况进行比较研究发现，由于政治精英拥有对经济事务的一定管辖权，其和经济精英之间存在利益交换的非正式机制，也可以被称为“协议空间”。根据其有序性和公开性，可以分为“有序协议”、“无序协议”、“公开协议” 和 “封闭协议”

四类。“有序协议”指投资者能够确定政治人物将履行承诺，“无序协议”则指相反的情况;“公开协议”指所有投资者都能参与，而“封闭协议”指仅限于一小撮投资者能与政治人物达成协议。在不同时期，政治精英与经济精英间的协议性质会有所变化，且即使保持经济增长，其背后的推动力也不一定相同。两位学者的研究表明，1993—2002 年，印度经济增长的驱动力主要来自出口竞争力强和内需旺盛的行业，如 IT、医药、酒店等，而 2002—2010 年，经济增长驱动力主要来自寻租成本更高的行业，如矿产、炼油、房地产等。①

① Kunal Sen，Sabyasachi Kar，“Boom and Bust? A Political Economy Reading of India's Growth Experience，1993 - 2013”，pp. 40 - 51.

第四章

政治经济权势网络

印度财团施加政治影响力的首要举措就是直接或间接地参与政治权力架构，尝试利用自身的经济权力，与政治权力结合共筑“权势网络”。权势网络不同于基于规则的社会秩序，而是一种利益联结模式，任何行为体都会以自己为中心构建“权势圈”，各行为体的“权势圈”可能存在交集，共同构筑整个社会的权势网络。这些拥有更多从商经验和更好出身背景的企业家，更容易获得政府的资助，因为他们拥有更有影响力的熟人圈，且有更多资源去获取信息。印度实行立法、司法、行政“三权分立”的制度，但司法机构主要由法官、律师等专业人士掌握，政治独立性更强，并不时作出对财团不利的判决，故而行政与立法机构更容易被财团纳入“权势圈”范围之内。此外，正如前文所述，印度民主制度存在一些先天不足，主要政党“对外民主、对内集权”，家族政治、党魁现象比较明显，政治领导人权势较大，自然也容易被财团视为施加政治影响力的主攻对象。通过对印度财团政治影响力演变历史的梳理发现，其构筑权势网络的主要途径可分为：与政治领导人建立密切联系；积极参与并进入议会，寻求对政策的直接发声；拉拢行政官僚，规避政党更迭引起的政策波动；直接参与政治博弈，影响政治架构和人事任免。

第一节　结交政治高层

前文已述，印度社会的森严等级也在政治机制中得以体现，容易导致家族政治、党魁政治的产生。印度政治高层（特别是来自政治大家族的领导人）颇具政治权威，对政府/政党事务的影响力很大，财团对此有深刻认识。鉴此，自民族独立运动时期开始，财团就非常重视与政治领导人建立并维系密切的私人关系。财团通过主动贴靠，积极寻求与政治领导人构建密切的人脉网络，进而寻求对自身利益的庇护，甚至影响政治高层对某一政策议题的看法。以比尔拉财团为例，其所关注的议题并非简单的经济事务，而是倾向于从政治视角审视经济问题。比尔拉家族中最具政治眼光的是 G. D. 比尔拉，曾被评价为“他身为商人，却对政治感兴趣；他不属于任何政党，却与所有政治领导人关系密切。”[①] 其孙女、印度斯坦时报媒体公司（HT Media Ltd）的董事长、联邦院议员索巴娜·巴蒂娅（Shobhana Bhartia）也表示，“我们家族对公共生活怀着深切责任。虽然我们是一个商人家庭，但茶余饭后很少讨论商业或经济事务，而是更多地讨论国际局势和国内政局。”[②]显然，在印度，要想把商业做大做强，必须具备相当的政治头脑，善于同政治人物建立密切关系。财团结交政治高层的措施，无非是“晓之以利”，通过提供经济等方面的资助，来赢得政治人物的好感。

---

① Krishna Kumar Birla, *Brushes with History: An Autobiography*, 2007, p. 32.

② Ibid, p. XI.

一、政商精英间的密切关系

财团结交政治领导人的手法很多，但主要通过输送利益，循序渐进地建立密切联系。早在民族独立运动期间，作为国大党政治经费的最大来源，财团领袖们就与政治领导人结下不解之缘。当时，给政治领导人提供资金援助不仅合情合理，而且还被认为是爱国的表现。因此，财团提供物质支持时也就非常大方。在《圣雄甘地与他的门徒们》一书中，作者论及了甘地与财团领袖贾纳拉·巴贾吉（Jamnala Bajaj）和G. D. 比尔拉的私交，并援引巴贾吉之妻的话称，“圣雄甘地准备设立甘地道场（Sevagram Ashram），我丈夫（贾纳拉·巴贾吉）问其需要多少钱，甘地说了一个数字，我丈夫立马开出数额为1.5万卢比的支票，这在当时是个相当大的数目了”。[①] 当时，大财团给国大党年会提供后勤保障，包括住宿、用车、餐饮等，并在全国各地建有一些豪宅，供到各地参观考察的国大党领导人使用，尼赫鲁家族在独立前就使用辛哈尼亚（Singhania）财团在马苏里（Mussoorie）的豪宅避暑。此外，财团还注意家人攻心、“曲线救国”，给位高权重者的子女输送巨大利益。辛哈尼亚财团不仅慷慨资助国大党，还对国大党领袖和家庭进行接济。前国大党主席、北方邦领导人普索塔姆达斯·坦东（Purshottamdas Tandon）曾如此形容与大企业家帕达姆帕特·辛哈尼亚（Padampat Singhania）的关系，“帕达姆帕特是我们家的老朋友，我俩终生友好。当我因反对英国人被投入监狱时，他帮助救济我的妻子和家庭；当我投身政治活动却没有

① Ved Mehta, *Mahatma: Gandhi and His Apostles*, New York: The Viking Press, 1976, p. 58.

任何收入时，他也在金钱上帮我解决后顾之忧”。[1] 孟买政治强人、有“孟买无冕之王”称号的 S. K. 帕蒂尔（Sadashiv Kanoji Patil）出任中央部长时，其儿子受雇于达尔米亚—贾因财团控制的《印度时报》，女婿受雇于比尔拉财团。前总理莫拉尔吉·德赛（Morarji Desai）之子曾受雇于某财团，在其成为德赛的私人秘书后，该财团仍向其支付报酬。[2] K. K. 比尔拉与英迪拉的儿子桑贾伊关系密切，桑贾伊希望得到比尔拉财团的资金支持开办汽车厂，英迪拉也提出让比尔拉家族“关照”桑贾伊搞实业。K. K. 比尔拉虽然对桑贾伊投资办厂的前景不大看好，但出于维系双方关系的考虑，依然给予后者很大支持。桑贾伊飞机失事遇难时，拉吉夫·甘地和索尼娅·甘地正在意大利度假，时任外交秘书罗米什·班达里（Romesh Bhandari）联系到他们，而企业家斯瓦拉吉·保尔（Swaraj Paul）第一时间派出专机将他们接送回国，[3] 这也从侧面反映了企业领袖与政治领导人间的密切关系。

在很长时间里，比尔拉财团是对国大党支持力度最大的财团，并直接参与和见证了国大党若干重大政治活动。1942 年 8 月 8 日，国大党中央委员会在孟买的比尔拉大厦通过“退出印度运动”（Quit India Resolution）决议，G. D. 比尔拉当时就在孟买招待甘地；1946 年 9 月 2 日，以尼赫鲁为首的印度临时政府的部长们就是从新德里的比尔拉大厦（比尔拉一家的住所）乘坐汽车参加就职典礼的；甘地及其他国大党领导人经常住在比尔拉大厦；甘地最后也是在比尔拉大厦遇害的。1958 年国大党在阿姆利则开会，比尔拉财团派员工提供后勤保障，照顾部长们的生活起居。1969 年国大党海德拉巴年会上，比尔拉财团给政治大佬们提供大

---

① Taya Zinkin, *Challenges in India*, London: Chatto and Windus, 1966, p. 56, 转引自：Stanley A. Kochanek, *Business and Politics in India*, 1974, p. 296。

② Stanley A. Kochanek, *Business and Politics in India*, 1974, p. 299.

③ Rasheed Kidwai, 24 *Akbar Road*, 2011, p. 212.

量新车使用。G. D. 比尔拉每年都会向总理救灾基金会捐款，满足尼赫鲁家族救济儿童的资金需求，尼赫鲁和英迪拉均曾亲自致感谢信。国大党领导人曼什（Munshi）在20世纪50年代出任粮食部长时倡议建立慈善基金会，为了筹集资金找到比尔拉家族，比尔拉家族安排曼什与企业家会晤，帮助前者为慈善基金会筹集足够的赞助费。G. D. 比尔拉的付出得到了国大党领导层的高度认可，其去世时，国大党高层给予高度肯定并予以隆重追悼。英迪拉让其儿子拉吉夫作为代表前往比尔拉大厦慰问。英迪拉本人发表声明，称“国家失去了一名老战士，他将被人们永远铭记”。议长巴尔拉姆·贾卡尔（Balram Jakhar）在人民院举行悼念，称“比尔拉是国父圣雄甘地的朋友，积极支持自由斗争。他陪伴甘地参加伦敦的圆桌会议，并将毕生精力奉献给争取民族政治自由和经济发展的伟大事业。”[①] 其他政党领导人也纷纷表达了对比尔拉逝世的哀悼。总统宰尔·辛格（Zail Singh）专门发去悼唁，称“G. D. 比尔拉的离世是国家的重大损失”；前总理、人民党主席查兰·辛格（Charan Singh）听到比尔拉去世的消息后半个小时内赶到德里的比尔拉大厦。

有学者认为，比尔拉是大财团的发言人和战略家，诠释了印度财团与政界的关系发展，呈现了一个公司游说的世界。比尔拉的人生经历，有助于人们了解商界如何干预政治进程，以及变化的政治环境如何影响商界命运。[②] 比尔拉家族的苦心经营取得良好效果，特别是维系了与甘地、尼赫鲁家族及其国大党的密切关系。《圣雄甘地与他的门徒们》一书登载了几封甘地写给G. D. 比尔拉的信件，在比尔拉生病期间，甘地经常给其写信问候饮食起

---

① Krishna Kumar Birla，*Brushes with History*：*An Autobiography*，2007，pp. 40 – 42.

② Medha M. Kudaisya，*The Life and Times of G. D. Birla*，New Delhi：Oxford University Press，2003，p. xi.

居，嘘寒问暖、关怀备至，并表示“上帝赐给我诸多良师益友，而你是其中之一”。而对于给过甘地什么样的帮助，比尔拉则表示：“我从来没有记录过给圣雄多少资助，但只要他提出的要求，我全都满足。”[①] 甘地与比尔拉家族的这种私密关系，甚至延续到后代。G. D. 比尔拉的儿子、K. K. 比尔拉少年时期患肺结核，甘地亲自过问，并建议安排到空气清新、气候宜人的阿尔莫拉（Almora），让后者迅速恢复健康。K. K. 比尔拉在传记《自传：与历史同行》中称“圣雄拯救了我的生命”。[②] K. K. 比尔拉也深得老比尔拉真传，与政治领袖打交道颇有一套，平时还经常给政治领袖们赠送小礼品，礼品虽不算贵重，但却能较好地维系彼此间的私交。K. K. 比尔拉在传记中写道，“我三十年如一日，向许多政界朋友赠送苹果、芒果及其冰冻果子露等，包括许多部长及国大党领导人索尼娅。瓦杰帕伊出任总理时，只要我赠送给他礼物，我总会收到他的感谢信”。[③]直到现在，比尔拉家族与尼赫鲁家族仍关系密切，索尼娅·甘地在 K. K. 比尔拉的传记序言中赞扬道，“比尔拉家族与国大党的关系可以追溯到印度争取自由斗争的年代，其家族为印度独立斗争作出重要贡献”，“即使在英迪拉遭遇困境的时候，比尔拉家族依然坚守彼此的友谊，我本人总是将其视为国大党大家庭的一员”。[④]2013 年 1 月 14 日，印度政府发行纪念邮票，表彰老比尔拉的孙子阿迪特亚·比尔拉（Aditya Vikram Birla）作为“印度第一位将企业业务推向世界的企业家”，总统

---

① Ved Mehta, *Mahatma: Gandhi and His Apostles*, New York: The Viking Press, 1976, p. 62.

② 在其传记中，K. K. 比尔拉生动记录其家族与甘地和尼赫鲁家族的密切关系，里面有很多珍贵的照片和信件，对了解比尔拉家族与印度政治领导人间的关系有参考价值。

③ Krishna Kumar Birla, *Brushes with History: An Autobiography*, 2007, pp. 406 –407.

④ Ibid., p. XIII.

慕克吉主持发行仪式。

许多财团领袖与现任总理莫迪保持友好密切的私交。莫迪的经济才能获得许多大财团的赞誉，2003 年以来大财团经常参加“活力古吉拉特”（Vibrant Gujarat）年度会议。有关莫迪的传记《风云人物：纳兰德拉·莫迪》记载，拉坦·塔塔早在2007 年就表示，“莫迪的务实与领导魅力感染了我们”。穆克什·安巴尼称“莫迪目标明确、决心很大，给了古吉拉特自信”。K. M. 比尔拉则将莫迪称为古吉拉特邦的“首席执行官”。[①] 2010 年，安巴尼财团的信实工业有限责任公司任命帕里马尔·纳特瓦尼为公司事务部负责人，负责与政府部门的联络。纳特瓦尼是古吉拉特人，古吉拉特板球协会副会长，早年从商，1997 年加入信实集团并深得迪鲁巴伊厚爱，其在信实集团内部的地位也不断提高。2002 年莫迪因古吉拉特邦教派骚乱而遭遇困难的时候，纳特瓦尼曾为莫迪出谋划策，因此两人关系非常密切。2008 年和 2014 年，纳特瓦尼以独立候选人资格两次成功当选联邦院议员，也与印人党的鼎力支持密切相关。2014 年竞选时，由于独立候选人提名需要获得所在邦 24 名议员签名支持，印人党 18 名议员全部支持，莫迪的政治顾问、2014 年 7 月出任印人党主席的阿米特·沙哈（Amit Shah）发挥了重要作用。阿米特·沙哈也来自古吉拉特邦，2009 年起出任古吉拉特板球协会副会长，2014 年接替莫迪出任板球协会会长（莫迪曾于 2009—2014 年担任此职务），而提名人正是时任副会长帕特瓦尼，由此可见三人关系非常密切。此外，在工联的一次内部会议上，少数财团领袖（包括来自少数族群的塔塔）曾批评莫迪处理宗教议题的立场，但与莫迪亲近的其他财团（主要是来自古吉拉特邦的财团）立即予以反驳，并成立“古吉拉特

① M. V. Kamath, Kalindi Randeri, *The Man of the Moment*: *Narendra Modi*, Noida: Vikas Publising House Pvt Ltd, 2013, p. 278.

复兴会”（Resurgent Group of Gujarat），威胁如果工联继续污蔑莫迪或者古吉拉特邦，他们就将退出工联。“古吉拉特复兴会”要求工联的古吉拉特分支立即解散，因为其未能有效保护该邦利益。“当时，有超过100家来自古吉拉特的企业威胁退出工联。一旦此情形发生，工联在西印度的存在将完全支离破碎。面对来自古吉拉特这一举足轻重的邦的工商团体的公然造反，时任工联主席塔伦·达斯（Tarun Das）只好选择妥协。”① 此后很少再听到工商界对莫迪的批评声音。2013年底，印度《经济时报》对100名大企业的首席执行官（CEO）所做的随机调查发现，80%的人期待莫迪当选总理。电信巨头苏尼尔·米塔尔早在2009年即表示，“莫迪能够管理好一个邦，也就能管理好一个国家”。2013年1月，阿尼尔·安巴尼称莫迪是“人中之龙，领袖中的领袖，国王中的国王”；阿南德·马亨德拉也表示，“当莫迪执掌印度，人们将会讨论中国的古吉拉特模式，而非印度的广东模式”。②与拉胡尔·甘地不同，莫迪拥有明确的支持经济发展的日程，包括减少政府审批权、减税等。虽然古吉拉特的人文发展指数不靠前，近年来甚至有所滑落，但工商界依然赞赏莫迪的税收政策以及高效治理，并将其塑造成“发展”的代言人。③ 根据彭博富豪指数（Bloomberg Billionaires Index）的数据，自2013年9月13日莫迪被确定为印人党总理候选人以来，与其关系密切的大财团财富大幅增长。2013年9月13日—2014年5月14日大选结果公布，穆克什·安巴尼的财富增长53亿美元，高塔姆·阿达尼的财富增长

① Vinod K Jose, “The Emperor Uncrowned”, The Caravan, March 1, 2012. 转引自 Radhika Desai,“A Latter-day Fascism?”, *Economic & Political Weekly*, Vol. XLIX, No. 35, 2014, p. 55.

② “Why India Inc Admires Narendra Modi”, September 23, 2013。

③ Praful Bidwai, “Why Big Business Srongly Favours Narendra Modi”, *DNA*, April 18, 2013.

19 亿美元。2014 年 5 月 13 日莫迪获胜已无悬念时，印度股票指数大幅飙升，穆克什·安巴尼旗下公司的股票市值单日增加 8 亿美元，高塔姆·阿达尼旗下公司股票市值亦在当日增加 7 亿美元。[①]

二、通过私人渠道影响公共政策

财团发展并维护与政治力量的密切私交，有助于其更有效地发挥政治影响力。

其一，通过与领导人的私下交往赢得后者的好感与关照。除比尔拉财团外，尼赫鲁与其他许多大财团也保持着密切联系，例如斯里·拉姆（Shri Ram）、辛哈尼亚和塔塔等。尼赫鲁虽然口头上对工商界的“贪婪”大加鞭笞，倡导社会主义或有强烈计划经济色彩的混合经济，但其本人并不主张消灭私营资本。“事实上，在其任总理期间，尼赫鲁反对将私营资本国有化，甚至表示私营资本是印度经济的重要驱动力。”[②] 甘地主张节俭生活，对工业化持保留态度，但这并不影响其与财团领袖的私人关系。G. D. 比尔拉经常陪伴甘地左右，且与尼赫鲁、J. P. 纳拉亚楠（Jaya Prakash Narayan）等政治领袖保持密切联系。另有许多其他从精神和物质上支持民族运动的企业家，其中之一是巴贾吉集团的创始人贾纳拉·巴贾吉，其与圣雄甘地的关系如此密切，以至于被称作甘地的“第五个儿子”。这些财团“对国大党的经济政策产生了重要影响”。[③] K. K. 比尔拉在其传记中提及与很多政界大佬

---

① “Mukesh Ambani Leads Billionaire Gains on Narendra Modi’s Lead”, *Mint*, May 14, 2014.

② Stanley A. Kochanek, *Business and Politics in India*, 1974, p. 266.

③ Sharmila Kantha, Subhajyoti Ray, *Building India with Partnership: The Story of CII*, 1895 – 2005, 2006, p. 36.

关系密切，侧面反映了该家族构筑的庞大政治—经济权力网络，其提及的政治领导人包括尼赫鲁家族、西孟加拉邦（比尔拉财团发家之地）的多位首席部长、政府要员乃至独立运动领导人，包括首任总统拉金德拉·普拉萨德（Rajendra Prasad）、前总理莫拉尔吉·德赛、拉尔·巴哈杜尔·夏斯特里（Lal Bahadur Shastri）等人，甚至将曼莫汉·辛格总理称为“相识四十余年的老朋友”。另外，政客、财团和媒体精英，在密切交往和利益往来中构成强大的关系网。在近年爆发的贪腐大案2G丑闻中，印度财政部所得税司于2008—2009年间，对嫌疑人拉蒂娅进行300天的监听录音，调查其洗钱、逃税、非法融资等行为，牵扯出其与一些政客、财团和媒体之间的不法交易。通话记录显示，拉蒂娅通过媒体炒作形成舆论氛围，让德拉维达进步联盟党的拉贾成为电信部长，然后作为一些财团的中间人，谋取拉贾在2G牌照上的照顾。案件涉及时任电信部长拉贾、德拉维达进步联盟党卡尼莫兹（Kanimozhi）、财团领袖穆克什·安巴尼、拉坦·塔塔、泰米尔纳杜邦的媒体大亨卡拉尼提·马兰，涉及的媒体包括新德里电视台、《经济时报》《今日印度》《印度斯坦时报》《印度时报》等。印度的《瞭望》（*Outlook*）杂志最先披露此案件，但最初仅有《印度快报》《德干先驱报》等少数媒体跟进，即使后来因为推特、脸谱等新媒体而广泛传播并在印度国内引起轩然大波，大部分涉事媒体和当事人也未被追责。

其二，通过与领导人的私下交流，影响领导人的政策思维。“由于总理在决策体系中的轴心作用，对于期望影响政府决策的利益集团来说，与总理接触就显得非常关键”，“虽然多任总理强调社会主义的论调，印度工商界大佬们显然愿意且能够私下接触到总理。在影响经济最重要的问题上，工商界非常自信，即使不能百分之百地说服总理，也至少能够在总理面前直接阐述看法。”[①] 以比尔拉财团为例，印度独立之初百废待兴，工业基础薄弱，政府急切希望提高工业能力。《东方经济学家》1974 年 3 月 29 日有一段描述，“尼赫鲁日益觉得可以和 G. D. 比尔拉一起交换对国家问题和前途的看法。尼赫鲁非常尊重比尔拉致力于国家建设的热心，他作为总理，总是尽量让比尔拉用他的财力来实现国家工业化，某些最重要的工程项目，如最大的铝厂和人造纤维厂都让比尔拉经营。”[②] 据 K. K. 比尔拉在传记中记载，G. D. 比尔拉有一次跟尼赫鲁讨论经济事务，表示印度的铝生产能力有很大空间，却不得不依靠进口，简直就是国家耻辱。尼赫鲁听后就建议比尔拉在北方邦建立一家生产铝的工厂，并给予相关支持，印度铝工业有限公司（Hindalco）应运而生。[③] 目前，印度铝工业有限公司是比尔拉财团的旗舰公司，产能占印度全国总量的 40% 左右。G. D. 比尔拉还跟国大党领导人萨达尔·帕蒂尔（Sardar Patel）交好，后者是印度首位副总理兼内政部长，因其强硬作风而被称为“印度的俾斯麦”，双方友谊在帕蒂尔出任副总理后得以深化。帕蒂尔经常在事先没有通知的情况下，到比尔拉大厦做客吃饭，与 G. D. 比尔拉讨论各种政治和经济议题。再如，K. K. 比尔拉坦承自己与拉奥等多位印度总理过从甚密，表示“我与拉奥关系非常密切，见面非常频繁。当时，不管什么时候，工商界同仁只要遇到困难，他们就会找到我，让我把情况转告给拉奥。1991 年 7 月的某天，一些企业家告诉我，政府正在考虑改变非上市股票的计价模式。我于 1991 年 8 月 1 日给拉奥写信，表示相关政策调整可能给税收带来严重困难。……拉奥在 8 月 9 日就给予

① Stanley A. Kochanek, *Business and Politics in India*, 1974, p. 55.

② 转引自：孙培钧、华碧云、张敏秋、高鲲：《印度垄断财团》，1984 年，第 107 页。

③ Krishna Kumar Birla, *Brushes with History*: *An Autobiography*, 2007, p. 35.

回信，称政府已决定放弃原先的政策调整计划。”① 另外，在矿产资源领域，不少财团也利用与政治高层的密切关系谋取私利。2010 年，印度政府任命最高法院法官 M. B. 沙哈（M. B. Shah）组建调查委员会，就果阿邦铁矿石和锰矿石非法开采及相关腐败问题进行调查。调查报告指出，“多年来，一些个人在没有签署矿产开采协定的情况下，持续地进行矿产开采活动并占据国有土地。国家将上百亿资产当成‘礼物’送到私人企业乃至个人手里”。②

其三，通过争取政府给予政策上的倾斜或特殊照顾，使财团能够得到较快发展。许可证时期，结交政客比业务精明更能赚到钱，谁获得工业许可证就意味着得到发财的机会。财团的实力消长取决于企业家与政府的关系，比尔拉财团因其与尼赫鲁家族的特殊关系而受到政府格外关照，独立后发展速度快于塔塔财团，20 世纪 70 年代后期一度打破塔塔财团长期居于首位的局面。这主要是由于“G. D. 比尔拉和尼赫鲁有深交，申请工业许可证得到政府的特殊照顾。而塔塔财团尽管拥有先进的企业管理制度，但在扩大钢铁、汽车等重工业的产能方面受到政府限制。由于国营企业的发展直接威胁到塔塔的利益，J. R. D. 塔塔一直要求政府走经济自由化的道路。”③ 得益于政府的特殊照顾，1957—1966 年间，比尔拉财团获得的工业投资许可证占全国总额约 20%。正如有学者所指出的，“G. D. 比尔拉自 20 世纪 20 年代起就给甘地提供金钱支持并陪伴左右，如果说这仅仅为了在独立之后获益，

① Krishna Kumar Birla, *Brushes with History*: *An Autobiography*, 2007, p. 399.

② M. B. Shah, Chair Commission of Enquiry of Illegal Mining or Iron Ore and Manganese, *Shah Commission Report*: *Illegal Mining In The State of Goa*, March 15, 2012, p. 432.

③ 华碧云：“印度财团在印度经济发展中的作用”，《南亚研究》，2005 年第 2 期，第 35 页。

这可能是不公平的。但是，考虑到其几乎在独立前的二十多年里都是国大党的主要资助者，将其对甘地的兴趣归结为纯粹的民族主义情怀或利他主义，也是不现实的。另外一个事实是，比尔拉财团独立后在开办工厂方面得到政府特殊照顾，使之崛起为印度的一流财团。”① 印度政府1969年的调查报告称：“总体上看，大财团没有获得超出其比例的许可证。排名前20的财团获得的许可证，只比其他企业略高。但是，有一些财团却获得了超出比例的许可证，最典型的是比尔拉财团。这些财团显然深谙许可证制度的运行机制和弱点，以及如何获得最高利益的途径。他们的组织运作更加有效，因此获得了大量的许可证。这些财团的优势在许可证制度下得以发挥，甚至在实践中不断强化。”②

其四，财团对政策不满时，直接找政治领导人表达诉求。K. K. 比尔拉在其自传中多次论及其与财政部和中央储备银行负责人间的密切关系，遇到问题时甚至直接给政府高层写信请求予以“摆平”。如1950年，比尔拉致信时任财政部长钦塔曼·德什姆克（Chintaman Deshmukh，曾任印度中央储备银行行长），要求其干预纺织业和纺织机械业的矛盾。K. K. 比尔拉回忆，“20世纪60年代，财政部官员对我的企业蓄意骚扰，我就直接找到时任财政部长德赛告状。德赛当着我的面给财政秘书（相当于常务副部长，最高文官）打电话，让其过问此事。财政秘书见到我后毕恭毕敬，并妥善处理相关事宜。”③ 再如，比尔拉财团下属的Texmaco公司与贷款方印度国家银行（SBI）发生矛盾，K. K. 比尔拉直接找到时任工商部长克里希纳马查理（Krishnamachari），表示

① Chandan Mitra, *The Corrupt Society: The Criminalization of India from Independence to the 1990s*, 1998, p. 75.

② Government of India, *Report of the Industrial Licensing Policy Inquiry Committee*, New Delhi: Government of India, 1969, p. 184.

③ Krishna Kumar Birla, *Brushes with History: An Autobiography*, 2007, p. 116.

“公司虽然暂时遇到小麻烦，但整体上运营良好，希望银行方面给予通融”。谈话两小时后，印度国家银行行长致电比尔拉，对其下属给比尔拉带来的麻烦表示道歉，“银行的态度与之前有天壤之别”。[①] 曾任北方邦邦长的坎哈亚拉尔·马尼克拉尔·姆什（Kanhaiyalal Maneklal Munshi），1960 年退出国大党并成为当时主要反对党自由党（Swatantra Party）的副主席，甚至曾就如何偷税漏税向比尔拉出谋划策。2011 年 8 月 1 日，塔塔财团主席拉坦·塔塔、ITC 主席 Y. C. 德维斯瓦尔（Y. C. Deveshwar）、米塔尔财团主席苏尼尔·米塔尔（Sunil Mittal）、马亨德拉财团副主席阿南德·马亨德拉、印孚赛斯名誉主席纳拉亚纳·穆尔提、ADAG 主席阿尼尔·安巴尼、TVS Motor 主席维努·斯里尼瓦山（Venu Srinivasan）等印度财团领袖，集体拜会时任财长慕克吉（后出任总统），这也是财团领袖们首次集体会晤财政部长。在会晤中，财团领袖们呼吁慕克吉简化政府项目审批程序，特别是加快环境许可证和土地购买证的审批，以促进投资。会议持续两个半小时，涉及经济事务的重要部门也派高官参加。[②] 2012 年底启动的第二波经济改革中，一项重要的举措就是成立总理领衔的“内阁投资委员会”，负责监督和评估大型项目的落实情况，确保大型项目能够及时获得环境、劳工等各类审批证。

第二节　参与议会事务

英殖民者曾在英属印度议会实行职业代表制（或称功能代表制），给工商界预留一定的代表席位。G. D. 比尔拉就曾于 1926

---

① Ibid.，p. 139.

② “Speed Up Reforms：India Inc to Govt”，*Indian Express*，August 1，2011。不过，据报道，安巴尼财团的穆克什·安巴尼和比尔拉财团的 K. M. 比尔拉未能出席会议。

年当选英属印度的中央立法院，成为英属印度的议员。独立初期，财团在议会中的势力很微弱。这主要是因为：政府废除了职业代表制，转而采取普选制，财团不擅长直接参与选举，缺乏相关兴趣和经验；财团没有属于自己的政党，难以清晰、权威地阐述政治诉求，也难以有效吸引选民；整个社会的左翼思潮较盛，公众和许多政客对财团的游说活动持抵触情绪；当时的决策权集中在行政体系，财团将主要精力投入行政部门，对立法机构的关注不多等等。其结果是，财团非但无法在议会充分表达自己的诉求，且经常遭到在议会占相当分量的左翼人士的批评。正如有学者指出的，“1965 年，时任工商联主席曾清楚地表示，非常不幸的事实是，在现在的议会当中，工商界的观点没有得到充分表达……议会如此重要，而工商界却没有获得相对有效的影响，工商界有必要寻找替代方式来阐述其观点，让世人听到工商界的声音。”① 1967 年以后，印度政坛党争激化、乱象纷呈，直到 20 世纪 90 年代初，才逐渐形成“两党主导、多党参与、联盟政治盛行”的政治生态，议会在政治生态和决策进程中的作用更加明显。单个政党权力地位的下降，也使得财团不会像过去一样过度依赖某一政党，毕竟“把鸡蛋放在一个篮子里”的风险与代价比较大，故而财团自然转而将更多精力投入议会，对议会事务的关注与介入也逐步增强。有学者甚至指出，“有产阶级利用他们政治经济上的优势，操纵由于宗姓、种族、教派和经济等原因而处于分裂状态的普通民众，取得了对议会和政府组织的控制。”②

---

① “The Associated Chambers of Commerce and Industry of India”, a speech by H. K. Lindsay, president of Assocham (1964 – 1965), at the Rotary Club of Calcutta, June 8, 1965, p. 2. 转引自：Stanley A. Kochanek, *Business and Politics in India*, 1974, p. 240.

② 陈金英：《社会结构与政党制度：印度独大型政党制度的演变》，2010 年，121 页。

一、直接参加选举

越来越多的财团人士参加议会选举并顺利当选，通过融入决策系统来发挥政治影响力。大部分老一代的财团领导人对参与政治不感兴趣，主要原因有：首先，他们的首要关切是经济利益，而非政治，且受制于时间精力有限、接受现代教育少而不够雄辩等因素，难以在竞选政治中脱颖而出。其次，很多人已经与老一代民族独立运动领导人建立紧密联系，后者建议他们远离政治，让国大党来照顾他们的利益即可。第三，工商界人士在印度公众中的形象不佳、社会地位不高，缺乏足够的选民基础。最后，工商界许多人担心如果与国大党竞争选票，会招致国大党的报复，国大党政府可能拒绝为其提供许可证等，并可能通过查税等对其工商活动进行干扰。[①] 此外，当时的国大党如日中天、一党独大，议会事务某种程度上是国大党的党内事务，任何外部力量都很难插足其中。所以，20 世纪 60 年代前，虽然有些议员是工商联成员，或者与各类工商协会有联系，或者来自主要的财团家族，但人数实在微不足道。

20 世纪 60 年代末以后，议会的作用得到增强，越来越多的工商界人士认为必须就公共事务直接发声，否则就永远不能影响政府决策，而参加议会选举则被视为重要途径。后辈财团领袖与老一辈财团领袖们不同，他们反对单纯依靠政治代理人的做法，认为必须亲自参与政治、影响决策。“大财团的儿孙辈接受更好的教育，对社会关注度高，渴望角逐印度政坛。他们希望自己在公众生活中扮演更积极的角色，改善人们对工商界的印象。他们希望将自己塑造成慈善家而非剥削者，希望工商业组织被视为现

① Stanley A. Kochanek, *Business and Politics in India*, 1974, pp. 226 – 227.

代化的企业组织。而且，他们认为情况不妙的是，印度的有产者和知识分子，正将印度政治交付给那些受教育水平不高、治理能力欠缺的无产者手中。为了扭转当前这种状况，他们必须责无旁贷地参与政治。"[①] 此外，工商联等工商协会鼓励成员竞选议员。此前很长时间里，工商联固守"国大党议会竞选人"与"工商联主席团成员"两者不可兼得的原则，如曾任工商联秘书长的G. L. 班萨尔（G. L. Bansal）因其国大党议员身份，无法连任工商联秘书长一职。20 世纪 60 年代后，工商联转变态度，希望将更多成员"培养"成议员；甚至设想，争取在 1967 年大选中有超过 100 名工商界人士当选议员。当然，这种诉求在当时是难以实现的。还有人提议财团领袖牵头成立"工商界联邦委员会"，挑选合适的政党和候选人，资助其参加大选，或者最大的 50 个家族企业，每个家族派出一名年轻人，全身心地投入政治生涯。[②] 虽然这些倡议最后都未能落实，但凸显了财团对参与议会事务的重视。

目前，财团及其工商界参与议会的人数在增加。在 2009 年选举产生的第 15 届议会中，职业为"企业家"或"商人"的分别有 29 人和 89 人，仅次于"与农业有关者"（agriculturist）和"政治人物与社工"（103 人），比重相当之高。金达尔财团（Jindal）的创始人 O. P. 金达尔（O. P. Jandal）曾出任哈里亚纳邦电力部长，其 1991 年当选哈里亚纳邦邦议员，1996 年当选为人民院议员，也是首位成功竞选为人民院议员的财团领袖；其儿子纳温·金达尔（Naveen Jindal）后来也当选为人民院议员。喀拉拉邦第二大报纸《故土母亲》（Mathrubhumi，地方语言报）的控股人维仁德拉·库马尔（Veerendra Kumar）也是议员，这些参与政

① Stanley A. Kochanek, *Business and Politics in India*, 1974, p. 227.

② Ibid., p. 229.

治的工商界领袖被称为“政治商人”（businessman politics）。[①] 由于选举经费的紧张，政党更倾向于挑选富裕的、能自行提供选举资金的候选人，这种倾向催生了“政治企业家”（Politic Entrepreneurs），他们作为企业家但并非“在商言商”，而是希望投资政治进而反哺商业活动，而这等于反过来鼓励有犯罪记录的候选人参与政治，因为在金钱和权力之间存在密切关系。[②]

表1　工商界在议会的代表人数情况

人民院	工商界议员人数及比例	非工商界议员人数及比例	身份不详的人数及比例	总计
第十四届（2004—2009）	119（22.33%）	393（73.73%）	21（3.94%）	533
第十三届（1999.10—2004.2）	99（17.43%）	449（79.05%）	20（3.52%）	568
第十二届（1998.3—1999.4）	78（14.80%）	441（77.96%）	8（1.52%）	527
第十一届（1996.5—1997.12）	109（20.19%）	421（77.96%）	10（1.85%）	540
第十届（1991.6—1996.5）	82（15.07%）	440（80.88%）	22（4.04%）	544
联邦院	工商界议员人数及比例	非工商界议员人数及比例	身份不详的人数及比例	总计
2010	38（15.9%）	192（80.33%）	9（3.77%）	239
1998	31（12.60%）	211（85.77%）	3（1.22）	246
1994	8（9.88%）	69（85.19%）	4（4.94）	81

资料来源：Niraja Gopal Jayal，Pratap Bhanu Mehta，*The Oxford Companion to Politics in India*，Student Edition，New Delhi：Oxford University Press，2010，p. 472.

① “Business Enters Politics in India”，*Business Standard*，June 5，2004.

② M. Merchant，“Who Will Watch the Watchman?”，*Times of India*，July 14，2011.

此外，与人民院相比，联邦院更注重议员在专业领域的特长或者名望，其选举方式也并非全民直选，且有一定的总统提名名额，故而也容易引起财团的兴趣。许多财团领袖凭借与政治领导人的关系，通过幕后运作成功进入联邦院。K. K. 比尔拉在其传记中记录自己屡次未能当选人民院议员，后来在英迪拉·甘地亲自关照下才于 1984 年当选联邦院议员（此后多次连任，直至 2002 年 4 月）。出任联邦院议员期间，K. K. 比尔拉与历届总统关系密切，也与多位总理保持密切的通信联系。① 2002 年从联邦院退下来以后，K. K. 比尔拉希望其女儿索巴娜能够接位，并成功游说索尼娅承诺“尽快帮索巴娜获得联邦院议员资格”。最后，索巴娜以总统提名的形式成为联邦院议员。② 2004 年，阿尼尔·安巴尼承诺在北方邦投资 1000 亿卢比，建造 3500 兆瓦的发电厂，可以辐射北部印度的大部分地区，创造 5 万个就业岗位。作为回报，他被推举为官方性质的北方邦发展理事会（UPDC）荣誉会员，当时在北方邦执政的社会主义党（Samajwadi Party）支持其代表当地选区参加联邦院选举。③ 2008 年联邦院选举中，四名有安巴尼财团背景的人士当选为议员，包括财团艾哈迈达巴德分部负责人、曾任信实工业有限公司企业事务与项目组负责人和信实

---

① Krishna Kumar Birla, *Brushes with History: An Autobiography*, 2007, pp. 341 – 350, pp. 399 – 406.

② Ibid., p. 449.

③ http://www.the-week.com/24jul25/currentevents_article10.htm。阿尼尔·安巴尼在与长兄穆克什·安巴尼分家后，辞去联邦院议员职务。据报道，其与社会主义党联系密切，影响了国大党政府对其与穆克什的态度，因为后者与国大党走得更近。转引自 Niraja Gopal Jayal, Pratap Bhanu Mehta, *The Oxford Companion to Politics in India*, 2010, p. 471。

农村发展基金主席的帕里马尔·纳特万吉（Parimal Nathwanj）、税收顾问 Y. P. 特里维迪（Y. P. Trivedi），以及观察家研究基金会（安巴尼财团资助的智库）的研究员、比哈尔计划委员会主席 N. K. 辛格（N. K. Singh）。[①]

二、培植政治代理人

财团经常凭借专业优势，培植代理人和说客，并向其所扶持的议员输出思想、影响决策。在政策实践中，由于经济发展成为印度国家政策的主要任务，经济事务成为印度政府决策的重要内容，印度议员越来越多地需要就经济问题向财团征求咨询意见。从财团角度看，当行政机构提出某项立法动议时，通常已经事先寻求相关部门的意见并形成初步看法。因此，在立法动议提交到议会的时候，政府基本上已经同意了法案内容，法案能否顺利通过，议会的作用就显得尤为重要。为达到影响政策的目的，财团必须提前谋划，在议会培养足够多的支持者。

其一，印度议员总体上对政治议题更加关注，对经济议题的专业知识则相对不足。印度议员们更多地愿意讨论安全、内政、种姓、族群等他们感兴趣、政治性较强、专业性较弱的议题，而不愿触及与经济发展密切相关、专业性较强的领域。此外，2000年，针对民主改革联盟提出的上诉，德里高等法院作出裁决，要求选举委员会提供候选人的犯罪记录，并将候选人及其配偶、存在依赖关系的亲属的教育背景、财产等公之于众。而根据公开的情况，印度议员的素质参差不齐，相当比重的议员背负犯罪指控，有的甚至是强奸、杀人等暴力犯罪。一名说客曾尖锐地指出："在涉及公司法、金融或税收等问题时，议员们一般不愿意

① "The 'A' Company", *Tehelka Magazine*, Vol. 5, No. 12, March 29, 2008.

深究此类法律的细节，而是无动于衷地允其通过。在这些议题上，他们往往简单地追随本党领导人。但是，如果讨论涉及语言等他们能懂的问题，他们就会激烈争论。印度真正的问题是，议员们没有足够聪明到能处理更加复杂的问题。”[①]当然，随着越来越多的专业人士和财团加入议会，印度议员对经济议题的专业水准也在提高。

其二，议员要处理的事情日益繁多，难以成为“事事通”，需要求助专业支持。随着国家管理事务的增加，议员们所要处理的事务日趋繁杂，让所有人都去深究每个问题是不现实的，合理的方式就是将问题提交给议会下面的各种委员会。很长时间里，许多委员会并未发挥应有作用，但随着一党制的瓦解，政府在治国理政、协调执政联盟等方面寻求委员会的支持，各种委员会日益重要。财团也乘势而上，利用其在特定领域的专业优势，影响议员们的政策思维。

其三，财团资助不少人成功当选议员，后者自然需要投桃报李。有不少议员受到财团资助参加竞选，成功当选议员后自然要对财团诉求格外关照，议会也成为财团“俘获”政客的重要渠道。有政府要员披露，“第三届人民院议员中，有48人得到了比尔拉的资助，第四届受到比尔拉资助的议员人数更多。”[②]瓦杰帕伊总理曾表示，“每个当选议员都做过错误的声明，就是关于其竞选费用的声明”。[③]财团最初利用人们对家族、种姓或地区的本能的感情，后来发现非常有效的一种方式，是找那些曾在选举中接受资助的议员。后者报答财团的方式也很多，包括向部长和其

① Stanley A. Kochanek, *Business and Politics in India*, 1974, p. 261.

② 孙培钧、华碧云、张敏秋、高鲲：《印度垄断财团》，1984 年版，第 109 页。

③ Chandan Mitra, *The Corrupt Society: The Criminalization of India from Independence to the 1990s*, 1998, p. 111.

他议员提及相关事宜、在议会或本党会议上发表讲话、向特别委员会提交修正建议、在议会或咨询委员会上提问等。[①] 仅举一例，2011 年卡纳塔克邦选举中，卡纳塔克邦矿业大佬雷迪兄弟（Reddy）资助印度人民党获得 110 个议席，并向 6 名独立候选人每人提供 2500 万卢比，以支持在该邦执政的印度人民党政府。其结果是，在雷迪家族面临国大党政府的违法调查时，在卡纳塔克邦议会 116 名印人党议员中，有 40 人站在雷迪一边。[②] 雷迪兄弟的主心骨是迦里·贾纳达纳·雷迪（Gali Janardhana Reddy），与印人党领袖苏什玛·斯瓦拉吉（Sushma Swaraj）私交甚密，后者在 1999 年大选中曾与索尼娅·甘地竞争，得到贾纳达纳的鼎力支持，双方由此建立密切的私人关系。2014 年大选后，斯瓦拉吉出任莫迪政府的外交部长，政治仕途更上层楼，并继续维系与雷迪家族的密切关系。印人党对贾纳达纳·雷迪也庇护有加，贾纳达纳凭借与印人党的密切关系而大发横财，1998 年欠债 20 亿卢比，到 2008 年时其资产保守估计超过 11.5 亿卢比。

三、提供选举经费

印度政府 2013 年 1 月修改《所得税法（1962 年）》，加入有关设立选举信托的条款。与此同时，印度政府发起“选举信托项目（2013）”（Electoral Trusts Scheme），要求各大财团设立并通过选举信托向 2014 年大选提供资助，且所有捐款都应该以支票而非现金形式提供。[③] 据此，大约 30 家财团或大企业都成立“选举信

---

① Stanley A. Kochanek, *Business and Politics in India*, 1974, p. 258.

② Sanjana, “The Reddy Flag Over Bangalore”, http://www.tehelka.com/story_main39.asp?filename=Ne140608thereddyflag.asp.（上网时间：2013 年 10 月 2 日）

③ Samya Chatterjee and Niranjan Sahoo, “Corporate Funding of Elections: The Strengths and Flaws”, *ORF Issue Brief*, February 2014.

托”，以合法途径向政党提供捐款，例如塔塔的进步选举信托（Progressive Electoral Trust）、安巴尼财团的人民选举信托（People Electoral Trust）、阿达尼财团的社会福祉选举信托（Janhit Electoral Trust）、米塔尔财团的真理选举信托（Satya Electoral Trust）、比尔拉财团的社会选举信托（Samaj Electoral Trust Association）和变革选举信托（Paribartan Electoral Trust）。[①] 耐人寻味的是，为了减少政治上的敏感性，选举信托的名称背后一般不会出现财团的名字。

表 2 2013 年后成立的选举信托汇总表

序列	名称	母公司/财团	注册日期
1	Janhit Electoral Trust（社会福祉选举信托）	Vedanta Group	2013. 8. 8
2	Satya Electoral Trust（真理选举信托）	Bharti Group	2013. 10. 25
3	People's Electoral Trust（人民选举信托）	Reliance Group	2013. 11. 19
4	Mahindra Electoral Trust Company（马亨德拉选举信托）	Mahindra Group	2013. 12. 30
5	Progressive Electoral Trust（进步选举信托）	Tata Group	2014. 1. 15
6	Paribartan Electoral Trust（变革选举信托）	MP Birla Group	2014. 1. 16
7	Bajaj Electoral Trust（巴贾吉选举信托）	Bajaj Group	2014. 3. 6
8	Triumph Electoral Trust（胜利选举信托）	Murugappa Group	2014. 3. 28
9	Kalyan Electoral Trust（善行选举信托）	Bharat Group	2014. 6. 13
10	Janta Nirvachak Electoral Trust（公共选举信托）	Kotak Group	2014. 7. 24
11	Jagrut Electoral Trust（觉醒选举信托）	Lodha Group	2014. 9. 9

① Kumar Vikram，“Big Corporate India 'Trusts' Politics”，February 12，2014，http：//indiatoday. intoday. in/story/corporate-india-electoral-trusts-politics-donations/1/343058. html.（上网时间：2014 年 4 月 15 日）

续表

序列	名称	母公司/财团	注册日期
12	New Democratic Electoral Trust（新民主选举信托）	Mahindra Group	2014. 9. 26
13	Samaj Electoral Trust Association（社会选举信托）	KK Birla Group	2013. 9. 2
14	Gauri Welfare Association Electoral Trust（闪耀福利联盟选举信托）	Jain Group	2014. 1. 15
15	Sardar Vallabhbhai Patel Electoral Trust（萨达尔·瓦拉巴伊·帕特尔选举信托）	Sardar Vallabhbhai Patel Party	2014. 10. 20
16	Pratinidhi Electoral Trust（拥护者选举信托）	不详	2013. 11. 20
17	Reformative Electoral Trust of India（改进选举信托）	不详	2014. 1. 16
18	Bhartiya Socialist Republican Electoral Trust（印度社会主义共和选举信托）	不详	2014. 2. 20
19	Harmony Electoral Trust（和谐选举信托）	不详	2014. 2. 28
20	Jankalyan Electoral Trust（福利选举信托）	不详	2014. 3. 19
21	Janpragati Electoral Trust（进步选举信托）	不详	2014. 3. 24
22	Ambar Electoral Trust（天空选举信托）	不详	2014. 3. 25
23	Swadeshi Electoral Trust（自力更生选举信托）	不详	2014. 3. 31
24	Ashmita Electoral Trust（强大选举信托）	不详	2014. 8. 21

注：数据来源：企业事务部非营利性企业的名单，可以查询 6273 家机构的名称、地址及注册时间等。http：//www. mca. gov. in/DataPortal/Ministry/DataPortal/Section25_ Companies. pdf。

2014 年大选被普遍认为是耗资最多的一次选举，财团赞助自然也非常重要。2014 年大选的黑钱也非常活跃。截至 4 月 22 日，选举委员会（ECI）及其隶属机构共收缴 2. 4 亿卢比现金、1320

万升酒饮和 104 公斤海洛因，这些都是用于拉票的赃物。[①] 国大党候选人拉胡尔·甘地指责莫迪选举经费缺乏正当性，指责“印人党向大公司提供廉价土地，大公司则向印人党投入大量金钱”。[②]

第三节　拉拢行政部门

行政机构即政府部门，是印度政治权力体系的重要支柱，也是内政外交政策的制定者和执行者。“首先，行政机构是政策事务的专家库之一，他们常常会在立法项目的设计阶段提出观点；其次，行政机构是一个要将一般性的法令转换成详细执行规则的机构；最后，行政机构要决定行政规则如何应用到某一案例和个体之中”。[③] 对印度来说，经济改革前，政府对经济活动的管控非常严格，行政机构的权限非常之大。“有官方估计，许可证制度时期，影响工商界 75% 的决策都是行政机构做出的。‘殖民统治’（British Raj）让位于‘许可证统治’（License Raj）或‘配额统治’（Quote Raj），其王子就是高级官僚。”[④] 即使现在，行政机构仍是印度政治权力的重要支柱，无论是政治任命的部长，还是文官制下的行政官僚，都是财团构建的权势网络中不可或缺的主体。部长属于政治任命，人选很大程度上取决于与政党领导人的

① “Election Commission Seizes Rs 240 Crore in Cash，Liquor”，*Indian Express*，April 3，2014.

② “Rahul Gandhi Questions Source of Funds for Narendra Modi’s Lok Sabha Elections Campaign”，May 3，2014，http：//www. dnaindia. com/india/report-rahul-gandhi-questions-source-of-funds-for-narendra-modi-s-lok-sabha-elections-campaign-1984638.（上网时间：2014 年 5 月 5 日）。

③ ［美］理查德德·雷恩著，何俊志译：《政府与企业——比较视角下的美国政治经济体制》，2007 年版，第 242 页。

④ Stanley A. Kochanek，*Business and Politics in India*，1974，p. 267.

关系疏密，历来是财团发挥政治影响力的重要渠道；行政官僚不同于政治任命官员（国务部长、部长等）的“一朝天子一朝臣”，不会因为政府更迭而轮换，是“铁打的营盘”，加上行政官僚往往对所管辖事务有较强专业能力，政治任命的部长很多时候都会咨询行政官僚，使得行政官僚的角色日益引起财团的关注。财团对行政部门的主要策略做法有：

一、“俘获”实权部长

内阁是最高行政决策机构，主要有四大功能：批准政府的立法建议；就重大人事任命提出建议；解决部际之间的争端；协调和监督政府政策的落实与管理。各个部长在内阁中的地位与角色并不相同，内政、外交、国防、财政四大部委的部长，被普遍认为是最有权势。独立运动造就了一批能力强、威望高的领导人，其中一些领导人出任内阁部长，并在本部门的政策制定和落实中起到很大作用。特别是在尼赫鲁时期，一些比较强势的部长几乎可以完全将个人意志贯彻到政策实践中。即使现在，内阁部长也是由资深政治家出任，在制定本部门政策时有很大发言权。例如，2004—2014 年两度执政的辛格政府中，国大党元老慕克吉就先后出任外交部长和财政部长等职务，党内另一要员奇丹巴拉姆则先后出任内政部长和财政部长。由于内阁部长属政治任命，其本人很难说具备所负责部门的专业知识，这就为财团影响部长决策提供可能空间；而财团也将根据每个部长的性格品行、思维方式等，有针对性地做好部长们的工作。当然，很多时候，财团对部长的关注并非全面铺开，主要是“重点突破在前，整体推进在后”，侧重关注与经济事务密切相关的财政部长。在印度的经济部委架构中，财政部作为内阁四大权势部门之一，权限极大，包括审批其他各部委的预算开支、出台经济政策规划、推动经济外交等。因此，一直以来，“各式各样的商业团体（贸易商、小企业家、大实业家等）的备忘录和陈情信，像雪花一样飞向财政部，要求给予特殊豁免或者改变财政、货币政策。”①

财政部长的职位也是由执政党资深领导人或党魁信任之人所掌握。如在2004年以来的国大党政府中，无论是慕克吉（党内资深元老，自英迪拉·甘地执政晚期即成为国大党权力人物，后出任总统）还是奇丹巴拉姆（曾任内政部长），都是国大党资深党员。奇丹巴拉姆2012年第二次出任财政部长后，推动采取了很多扩大市场开发度、鼓励外资和私人资本的政策，得到了大多数财团的高度肯定。据悉，安巴尼财团与财政、税收等部门关系密切，“许多负责关税和税收的官员，都被纳入信实集团的圈子，而非履行执法者的角色。1983年，迪鲁巴伊·安巴尼的女儿迪普提（Dipti）结婚时，财政部的主要官员均到场庆贺”，而安巴尼财团也被指“逃税漏税严重，是印度最著名的‘零赋税’公司”。②

二、利诱行政官僚

印度行政官僚等级自上而下分为秘书（Secretary，副部级）、附秘（Additional Secretary，局级）、联秘（Joint Secretary，处级）和普通公务员等。秘书实际上是最高级别的文官，主要协助部长处理公务，并就政策和行政事务提供建议。如果秘书工作量较大，就会配属附秘和联秘。与“一朝天子一朝臣”的部长相比，联秘以上的高级行政官僚基本固定，也是财团日常接触较多的官

① Stanley A. Kochanek, *Business and Politics in India*, 1974, p. 59.

② Hamish McDonald, *Mahabharata in Polyester: The Making of the World's Richest Brothers and Their Feud*, 2010, pp. 76 – 78.

员。“财团领袖的共识是，不论什么议题，必须向秘书交代清楚。没有秘书的帮忙，你就输定了”。[①] 财团拉拢高级行政官僚的主要手段有：

一是通过设立“工业大使馆”（industrial embassy），密切与行政官僚的关系。很多大财团都在新德里设立办事处，号称“工业大使馆”，主要承担三大任务：耳目，打听和收集政策信息，反馈至公司总部；游说，就本公司的诉求游说政府，包括请求政府批准建立新厂、扩大产能、获得外汇等；联络，确保与政府的通联渠道畅通，与政府部门建立密切联系。为较好地完成上述三大任务，“工业大使馆”往往雇佣专业游说人员或者由公司负责人亲自出面，做好高级官僚的疏通工作。“工业大使馆”为财团提供与行政官僚打交道的机制化、固定化的渠道。

二是通过聚会、晚宴等培养与高级行政官僚的感情。大财团培养与行政官僚感情的途径很多，派对、晚宴是经常性方式。新德里的鸡尾酒晚会是大财团与高级行政官僚保持联系的平台。财团驻德里代表及公司领导，经常在德里的豪华酒店举办私人晚宴招待高级官僚，或者在酒店房间里与之就政策议题私下进行详尽的讨论。“因为大财团谋求的利益非常巨大和直接，这种娱乐晚会的耗费也比多数工商协会组织的活动庞大。但与动辄上亿卢比的大项目相比，搞一些派对和晚宴就是微不足道的投资。”[②] K. K. 比尔拉在其传记中回忆道，“在我成为联邦院议员前，我认识印度政府部门的大多数秘书、附秘和一些联秘，以及央行的行长、副行长，重要银行与保险公司的负责人。我会定期邀请他们聚餐或喝茶。”[③]

---

① Stanley A. Kochanek, *Business and Politics in India*, 1974, p. 60.

② Ibid., p. 298.

③ Krishna Kumar Birla, *Brushes with History: An Autobiography*, 2007, pp. 101–102.

财团还有意识地“预留”肥差给退休的政府高级官僚，让后者出任本财团的政策咨询顾问。一方面，这可以利用退休文官的已有人脉网络，对现任官僚（原来的同事或下属）施加影响；另一方面，这也给现职官僚提前设定退休后的“养老后路”，使现职官僚愿意甚为乐意与财团合作。在印度，雇佣前政府员工的现象并不是新现象，但由于这种现象逐渐增多，引起人们日益关切。1961 年，人民院就此问题进行讨论，有议员提出禁止此类雇佣的动议，但没有获得通过。目前，高级官僚在与工商界打交道时，已经远没有许可证制度时期的优越地位，因此也更愿意在任内与财团保持密切、友好的联系，以便退职或退休后能在大财团处谋得高薪职位；财团也会心甘情愿地为这样的高级官僚“预留岗位”，或者聘请为顾问。例如，石油天然气部前联秘（1994—1999 年）纳吉布·俊格（Najeeb Jung），曾经帮助安巴尼财团获得帕纳油田（Panna，最初由国营的石油天然气公司发现，后在私有化过程中被安巴尼财团购得），辞去政府公职后为信实欧洲和安巴尼财团扶持的智库观察家基金会提供咨询。2008 年后，他为安巴尼财团的信实全球管理服务有限责任公司提供咨询，并出任观察家基金会能源项目负责人。[①] 印度资深外交官萨仁山（Shyam Saran），曾于 2004—2006 年出任外秘（最高外交文官，相当于常务副部长），2006—2010 年出任总理核事务特别顾问、气候变化特使及国家安全顾问理事会（NSAB）主席，对印度政府的内外政策都有重大影响力，其本人在辞去公职后，于 2010 年 7 月成为著名 IT 公司维普洛的独立董事，不能排除其在任内就与维普洛有很深联系的可能。

---

① “Delhi Lt Guv Jung Previously Worked with RIL?”, February 13, 2014, http://news.oneindia.in/india/delhi-lt-guv-jung-previously-worked-with-ril-1394275.html.（上网时间：2014 年 4 月 25 日）

此外，高级官僚的子女们也希望在财团中谋得职位，以便过上高收入的优裕生活。在这种相互需求的催化下，高级官僚和财团乐于彼此合作，构建利益共同体。“工商界私下里坦陈，他们通常借用此种渠道与政府打交道。他们表示，当你遇到问题时，你做的第一件事就是找你曾经资助选举，或者子女在你公司里干活的官员。”① 财团凭借与官僚间密切的私人关系，在获得政策信息方面往往有独特优势。有人曾不无夸张地表示，“商人希望接近权力，官员也需要考虑自己退休后的工作以及子女的就业机会。但对于迪鲁巴伊来说，其培育官员的程度与普通的游说不同。他的线人不仅深藏于与安巴尼财团业务直接相关的部委，例如财政部、工业部、商务部、纺织部、石油部，而且还存在于总理办公室、内政部等政府权力中枢。这意味着，财政部的几乎所有文件在盖章之前，迪鲁巴伊都（可能）提前获悉。”②

近来出现的情况是，财团与部分行政官僚里应外合，窃取政府机密文件。例如，2015 年 2 月，印度警方先后逮捕 2 名石油部官员、若干名财团员工和中间人，指控其合谋窃取国家商业机密。被捕员工来自穆克什·安巴尼的信实工业有限、阿尼尔·安巴尼旗下的信实电力、卢亚（Ruia）家族控制的埃萨集团；被控窃取的文件包括：国家天然气网的现状报告，总理首席秘书致函石油部的机密文件，印度参与国际能源合作的文件草本，国家预算有关内容。③

---

① Stanley A. Kochanek, *Business and Politics in India*, 1974, p. 299.

② Hamish McDonald, *Mahabharata in Polyester: The Making of the World's Richest Brothers and Their Feud*, 2010, p. 89.

③ “Companies of Several Indian Billionaires Embroiled in A Case Of Corporate Espionage”, February 23, 2015, http://www.forbes.com/sites/meghabahree/2015/02/23/companies-of-several-indian-billionaires-embroiled-in-a-case-of-corporate-espionage/.（上网时间：2015 年 3 月 5 日）

三、打入政府部门

一些曾在财团工作或与财团关系密切的人士，成功进入政府实权部门，推动有利于财团的政策出台。印巴分治后，塔塔财团的很多人都成为政府要员。例如，塔塔炼油（Tata Oil Mills）的董事长出任印度钢铁总署（SAIL）负责人，在塔塔工作 25 年的董事哈米·莫迪（Homi Mody）在 1949—1952 年间出任北方邦邦长。[①]中国学者孙培钧、华碧云等在合著的《印度垄断财团》中写道，“一些曾经是财团的合伙人或高级职员、后来在政府内阁中任部长等要职，这一情况也使财团有机会利用老关系影响政府决策。往届财政部长如 J. 马泰是塔塔财团的合伙人，S. 奇蒂和 T. T. 克里希纳马查里与比尔拉财团关系密切，K. 帕特尔也曾经当过比尔拉公司的高级职员。”[②] 一些大资本家被任命为公营金融机构的董事，使其更容易利用职权谋取私利。1983 年时，A. K. 贾因、阿舒卡·比尔拉和 R. H. P. 戈恩卡均是印度储备银行董事，H. S. 辛哈尼亚则是印度工业开发银行董事。[③]

安巴尼财团创始人迪鲁巴伊深谙此道，直接或间接地参与政府金融机构负责人的人事任免过程。“在孟买，一些拥有金融领域经验的高级官僚，竞相谋求政府金融机构负责人的职位。一旦银行、保险公司和监管机构的高层岗位有空缺，迪鲁巴伊·安巴尼就会积极游说。他的一名老朋友表示，迪鲁巴伊·安巴尼会给

---

① R. M. Lala, *The Creation of Wealth: The Tatas from the 19th to the 21st Century*, 2004, pp. 110—111.

② 孙培钧、华碧云、张敏秋、高鲲：《印度垄断财团》，1984 年版，第 233 页。

③ 《印度快报》，1983 年 3 月 20 日和 5 月 4 日，转引自：孙培钧、华碧云、张敏秋、高鲲：《印度垄断财团》，1984 年版，第 223 页。

所有候选人通电话，向每个人表示支持。即使他的表态并非真的起决定作用，但胜出的人都可能认为其成功当选多亏迪鲁巴伊·安巴尼的支持。”①

当然，与政党领袖不同，行政官僚的一些“特殊品性”，制约了工商界影响力的发挥，包括：行政官僚的独立传统和文官精英的价值体系（自认为有惠顾广大民众的职责，需要保持职业独立）、行政官僚具有报复手段（工商界依赖政府的信贷、许可证等，与政府的关系一旦破裂，其对政府可动用的威慑力不如政府对其威慑力）、官僚掌握信息与数据（计划经济的产物）、现代经济和社会利益难以轻易腐蚀行政官僚（行政官僚享有很高的收入和待遇，较关注职业荣誉）及很强的使命意识等。尽管如此，财团一旦建立并维系住与行政官僚的良好关系，也将从中受益匪浅。安巴尼财团能够在短短几十年时间里，迅速崛起为印度最大的财团之一，离不开其与行政体系（特别是经济部门）的密切关系。安巴尼财团与政府决策部门关系密切，政治嗅觉敏锐，总是能及时获悉政府的贸易和产业政策。安巴尼财团的起步，始于1977年对政府有关聚酯纱（polyester filament yarn，PFY）进出口政策的“精准把握”。当时，印度政府出台“更高单位价值机制”（Higher Unit Value Scheme，HUVS）的政策，规定如果能够比原来高出两倍的价格出售尼龙等纺织品，才有资格进口聚酯纱。1977年8月22日—9月2日被称为“不可思议的十一日”（Eleven Day Wonder），当时的人民党政府起先宣布取消HUVS，任何人都可以进口聚酯纱，导致许可证价格暴跌，安巴尼财团疯狂超低收购，以非常低的价格购得总值超过3000万卢比的许可证；紧接着，政府又突然宣布恢复HUVS政策，导致许可证“一证难求”，

① Hamish McDonald, *Mahabharata in Polyester: The Making of the World's Richest Brothers and Their Feud*, 2010, p. 90.

安巴尼财团高价出手、获得暴利。这次精准获利使安巴尼财团原始积累的步伐大大加快，奠定了其崛起为顶级财团的基础。安巴尼财团的迅速发展，很大程度上也得益于迪鲁巴伊·安巴尼卓越的战略远见和对政策趋势的把握，但与政治力量的密切联系也是重要因素。迪鲁巴伊·安巴尼在接受《今日印度》采访时直言不讳地表示："企业发展最重要的外部环境是政府。你必须影响政府政策思考，兹事体大。为此，我愿意谦卑地拜会政府部门的所有人。"①

第四节 介入政治博弈

如前所述，财团与政府的关系并非总是和睦，财团内部对政府及对各政党的态度也不尽相同。在政府内部或政党之间发生矛盾和博弈时，财团有时候会"横插一杠"，希望在可能的政局变动中谋得于己有利的态势。此外，财团还积极干预党内人事调整，着重培养亲财团的后备力量。

一、干预政党内部权争

印度政党也存在党内派系之争。每次大选临近，各派都会围绕确定候选人名单展开竞争。尼赫鲁死后，国大党内部出现英迪拉·甘地与辛迪加派之间的权力争夺，工商联及若干财团卷入其中。G. D. 比尔拉继续支持英迪拉·甘地，认为英迪拉掌权是确保政局稳定的最佳方式，甚至不愿对英迪拉·甘地的国有化举措予以批评；工商联的其他领导人巴布拜·齐纳（Babubhai China）

① Hamish McDonald, *Mahabharata in Polyester: the Making of the World's Richest Brothers and Their Feud*, 2010, p. 82.

和辛迪加主要代言人 S. K. 帕蒂尔（S. K. Patil）等，则对比尔拉财团的立场不屑一顾，索性率领一部分来自孟买的工商界人士退出工商联。[①] 有学者认为，“1969 年国大党内的斗争和分裂，表面上是英迪拉同辛迪加的矛盾和斗争，背后则分别有以比尔拉为首的东部财团和以塔塔为首的西部财团的支持。”[②]这就是说，印度国大党内派系斗争的经济背景，是不同利益诉求财团之间的博弈，而财团的资金支持也是党派斗争的实力基础。再如，1990—1991 年政府变动频繁，媒体上经常有“某某财团”（暗指安巴尼财团）与某某政党、某某派系交往密切的报道，许多政党领导人、前部长、高级文官、国有银行和国有企业的负责人，据说多是“安巴尼的朋友”。[③]

此外，1997 年底索尼娅·甘地正式加入国大党从政，遭时任党主席西塔拉姆·克斯利（Sitaram Kesri）和总书记塔里克·安瓦尔（Tariq Anwar）处处刁难。1998 年初的第十二届全国大选，索尼娅·甘地倾力拉票，仍未能扭转国大党落败颓势，克斯利等人非但没有反思落败原因，反而将矛头指向索尼娅。他们声称“索尼娅的影响力不过如此”，引起党内索尼娅支持者的不满。最终，在党内元老慕克吉、安东尼（Antony，后出任国防部长）的策划下，国大党中央工作委员会（CWC）通过决议，要求克斯利等人下台，推举索尼娅为党主席。在这场“政变”背后，一些人之所以支持索尼娅上台，是因为“从孟买财团界得到的反馈是，财团们不会支持克斯利出任国大党党主席”。[④] 而在这之前，当索

① *Economic Times*, July 30, 1969. 转引自：Stanley Kochanek, *Business and Politics in India*, 1974, p. 224.

② 孙培钧、华碧云、张敏秋、高鲲：《印度垄断财团》，1984 年，第 231 页。

③ Hamish McDonald, *Mahabharata in Polyester: the Making of the World's Richest Brothers and Their Feud*, 2010, p. 6.

④ Rasheed Kidwai, 24 *Akbar Road*, 2011, p. 196.

尼娅·甘地还没有加入国大党时，一些有影响力的企业家成立的非正式组织孟买俱乐部（Bombay Club），对马哈拉斯特拉邦领导人萨拉德·帕瓦尔（Sharad Pawar）有望成为国大党主席表示兴奋，向帕瓦尔明确表示“不需担心影响其他国大党议员选票所需要的资源”。① 在这次博弈之后，沙拉德·帕瓦尔、总书记塔里克·安瓦尔等人被逐出国大党，另立山头创建民族主义大会党。

印度财团内部纷争与政治斗争交织相连。2008 年印度与美国签署核协定，左翼政党退出政府以示抗议，国大党在不信任投票中依靠社会主义党的支持才侥幸过关。社会主义党与阿尼尔·安巴尼关系密切，与其长兄穆克什·安巴尼关系不睦。社会主义党进入政府使之政治权重上升，该党总书记阿玛尔·辛格（Amar Singh）一度宣称，要推动政府对私营炼油厂征收暴利税，矛头直指穆克什·安巴尼，导致后者的信实工业有限股价暴跌。②

许多印度财团不仅仅关注当权派，还重视“潜力股”，扶持那些有抱负、有能力但缺乏资金支持的年轻政治家。印度政治体制重视论资排辈，在分配政治资源时，年轻政治家往往处于不利地位。2014 年莫迪上台后推动内阁部长年轻化，平均年龄为 55 岁，而曼莫汉·辛格任内的内阁平均年龄是 67 岁，瓦杰帕伊任内的内阁平均年龄是 61 岁。③ 各政党在分配党内资源时，很多时候为了保持各派系平衡或出于对资深政治人物的倾斜，对年轻政治家的关注往往不够，工商界的捐助则可以帮助有抱负的年轻政治家建立人脉网络，以及获得更多资源参与竞选。很多年轻政客对最初涉足政坛时得到的帮助心存感激，如果有朝一日取得成功，

① Rasheed Kidwai, 24 *Akbar Road*, 2011, p. 154.

② “Ambani Spat Highlights India’s Coalition Politics”, *Reuterss*, July 15, 2008.

③ Shemin Joy, “It’s A Young Cabinet on the Job”, May 26, 2014, http://www.deccanherald.com/election/content/409935/it039s-young-cabinet-job.html.（上网时间：2015 年 5 月 6 日）

自然会对那些曾经资助自己的财团投桃报李。安巴尼财团的鼻祖迪鲁巴伊就非常具有长远眼光，注重培育政治新星。有学者评论道，“迪鲁巴伊愿意‘谦卑尊敬’任何人，他对年轻公职人员的培养、资助，到20世纪80年代初期开始得到回报，在政界形成了广泛而强势的朋友圈”。[①] 在培养新生政治力量方面，迪鲁巴伊并非个案，许多财团都在政府圈里有朋友。财团对政府渗透如此之深，有时甚至能够干预基层官员的人选。“安巴尼财团对人事的干涉不仅局限于信息收集，还通过影响甚至控制重要行政任命，来影响政策。在印度的许多地方，政府职位一直以来都是可以拍卖的，标价最高的是税收和警察部门，这些部门的腐败机会也更大。在政府行政力较为薄弱的比哈尔邦，官位拍卖在首府巴特那主街的一家咖啡馆里几乎公开进行。在新德里，警察的升迁和调任，多年来都由一名（与安巴尼财团关系密切的）资深记者担任掮客。”[②] 这些议论虽然缺乏确凿证据，但也很难说是空穴来风。

二、扶持反对力量

在印度政治发展史上，通过向自己青睐的政党提供资金扶持、以对抗于己不利的政党的典型案例，是财团对“自由企业论坛”（Forum of Free Enterprise）的支持。“自由企业论坛”成立于20世纪50年代中后期，当时的国大党政府推行“混合经济模式”，通过许可证制度对私营企业进行约束。虽然事实数据显示政府的做法起到了保护本国企业的客观效果，有利于后者的发

① Hamish McDonald, *Mahabharata in Polyester: The Making of the World's Richest Brothers and Their Feud*, 2010, p. 89.

② Ibid, p. 90.

展，但仍引起不少主张市场经济、与外资联系密切的财团的不满。这些财团的领头羊就是塔塔财团。塔塔财团历来崇奉市场经济、反对政府干预，对当时国大党高层的左翼思想表示不满。1956 年 9 月，在国大党宣布努力建设社会主义社会之后，与塔塔关系密切的 A. D. 斯罗夫（A. D. Shroff）、M. R. 马萨尼（M. R. Masani）和“全印制造业组织”（All India Manufacturers Organization）的穆拉基·维德亚（Murarji Vaidya），牵头成立“自由企业论坛”。该组织自称是“无党派、非政治性的组织”，旨在“告诉民众私营企业给社会福利作出的贡献”，宣称“私营企业是民主不可分割的一部分，却持续性地遭遇政府的不公正攻击。”[①] 论坛刚一成立就引起政界强烈反对。论坛被迫发表题为“论坛之主张”（What the Forum Stands For）的声明，既强调放任自由的资本主义思潮“在当代印度没有立锥之地”，也批驳马克思主义和社会主义，强调“论坛接受基于计划经济的福利国家的原则，但私营资本应与公营资本同时存在。”[②] 自由企业论坛总部设在孟买，但在艾哈迈达巴德、班加罗尔、加尔各答、马德拉斯和新德里等都设有分部。论坛出版书籍、手册和文章，在学生组织、议员团体、教育机构和有影响力的人中间传阅，并向大学图书馆捐赠送主要是批评政府对私营部门的过度管控和沉重税赋的书籍。1959 年，论坛与某些印度前王公贵族势力联合组成自由党（Swatantra），在国会中直接代表财团利益发言，公开反对国大党政府的经济政策，呼吁政府给予最大的经济自由。[③] 当时，尼赫鲁等民族独立运动领袖还健在，自由党的努力无异于蚍蜉撼树，

① Forum of Free Enterprise, *Basic Documents*, Mumbai: Forum of Free Enterprise, 1966，转引自：Stanley A. Kochanek, *Business and Politics in India*, 1974, p. 202。

② Stanley A. Kochanek, *Business and Politics in India*, 1974, p. 204.

③ 王红生：《论印度的民主》，2011 年版，第 162—163 页。

根本无法撼动国大党的主导地位。1964年，尼赫鲁逝世引发国大党内耗加剧，自由党在财团的支持下趋于活跃。当时，财团内部对时局有不同看法，除G. D. 比尔拉等少数财团支持国大党外，大多数财团站在塔塔财团一边，对国大党的左翼倾向持保留乃至反对态度，对当时最大的反对党、鼓吹市场经济自由化的自由党则大加赞赏。G. D. 比尔拉的弟弟B. M. 比尔拉曾是国大党忠实拥趸，后来也转而支持自由党。K. K. 比尔拉回忆道，“B. M. 比尔拉从未在自由党内谋得高位，但事实上却是自由党教父”，“在其激励下，许多企业家代表自由党参选，包括我本人。”①

1967年大选是印度政治发展史的分水岭，也是财团直接干预政党博弈的典型案例。数据显示，1967年大选中，最主要的126家企业向政党提供1010万卢比，国大党获得737万，自由党获得252万（仅塔塔财团就捐助80万卢比）。塔塔和比尔拉是捐助最大的两家财团，占企业捐助总额的34%。塔塔和比尔拉都给国大党提供经费支持，但塔塔给自由党的经费显然要更多。马丁·伯恩（Martin Burn）、巴贾吉（Bajaj）、卡陶（Khatau）、辛迪亚（Scindia）、瓦尔昌德（Walchand）、塔克塞（Thackersey）等财团也都支持自由党。国大党虽然还是政党政治献金的最大接受方，但所占比例却在减少。大选结果是，自由党迅速崛起，从1962年首次参选亮相的18席跃升至44席，成为最主要的反对党。许多大企业家认为自由党是“唯一为我们利益而战”的政党，称该党领导人“富有远见”、“知识渊博”，是“进步的”、“明智的”。不过，自由党获得财团的支持并非没有代价，其代价就是丧失对候选人的决定权。财团明确提出，“只有自由党提名特定的候选

① Krishna Kumar Birla, *Brushes with History: An Autobiography*, 2007, pp. 370—371.

人之后，财团才会提供资金支持”。[①]

另一个案例，是人民党在20世纪70年代末的短暂执政。1977年，原国大党元老德赛为首的国大党（组织派）、瓦杰帕伊为首的印度人民同盟（印度人民党的前身）等诸多反对英迪拉·甘地的力量聚集在一起，成立人民党，并在当年的全国大选中斩获270个议席，国大党仅获153席。不过，当时的人民党是个政治力量大联盟，各派力量只是在“反英迪拉”的大旗下走在一起，但各方的政治诉求实际上并不相同，各怀鬼胎、同床异梦，只不过希望在人民党政府内谋取私利。一些有远见的财团认识到如此拼盘式的政府不可能维系太久，私下与英迪拉走近并支持后者重新上台。安巴尼财团领袖迪鲁巴伊就支持英迪拉，向后者提供资金，以重金诱导一些人民党议员们倒戈、鼓动党内派系斗争。1979年7月，查兰·辛格派撤销对政府的支持，德赛政府倒台，人民党联盟政府也土崩瓦解。安巴尼财团扶持英迪拉重新上台后，得到英迪拉的高度信任，安巴尼财团对政府的影响力也大大增强。英迪拉·甘地重新夺回权力后，首个大型宴会由古吉拉特邦的国大党议员在阿育王酒店举行，迪鲁巴伊买单。哈米什·麦克唐纳采访了时任杜邦公司驻孟买代理苏里什·科塔里（Suresh Kothary），后者与迪鲁巴伊关系密切，表示“迪鲁巴伊总是能准确预见即将发生的大事。他告诉我将要发生什么，事实果然如此”。[②] 此后，安巴尼财团迎来黄金发展期，1979年勉强进入印度大企业排名前50家，到1984年已经位列第五，迪鲁巴伊也“从印度政治的臣服者——而且是最可怜的臣服者——变为影响

---

① Howard L. Erdman, *The Swatantra Party and Indian Conservatism*, Cambridge: Cambridge University Press, 1967, p. 171.

② Hamish McDonald, *Mahabharata in Polyester: The Making of the World's Richest Brothers and Their Feud*, 2010, p. 65.

者，最后摇身变成控制者。”[①]导致安巴尼财团快速发展的因素很多，包括迪鲁巴伊·安巴尼的远见卓识、敢想敢干，但其与政府的密切关系显然是重要因素。

小　结

印度政治力量架构主要由政党（政治领袖及政治家族）、政府（行政部门）和议会（立法部门）组成。法院作为司法体系，也是印度政治架构组成部分，但从目前掌握的资料来看，财团主要将政党、政府和议会作为施加政治影响力的对象。在政治市场中，财团与政治力量互为交易对象，政治机制又是政治力量的依附实体，对政治机制的介入可以说是财团发挥政治影响力最重要的渠道。此章论述了财团通过参与政治系统的运作、与政治力量发生关系，进而构建政治—经济权势网络，包括多手段结交政治高层、直接或间接地参与议会事务、利益输出拉拢行政官僚，有时甚至直接参与政党斗争。本章论述可以得出如下结论：

首先，财团政治影响力存在“路径依赖”，政治机制容易成为财团作用对象。财团政治影响力的大小受制于很多因素，除了财团自身拥有的资本和手段外，其对作用对象的选择也很重要。美国学者诺曼·杰·奥恩斯坦（Norman J. Ornstein）和雪利·埃尔德（Shirley Elder）在论述利益集团策略时曾指出，“在一个领域中产生影响并非完全取决于卷入集团的多少或者它们拥有的资本情况。利益集团设法影响政策的方式，即集团进行院外活动的

① Nitish Sen Gupta, *Inside the Steel Frame*, New Delhi: Vikas, 1995, pp. 58—59.

能力和运用战略的能力，至少是同等重要的。”[①] 为了实现影响力的最大化，财团关注政治体系中影响决策的相关权力方，权力分配体系很大程度上决定利益集团的行为路径。例如，在印度政治架构中，总理领导的部长会议是实际的权力中枢，总统很大程度上只具象征意义。倘若总理比较强势、富有个人魅力，则更容易成为财团的影响目标；倘若总理比较弱势，部委政策主要由各部部长负责，或者主要由行政官僚负责，则财团往往向行政部门投入更多精力。尼赫鲁地位强势，虽然其经常咨询内阁成员的意见，但后者基本不会反驳尼赫鲁。夏斯特里和英迪拉的权威不及尼赫鲁，很多政策决定难以形成共识。英迪拉放弃了寻求共识的决策程序，转而强化本人在决策中的核心作用，并导致了国大党的分裂。政治权力的分配体系，决定了不同时期财团施加政治影响力时对象选择的不同。目前，印度延续了独立后的政治机制，但政治生态却在不断演变，政治主体多元化，政治领袖、地方要员、议员、行政官僚等都成长为重要的政治力量，很少有压倒性、特别强势的政治力量。据此，财团们也转而更加关注与上述行为体建立联系，寻求影响力的持久化。另一方面，印度财团的一些策略也会对政治系统产生重要深远影响。印度财团介入政治力量的博弈乃至人事安排，影响政治力量对比，对印度政局走向影响微妙；财团积极参选议会，使经济力量直接进入政治运作系统，从而加速政治—经济权力的整合，推进了政经权势网络的构建。

其次，政治权力与经济权力可以构筑权势网络，其主要粘合剂是“金钱”，重要平台是“大选”。政治市场的本质是政治权力

① ［美］诺曼·杰·奥恩斯坦、雪利·埃尔德著，潘同文、陈永易、吴艾美译：《利益集团、院外活动和政策制定》，北京：世界知识出版社，1981 年版，第 8 页。

与经济权力之间的交易。在自诩为全球最大民主国家的印度，大选是其政治市场重要的交易平台，而竞选资金则成为最主要的交易媒介。一方面，政治力量对财团资金的需求很大。印度选举已经成为全球参与人数最多、耗时最长的选举。随着选举激烈程度的加剧，竞选成本不断增加，大选日益成为耗资甚巨、劳民伤财的政治活动。政党对财团政治献金的需求和依赖日甚，这也为财团提供了影响政局演变的绝佳机会。工商界的资金对民主国家的政党和政客的政治活动不可或缺，工商界是政党和政客最重要、最可依靠的资金来源，印度也不例外。另一方面，资金是财团施加影响力最可靠的手段。财团通过向政党及其候选人提供资金，支持与自己观点一致或至少不相违背的政党；努力帮助利益代言人成为政党候选人；通过符合集团利益的方式，影响政党的行动纲领。印度财团的最大优势就是拥有庞大的资金规模，且对政治力量的金钱投入并不吝惜。虽然由于各派政治力量的较量以及民意的压力，印度政府曾出台过一系列规范政治献金的法规条令，但在操作实践层面存在不少可规避之处，一些政策甚至起到将公开资助转为秘密资助的负面效果。随着政治力量对资金需求的逐渐增强，财团在与政府打交道过程中更为主动，有时甚至可以就议员候选人名单提出具体要求。

第三，财团与政治力量互动的过程与结果并非都是显现的，但其内在的运作逻辑不容否认。为了避免民众对“腐败金钱”的反对，财团在与政治力量博弈或者干预政治运作时，一般忌讳大张旗鼓的介入，而是倾向于采取低调或者隐晦的方式。印度传统文化对金钱的质疑或者鄙视很强烈，民众舆论对政治—经济势力的勾连非常敏感，财团与政府进行利益交换时也更为小心。更多时候，财团对政治力量的金钱诉求心领神会，政治力量也避免被贴上亲近某财团的标签，双方进行利益交换的手法“合情合理”。例如，邀请某政治人物出席研讨会并给予相关报酬、在政党印制的宣传材料中刊登广告并给予广告费等。因此，在外界看来，财团与政治力量的博弈很大程度上是“黑匣子”，难以准确地予以衡量。这种情况影响了笔者对相关资料的收集与分析。但从已披露的史料、案例来看，财团积极构建政经权势网络的举措以及客观效果不容否认。正如前文所述，如果对一些政策决策的“因”和“果”进行联接分析的话，其发生作用的逻辑脉络就是财团的政治影响力。换句话说，虽然“由于捐助人和接受者之间规矩（或魔法般的技巧）的艺术性，很难证实和测量政治过程中的企业影响。通常两者之间存在相关关系，却难以证明是因果关系。但是，对企业影响做长期历史的观察就会发现，企业影响总体上导致了诸多政府政策的变化”。①

① ［美］诺曼·杰·奥恩斯坦、雪利·埃尔德著，潘同文、陈永易、吴艾美译：《利益集团、院外活动和政策制定》，1981 年版，第 401 页。

第五章

影响政策研制理念

印度政治力量在提议、酝酿、制定与落实内外政策时，其政策理念并非完全与外界隔绝，而是受到体制内外多种因素的影响。财团的政治影响力，也并非强制性的控制力或主导力，而是强调通过软性手段改变对象行为的能力。印度财团的政治影响力，除了依靠与政治力量构建的权势网络外，也凭借其在信息与专业研究方面的优势，影响政府决策者和公众的认知理念。这种对理念认知的影响，旨在使决策者和公众认可财团行为的政策专业性和道德合法性，进而信任财团的政策建议和舆论倡议，财团也藉此构筑政策研制的引导乃至塑造系统。目前来看，印度财团在影响政府政策理念方面的策略，主要有以下几类：直接参与或间接影响政府委员会，干预政府政策制定；操控媒体舆论，掌握话语权；资助培育智库，进行知识制造与输出；推动企业社会责任，赢得民众认同。

第一节　参与政策咨询委员会

早在英殖民时期，英属印度政府就成立了各种委员会和顾问机构，将咨询过程程序化。独立后，印度政府采取带有较强计划经济色彩的混合经济模式。由于此项工作的复杂性、全面性及政府对民主原则的承诺，政府乐意建立咨询机构，就重大内外政策咨询专家和社会团体的意见。这为财团提供了发挥政治影响力的渠道。美国学者科钦纳克认为，财团对领导人和高级文官的影响途径之一，就是政府设立的各种委员会。[①]根据参与人员的级别、讨论议题的领域、牵涉部门的多寡，政府设立的委员会有很多种。有的仅限于内阁部长参加，旨在统筹协调各部委政策。例如，1962 年中印边境冲突时，尼赫鲁总理成立“内阁紧急委员会”，由总理和其他五名部长组成，统筹战争期间的国家运转；1972 年，英迪拉·甘地设立“政治事务委员会”，负责处理内务、外交和国防三大领域的事务，成为最重要的决策机构，此后又以此为范例成立“经济事务委员会”。这些委员会的参与人员都控制在极小范围之内。[②] 有的是政府基于特定情势、就特定问题组建的委员会，主要职能是就某一问题进行调研，并提出相应对策。这样的委员会比较多，其扮演的角色是为相关政策的制定提供基础情况和咨询意见。例如，20 世纪 60 年代组建的“垄断调查委员会”，其主要职能就是对印度经济的集中性进行调研。再如，印度政府就选举制度改革、许可证执行情况、媒体行业监管乃至具体的案例（包括重特大腐败案例）都曾设立专门委员会，以期摸清情况、做好分析、提出对策。当然，也有一些政策咨询委员会存在时间较长，已经成为固定平台。如 20 世纪 50 年代成立的“中央工业顾问委员会”，是根据专门条例成立的，人数不得超过 30 人，且要由能够代表工商界或消费者权益的人士组成。

---

① 科钦纳克认为，财团对政治领导人和高级文官的影响途径有三种：首先，印度学习英国，有非常广泛、高度结构化、固定和正式的程序，通过正式或非正式的咨询委员会，征求社会不同利益集团的意见。其次，工商协会与行政部门保持工作层面的联系，并提供备忘录、人员借调、会议、请愿、研讨会等途径，向行政部门传递信息。第三，一些财团和企业在新德里成立工业大使馆，建立关系网。参见 Stanley A. Kochanek，*Business and Politics in India*，1974，p. 275。

② “Political Underpinning for Economic Policies”，*Economic and Political Weekly*，Vol. 7，No. 10，1972，pp. 534 – 535.

许多财团领袖曾出任该委员会顾问。针对各种不同的委员会，财团都能够直接或间接地发挥政治影响力。

除了行政部门的委员会外，议会也下设很多委员会，只不过其作用不如行政部门委员会那么明显。议会的委员会大致分为四类：金融类委员会、与各部委相关的常务委员会、其他事务常务委员会和临时委员会。金融类委员会有评估委员会（33 人）、公共事业委员会（22 人）和公共账户委员会（22 人）。各委员会委员任期都是一年，评估委员会由人民院选举产生，后两者由人民院和联邦院共同选举产生。与部委有关的常务委员会共24 个，每个委员会包括31 名委员，其中21 名来自人民院、10 名来自联邦院，任期不超过1 年。另外还有16 个其他形式的常务委员会，如“表列种姓/表列部族福利委员会”等，人事机构相似。临时委员会是因特定事宜成立的委员会。上述委员会的目的就是向相关方进行政策咨询，财团作为经济事务的实践者，得以顺理成章地参与那些主要的委员会，并将自己的政策意见带入其中。

一、直接参与咨询委员会

早在1938 年10 月，仅在七个地方邦掌权的国大党，就已经开始谋划独立后整个印度的发展建设。当时，国大党在新德里召开各邦工业部长会议，决定组建“全国计划委员会”（national planning committee），为制定独立后的经济政策作准备。一些大财团是全国计划委员会成员。萨拉巴依财团的安巴拉尔·萨拉巴依（Ambalal Sarabhai，1890—1967）曾是国大党全国计划委员会委员，他与比尔拉一样是甘地的拥趸，积极投身民族独立运动。独立后，印度政府设立了许多委员会和咨询机构，其中“中央工业顾问委员会”是最重要的机构之一。“工业顾问委员会”下设常务委员会和评估委员会，每年召开一次会议，政府在制定经济政策时必须咨询该委员会，塔塔、比尔拉等主要财团的领导人都是该委员会成员。G. D. 比尔拉还是“工业许可证咨询委员会”委员。据称，他“看过工业部的任何一份秘密档案”；其获得的许可证数量也在各垄断财团中位列第一。[①] 据 K. K. 比尔拉回忆，“中央工业顾问委员会是非常重要的机构，其职能是就工业领域面临的问题向政府提出建议，并提供相应的政策咨询，来促进经济增长、工业发展和贸易平衡。由于这是就经济问题向政府提供政策建议的最重要机构，许多实业家都渴望成为其委员，塔塔和我都有幸成为其成员，政府对我们的建议也非常重视。”[②] 除中央工业顾问委员会以外，K. K. 比尔拉还是贸易委员会（Board of Trade）、铁路用户咨询委员会（National Railway Users Consultative Committee）、科技和工业研究理事会（Council of Scientific and Industrial Research）、国家整合理事会（National Integration Council）等机构的委员，并因此有机会与各政党领导人和所有邦的首席部长建立联系，进而能够提前获悉乃至深度影响政府政策。例如，K. K. 比尔拉披露，他曾参加政府内阁经济委员会会议，相关部委负责人和计划委员会委员与会；在会上，他获悉了政府经济政策的考虑。这为他制定相应的产业发展策略提供了政策指导。[③]即使在政府临时成立的政策咨询会上，财团也能够深度参与并得到政府重视。1998 年瓦杰帕伊召开由工商界巨头和政府高级官员参加的首届总理—工商界恳谈会。会上决定成立由财团首脑牵头的 6 个工作小组，就一些经济、社会领域的改革提出建议和行动报告。6 个工作组及参与的财团领袖是：基础设施（拉坦·塔塔）、资本市场和金融业（穆克什·安巴尼）、农业和农工管理（努斯

① 孙培钧、华碧云、张敏秋、高鲲：《印度垄断财团》，1984 年版，第 111 页。

② Krishna Kumar Birla, *Brushes with History: An Autobiography*, 2007, p. 98.

③ Ibid., p. 98.

里·瓦迪亚)、知识经济(纳拉亚纳·穆尔提)、服务业(A. C. 穆塔拉)和行政司法改革(K. M. 比尔拉)。6个工作组在中央政府有关部门配合下，就印度经济发展政策提出规划构想，并于当年12月底的第二届总理工商界咨询会上提交给政府。[①]

目前，除了塔塔、比尔拉两大传统老财团外，许多其他财团的负责人也都是政府咨询委员会成员。米塔尔财团负责人苏尼尔·巴拉提·米塔尔曾出任达沃斯世界经济论坛联合主席(2007年)，也是气候小组领导人理事会(Leadership Council of The Climate Group)理事、国际电信联盟(ITU)的电信部成员。此外，印度跟美国、英国、意大利、日本、斯里兰卡等国都设有双边的首席执行官论坛，而米塔尔本人也是诸多论坛成员。阿万塔集团(Avantha Group)主席高塔姆·塔帕尔(Gautam Thapar)，曾出任隶属于印度国家安全委员会(National Security Council)的国家安全顾问委员会(National Security Advisory Board)委员，国家安全委员会是印度政府处理国家重大事务的最高咨询机构。苏尼尔·米塔尔是总理贸易和工业理事会(Prime Minister's Council on Trade & Industry)理事，主要负责隶属该理事会的“促进金融包容性委员会”的工作。马亨德拉兄弟财团负责人科苏巴·马亨德拉(Keshub Mahindra)也曾任总理贸易与工业理事会理事、印度雇主联盟委员等。地产巨头DLF的负责人K. P. 辛格(K. P. Singh)是印度中央储备银行的中央理事会理事、拉贾斯坦邦经济政策与改革理事会委员等。安巴尼财团的穆克什·安巴尼，曾是孟买化学技术研究所的化学工程师，获得美国斯坦福大学的工商管理硕士，现在是总理贸易和工业理事会、全国应用经济研究学会的理事，还是“印美CEO论坛”(Indo-US CEOs Forum)成员。2006年，阿尼尔·安巴尼出任中央电力监管委员会

① 华碧云:“印度财团的消长”,《南亚研究》,1999年第1期，第33页。

中央顾问委员会委员。前文已提及的安巴尼财团负责与政府打交道的事务部负责人帕里马尔·纳特瓦尼，虽然因其与莫迪密切的私人关系而不被国大党待见，但仍在国大党执政时期出任过一些咨询委员会委员。公开资料显示，纳特瓦尼于2008年8月—2009年5月出任内政部咨询委员会委员，2009年8月后出任商务部和外交部咨询委员会委员。Yes Bank的创办者兼首席执行官拉纳·卡普尔（Rana Kapoor）曾是工联银行委员会主席（2005—2006年）、印度银行业协会副主席（2011—2012年），现在担任商工协主席、印度政府贸易理事会委员等职务。2010年5月，辛格政府对贸易与工业理事会进行重组，明确其职责是就如下议题进行讨论并提交政策建议，包括：企业社会责任与技能发展；农业增产与粮食安全；促进公私伙伴关系，特别是清洁能源研发；促进金融包容性；落后与部族地区的发展。总理、财政部长、工商部长、计划委员会副主任（总理兼任主任）、总理经济事务委员会主席是当然会员，在23人的委员会名单中，拉坦·塔塔、穆克什·安巴尼、K. M. 比尔拉、纳拉亚纳·穆尔提、科苏巴·马亨德拉、苏尼尔·米塔尔、拉胡尔·巴贾吉、阿兹姆·普雷姆吉（Azim Premji，Wipro负责人）等财团领袖悉数在内。2011年以来，面临艰难的经济形势，印度政府也不时就当下的经济难题咨询财团看法。例如，2013年7月29日，辛格与印度大企业家座谈，讨论议题包括：克服经常项目赤字的措施；恢复工业增长的措施；卢比贬值及其对贸易和工业的影响；技能培训措施；工业走廊建设等。[①]

① “PM to Seek India Inc Input on Economy，Meeting with Industry Captains on July 29”，*Business Standard*，July 9，2013.

二、间接提供政策咨询

财团影响委员会政策建议的另一种情况，就是财团本身并非委员会成员，但利用委员会“咨询专家”的身份施加影响力。根据印度的政策制定程序，政府在就某项重要议题进行决策时，一般会先成立咨询委员会，由所涉及领域的专家组成，负责对相关问题进行调研。委员会在征求许多团体和个人意见的情况下提交调查报告，内含具体的政策建议。内阁及相关部委会研究报告及其对策，在较大范围内征询社会各界看法，然后出台议案草案。紧接着，议案草案提交给议会，由议会的特别委员会进行评估，进一步修订完善后再提交给议会讨论，最终形成法律。在此过程中，“咨询委员会”和“特别委员会”都会征求专家或行业领袖的意见，并为财团提供施加影响力的渠道。例如，1957 年 5 月，时任财政部长 T. T. 克里什纳玛查里（T. T. Krishnamachari）在其预算演讲中，提出包括财产税和消费税在内的新的税收措施，工商联发表声明表达不满。此后，工商联代表与财政部长在加尔各答和孟买举行两轮会议。在加尔各答的会议上，G. D. 比尔拉指出对公司征收财产税将极大制约生产积极性，敦促政府对财产税和消费税都进行修订。财政部长则表示，政府基本认可原有的税收建议，但不排除进行修改的可能，指示特别委员会对工商界的诉求进行评估。在此情况下，工商界立即制定详细的备忘录，同时提交给财政部长和特别委员会，并派代表在特别委员会上作证。最终，特别委员会对法案的一些内容作出了调整，包括：免除某公司持有另一家公司的股份的税收；新公司成立后五年内享受特殊税收照顾；造船业免征财产税等。虽然政府作出的调整并不大，但确实反映了工商界游说的成果，特别是造船业免征财产税的问题，是造船业对财政部长多次游说的结果。当时，“印度全国轮船雇主协会”（INSOA）去新德里与多名部长交谈游说，委派代表团向“特别委员会”做陈述，最终获得一些重要内阁部长、尼赫鲁的女婿费罗兹·甘地（Feroze Gandhi）乃至夏斯特里总理本人的支持，后者还亲自向财政部长施压。换句话说，财团可以在特别委员会阶段就下手，而无需等到最后决策阶段，将游说活动在决策链中前移。

经济改革之后，政府对财团的咨询诉求增加、频率更多、程度更深。20 世纪 90 年代末，政府对私营企业咨询的性质和程度与之前大为不同。1998 年后，企业和商会更是成为部长级会晤的官方座上宾，特别是与全球贸易相关的议题，工商界的参与程度非常深。有研究表明，截至 2003 年，政府已就贸易问题定期咨询大财团，三大全国性商会也是贸易问题的官方咨询机构正式或非正式地参与贸易政策的研究和制定。① 当然，也有人对咨询委员会能在多大程度上影响政策表示怀疑。曾有工商界人士向英迪拉·甘地表示，“诸如咨询理事会的机构是没有效率的。只有频繁、非正式、私底下的交流才是有效的，且对话范围应限定在资深内阁成员和您亲自遴选的官员。”② 此话并非毫无道理，美国学者科钦纳克总结道：“在征求企业界整体意见的时候，政府一般不愿轻易公开表态。但在与个别大企业家私下交流的时候，却会听取其意见，许多工商界人士也愿意私下里说出真实的想法。”③ 不过，这在很大程度上取决于财团与政治领导人的关系，其透明度也更容易引起质疑。

总体上看，印度政府在聆听咨询委员会的建议或意见时，虽

① Niraja Gopal Jayal, Pratap Bhanu Mehta, *The Oxford Companion to Politics in India*, 2010, p. 468 – 469.

② H. Venkatasubbiah, *Enterprise and Economic Change*: *50 Years of FICCI*, 1977, p. 133.

③ Stanley A. Kochanek, *Business and Politics in India*, 1974, p. 64.

然难以完全采纳，但也不会完全藐视财团们给出的政策建议。政府是否采纳财团意见，很大程度上取决于当时的政治经济情势、不同诉求的各种力量之间的平衡以及政府与财团间的关系。例如，《公司法》于1956年正式实行，政府任命两名大法官对落实情况进行调查并提交报告。该报告的许多建议都有争议，其中一条是“政府有权将给私营资本的贷款转化为股权，进而使政府在公司事务中拥有发言权”。

工商联对此予以强烈反对，称政府试图对私营企业进行“釜底抽薪式的国有化”（back door nationalization）。1963年12月，修正案法案提交给特别委员会，修改为“法案只适用于今后贷款，不适用之前已发贷款”。[①] 特别委员会的提议又引起财政部长及国大党领导人的不满，一些具有社会主义倾向的国大党议员提出反对，指责一些委员在大财团的游说下，试图破坏《公司法》。在征求了内阁部长的意见后，尼赫鲁决定推翻特别选举委员会的决议，但表示将贷款转化为股权的事宜，必须经过议会批准。如此一来，任何一方都无法完全压倒另一方，双方达成妥协。也就是说，虽然工商界通过在特别委员会的关系网，成功修正了立法，但国大党左派的强大压力使修正案最终夭折。

第二节　操纵媒体

根据载体不同，媒体大致分为电视、报刊、广播、其他（如网络、电影、户外广告等）。在当今资讯爆炸式增长、信息联通高度发达的时代，媒体对政府和公众的影响毋庸置疑，也因此被称为“无冕之王”。“企业和社会其他部门之间的最大竞争领域之一，就是媒体的新闻报道。报纸、杂志、广播和电视是关于公共

① FICCI, *Correspondence for* 1963, Delhi: FICCI, 1963, p. 236.

政策议题的公众观点的重要来源，编辑和广播人员是决定哪些议题会引起公众的注意和强烈引导公共政策的人员。”① 正如有学者指出的，“利益集团的单项报告或者说某个说客的努力在政策制定过程中可能发挥关键性作用，但更常见的情况是，媒体报道的累积效应在影响某项政策的制定方面发挥更重要的作用”。②

媒体和娱乐行业是印度增长最快的行业之一。根据印度通信管理署（Telecom Regulatory Authority of India）2013 年 2 月的报告，印度媒体和娱乐行业规模为全球第 14 位，在国内生产总值中的占比约 1%。2007 年市场额达到 5. 13 万亿卢比，2008 年市场额达到 5. 84 万亿卢比。截至 2012 年 12 月 20 日，印度共有 848 个电视频道，其中 650 家在印度落户。另截至 2011 年 3 月 31 日，共有注册出版物 82222 种，其中印地语 32793 种，英语 11478 种。1950 年，印度全国仅有 214 种报纸，44 种为英语，其他为印度本土语言，而现在已有近 1. 45 万种报纸。此外，印度在全国 86 座城市有 242 家调频广播电台，计划今后扩展到 294 座城市的 839 座调频广播电台。③

之前，媒体需要依靠广告商的赞助来维持运转。随着自身实力的增长，媒体集团也开始进军其他行业，甚至将舆论影响力转化成与其他传统财团打交道的资本。这种能力也是推动财团更积极进入媒体行业的重要因素。媒体与其他产业间的双向交融日益加深：一方面，越来越多的财团进军媒体行业，通过控股等多种方式强化对媒体的控制力；另一方面，越来越多的媒体集团开始

---

① ［美］默里·L·韦登鲍姆著，张兆安译：《全球市场中的企业与政府》（第六版），2006 年版，第 382 页。

② ［美］杰弗里·M·贝瑞、克莱德·威尔科克斯著，王明进译：《利益集团社会》（第 5 版），2012 年版，第 185 页。

③ Telecom Regulatory Authority of India，GOI，*Consultation Paper on Issues Relating to Media Ownership*，February 15，2013.

推动业务多元化，有的成长为新的媒体财团。[①] 印度财团深刻认识到，公众对财团的影响很大程度上影响政府对财团的政策，特别是在传统文化对财团持负面认知的情况下，财团更需要寻求主动塑造民众对工商界的看法，扮演民意的引导者、影响者乃至塑造者。即使没有进军媒体行业的财团，也通过拉拢、胁迫等各种方式，让媒体从业人员成为自己的“传声筒”。

当前，印度媒体业出现的三种情况是：一是缺乏对跨种类媒体所有权的限制，导致某些媒体集团在纵向（同一载体的不同环节）和横向（印刷、电视、广播、网络等不同载体）上，都强化对媒体的控制；二是政党或政客对媒体控制增多；三是媒体集团对其他行业投资增多，而且媒体内容的生产者与发布/传播者之间日益合流。[②] 印度政府通信管理署 2013 年报告认为，印度媒体业在取得快速发展的同时，也出现很多问题，包括：一些主要的新闻频道或报纸，利用媒体权力，与大财团和政客联手游说政府，谋求有利于大财团的决策；企业家或大财团控制的媒体进行有偏见的分析或预测，促进自身商业利益或损害竞争对手利益，进而给投资者和股东利益造成损失；政客或政治组织也可能利用其控制的媒体，进行有偏见的分析和预测，影响公众舆论；政治和商业团体可能通过其所有或控制的媒体，发布煽动性消息，损害竞争对手利益，罔顾国家整体利益。[③]

---

① Paranjoy Guha Thakurta, “Media Ownership Trends in India”, July 3, 2012, http://www.thehoot.org/web/home/story.php?storyid=6053.（上网时间：2015 年 3 月 15 日）

② Ibid.

③ Telecom Regulatory Authority of India, GOI, *Consultation Paper on Issues relating to Media Ownership*, February 15, 2013, p. 17.

一、媒体“垄断化”趋势

印度媒体业在独立初期就有较强的垄断性。有学者援引印度报刊调查委员会在20世纪60年代的报告称，“15家报业集团控制着全国54家报刊和50%以上的发行量。这些大资产阶级集团力图通过它控制的宣传机构，制造舆论来扩大政治影响。”[①] 此后随着各种媒体雨后春笋般地涌现，以及政治、经济力量的多元化，印度媒体业也出现大发展，各种载体的媒体数量都大幅增长。不过，近十余年来，印度媒体出现集中化和垄断化的趋向，甚至出现“跨种类媒体所有”的情况，引起社会广泛关注。对此，印度通信广播部委托海德拉邦的印度行政管理学院就媒体所有情况进行研究。课题组研究了印地语、泰卢固语、泰米尔语、马拉雅拉姆语、英语等五大语种的各类媒体类型，调阅了公司事务部、通信广播部、消费者事务部、印度竞争委员会、孟买证券交易所等部门资料，访谈了上述部门及《印度时报》、《印度斯坦时报》、印度广播电台、印度工商联合会、印度有限电视运营商联合会、埃塞尔集团等商会或媒体集团的人员。2009年，课题组完成调研报告，认为无论是英语还是地方语言，印度媒体集中化或垄断化的情况日益严重，主要有两种情况：一类是不同载体间（电视、广播、纸媒等）所有权的集中，另一类是同一载体内部的垄断，包括采访、刊登、发行等各环节。媒体的垄断性都比较明显。[②]

第一种情况主要指“跨种类媒体所有”，即：随着网络技术

---

① 雅南：“印度大资产阶级的某些特点”，《国际问题研究》，1960年第1期，第38页。

② Administrative Staff College of India (Hyderabad), *Study on Cross Media Ownership in India*, Draft Report, 2009.

的普及，主要媒体集团不再局限于单一形式的载体，而是全面参与报刊、电视、广播、网络甚至娱乐等各个领域（参见表1）。此外，财团通过交叉控股等方式强化彼此合作。印度时报集团"创新广告方式"，其他大公司可以向印度时报集团出售股权，以置换广告版面。如此，印度时报集团成为其他公司的股东，就会对后者进行倾向性的正面报道，实现财团间的双赢和力量整合。2009年7月15日，印度证券交易所综合审查司（Integrated Surveillance Department）官员S. 拉曼（S. Ramann）致信印度媒体理事会（PCI）主席G. N. 雷（G. N. Ray）称，"许多媒体公司与上市企业达成私下协议，后者向前者提供股份，前者负责后者的广告宣传"。①

表1　印度主要媒体集团的从业种类

企业集团	广播电视			传送平台	
	印刷媒体	电视	广播	卫星直播	多系统运营
Sun TV	√	√	√	√	√
Essel Group	√	√	√	√	√
Star India		√	√	√	√
Ushodaya（Eenadu）	√	√	√		
India Today	√	√	√		
The Times Group	√	√	√		
HT Media	√		√		
ABP Group	√	√	√		
Bhaskar Group	√	√	√		
Jagran Prakashan	√	√	√		
Sakkal Media	√	√			
Malayala Manorama Group	√	√	√		

① Paranjoy Guha Thakurta and Kalimekolan Sreenivas Reddy, "Press Council Sub-Committee Report 'Paid News': How Corruption in the Indian Media Undermines Democracy Preface", April 1, 2010, p. 14.

续表

企业集团	广播电视			传送平台	
	印刷媒体	电视	广播	卫星直播	多系统运营
Rajashthan Patrika Group	√		√		
Malar Publications	√		√		
Mathrubhumi Printing and Publishing	√	√	√		
D. B. Corp Group	√		√		
Positive		√	√		
B. A. G Films And Media Ltd		√	√		
Midday Multimedia	√		√		
Anil Dhirubhai Ambani Group	√	√	√	√	
Asianet Communications		√	√		
NDTV		√	√		
Network 18	√	√			

资料来源：Administrative Staff College of India，Hyderabad，*Study on Cross Media Ownership in India*，Draft Report，2009. p. 17，p. 119.

这种跨种类媒体控制及交叉控股的模式，进一步加剧了媒体集中度，引起印度政府的担忧。2013 年 4 月，德里高等法院建议中央政府设立监管机构，将电子传媒列入监管范围，但遭遇强烈抵制。[①] 2013 年 6 月，电信管理局（TRAI）向政府提议，要求对单一企业控制多种媒体的情况进行限制，也遭到强烈反对。有财团背景的印度广播基金会（IBF）对此表示抗议，称“政府干预媒体所有权的行为是错误的，媒体需要有指导原则，但必须是自我监管的。如果政府要干预，那将出现乔治·奥威尔《1984》里

① Sumit Galhotra，“Indian Media Face Growing Calls for Regulation”，June 10，2013，http://www. cpj. org/blog/2013/06/indian-media-face-growing-calls-for-regulation. php.（上网时间：2014 年 1 月 2 日）

描述的情形，‘大哥’就要回来了”。[①] 安巴尼财团旗下的《第一邮报》也予以强烈批驳，指责“电信管理局的观点是过时的，政府想控制公共舆论”，并逐条批驳了电信管理局的理由。[②] 对此，时任新闻广播部部长马尼什·特瓦里（Manish Tewari）不无感慨地表示，“财团对媒体的控股是不可避免的”。[③] 长期跟踪研究印度媒体情况、并曾就“有偿新闻”问题向印度政府递交研究报告的学者帕兰乔·古哈·塔库塔（Paranjoy Guha Thakurta）指出，“印度媒体市场的所有权日益集中化。由于没有对跨媒体所有权的限制，这种趋势将毫无疑问地导致信息的私有化和‘商品化’，而非成为能够有赖于更大社会群体（尤其是弱势者）的‘公共产品’。”[④]

第二种情况，就是媒体市场占有率的集中化。印度全国有201份主要的英语日报，《印度时报》市场份额高达24.07%，《印度斯坦时报》和《印度教徒报》的市场占有率则分别是12.62%和11.06%，跟随其后的有《德干年鉴》（Deccan Chronicle）（市场份额7.11%）、与《印度时报》同一集团的《孟买镜报》（市场份额4.85%）和《经济时报》（市场份额1.87%）。《印度时报》、《印度斯坦时报》和《印度教徒报》三份报刊的市场占有率就高达47.75%。电视频道方面，安巴尼财团收购的第

① “Media Veterans, Activists Welcome TRAI Proposal to Curb Corporate Control”, *The Hindu*, June 20, 2013.

② “Why TRAI Is Utterly Wrong about Cross-media Ownership”, June 19, 2013, http://www.firstpost.com/india/why-trai-is-utterly-wrong-about-cross-media-ownership-886419.html? utm_ source = ref_ article.（上网时间：2014年1月2日）

③ “Corporate Ownership of Media Is an Inescapable Reality: Tewari”, November 16, 2013, http://zeenews.india.com/news/nation/corporate-ownership-of-media-is-an-inescapable-reality-tewari_ 890322.html.（上网时间：2014年1月2日）

④ Paranjoy Guha Thakurta, “What Future for the Media in India? Reliance Takeover of Network 18”, *Economic & Political Weekly*, Vol. XLIX, No. 25, 2014, p. 12.

十八集团市场份额高达 12. 14%，新德里电视台紧随其后(9. 39%)，两者的市场占有率超过 21%。印地语日报相对多元开放，但国营的全印电视台（Doordarshan News）市场占有率为 31. 36%。地方语系的媒体业存在相似的情况。泰卢固语的报纸行业,“今日”（Eenadu，Ushodaya Enterprises Ltd）占有 37. 05% 的市场份额，而“泰卢固民族每日通讯”（Telugu Jaatiya Dina Patrika Vaartha）和“耀眼安得拉”（Andhra Prabha）的市场份额分别为 12. 84% 和 12. 21%。泰卢固语新闻频道方面，“太阳网络”（Sun Network）的市场占有率为 43. 69%，“今日”集团和《致我的泰卢固母亲》（Maa Telugu）分别为 15. 97% 和 12. 60%。马拉雅拉姆语的报纸行业,“祖国”(Mathrubhumi) 市场份额为 33. 17%，Malayala Manorama 的市场份额为 26. 90%。印共（马）在喀拉拉邦的实力相对较强，旗下的“爱国者”（Deshabhimani）在该邦报业的市场占有率为 9. 70%。新闻频道方面，“亚洲之网”（Asianet）的市场占有率是 39. 64%，而 Malayalam 通信有限公司和 Surya TV 的对应份额分别是 10. 81% 和 28. 31%。泰米尔语的报业方面，Dinamalar 市场占有率是 26. 65%，紧随其后的 Thanthi Daily、The Thanthi Daily 和 Dinakaran，相应的市场份额是 26. 14%、16. 42% 和 11. 05%。泰米尔语新闻频道方面，“太阳电视”一家独大，市场占有率高达 72. 89%。

二、直接入股控制媒体

家族财团垄断媒体是印度媒体业的显著特征。印度英文主流报刊主要由三大家族控制，即：贾因（Sahu Jain）家族控制的印度时报系、比尔拉家族控制的印度斯坦时报系和戈恩卡（Goenka）家族控制的印度快报系。贾因家族旗下的时报集团（Times Group）是印度最大的媒体集团之一，旗舰报纸是英文《印度时报》和《经济时报》（均在孟买），此外还有电视台 Times Now TV、印度最大的调频广播网 Radio Mirchi 和印地语的《新印度时报》等。《印度时报》是全球发行量最大的英语日报，印度国内的读者群超过 750 万。印度时报集团涉足所有媒体领域，包括报刊、书籍、电视、广播、网络、音乐、电影、户外广告等，年营业额超过 10 亿美元，有 2.5 万个广告商和 1.1 万名雇员。比尔拉家族财团控制的印度斯坦时报系，旗舰报纸是英文和印地语的《印度斯坦时报》、财经类报纸《铸币》（*Mint*，2007 年成立，与美国的《华尔街日报》签有合作协议）以及 HTCampus. com、Fever 104 FM 等网络和广播媒体。2012 年 5 月 19 日，比尔拉财团宣布收购“印度活力媒体有限公司”（Living Media India Limited）27.5% 的股权，该公司占有“今日电视网络”（TV Today Network）57.46% 的股权，而后者拥有杂志《今日印度》、电视台“今日头条”等。[①] 戈恩卡家族财团控制的印度快报系，旗舰报纸是英文《印度快报》和《金融快报》。但得益于其报道的准确性和分析的专业性，印度快报系在精英层影响力很大。在上述媒体中，《印度时报》《印度快报》《印度斯坦时报》都是印度外交部每日必读报纸，[②] 足见其对印度政府有巨大舆论影响力。

除几大传统媒体巨头外，其他领域的财团也陆续进入媒体行业。塔塔财团虽然并未控制主流媒体，甚至对“企业家办媒体”有所抵制。如 J. R. D. 塔塔曾在 1981 年表示，“企业家经营报纸是不合适的，企业家扮演政治角色也是错误的……但是，有些人

---

① Paranjoy Guha Thakurta, “Media Ownership Trends In India”, July 3, 2012,

② 据匿名的印度外交部官员表示，印度外交部每日必读报纸有《印度时报》《印度快报》《印度斯坦时报》《印度教徒报》（*The Hindu*）和《每日新闻分析》（*Daily News & Analysis*）。

似乎并不介意把政治与商业混淆在一起，甚至还如鱼得水”。[①]塔塔此番表态主要针对其对手比尔拉财团及其《印度斯坦时报》，但塔塔财团自己也未能独善其身。塔塔财团与同为西部财团的玛法特拉尔财团关系密切，双方共同控制加尔各答的《政治家报》和孟买的《商业》周刊。[②] 1976 年成立的埃塞尔集团（Essel Group）旗下拥有诸多媒体公司，财团负责人昌德拉（Chandra）被称为“媒体莫卧儿”（Media Moghul），旗下的 ZEE 娱乐有限公司是印度最大的媒体和娱乐公司之一，总部设在孟买。1992 年创办首家印地语卫星电视 Zee TV，此后业务范围不断扩大，成立 ZEE 娱乐有限公司，拥有 15 家电视频道、1 家网络公司 Siticable。2006 年，公司将新闻与娱乐业务分开，创立私营新闻频道 Zee 电视有限公司（印地语）。近年来，公司继续保持扩张态势，入股收购诸多媒体和娱乐企业，如与戴尼克·帕斯卡尔集团（Dainik Bhaskar Group）合办英文报纸《每日新闻分析》（DNA），是新兴崛起的时政类报纸。安巴尼财团也非常重视对媒体舆论的引导和控制。阿尼尔·安巴尼早在 20 世纪 80 年代就曾开办过一份商业报纸，虽然当时未能取得成功，但他对媒体仍有执着的兴趣，旗下信实资本（Reliance Capital）涉足电视、广播、电影、网络等多领域媒体。[③] 不过，与其他财团纷纷进入媒体业不同的是，阿尼尔·安巴尼近年来却通过出售股份逐渐退出媒体业，有舆论猜测其可能仅想保留在“印度彭博电视”（Bloomberg TV India）的

---

① *Organizer*, September 12, 1981, 转引自：Hamish McDonald, *Mahabharata in Polyester*: *The Making of the World's Richest Brothers and Their Feud*, 2010, p. 53。

② Stanley A. Kochanek, *Business and Politics in India*, 1974, p. 211.

③ Kaushik Basu, Annemie Maertens, eds., *The Concise Oxford Companion to Economics in India*, New Delhi: Oxford University Press, 2010, p. 127.

股份。[①] 近年引起印度国内舆论热议的事件，是穆克什·安巴尼在媒体领域的大举出击。穆克什旗下的信实工业有限于2014年5月30日向孟买证券交易所递交声明，决定收购媒体集团“第十八频道”（Network 18）。穆克什·安巴尼早在2012年就开始布局，斥资7.3亿美元成立独立媒体信托（Independent Media Trust），负责对“第十八频道”的收购任务，并最终于2014年5月30日提出申请、7月7日宣布收购完成。“第十八频道”是印度最大的媒体集团之一，拥有CNBC-TV18、CNN-IBN等电视频道，“控钱”（moneycontrol. com）、“第一邮报”（firstpost. com）、“IBN直播”（IBNLIVE. com）等网站，以及《福布斯印度》《超速》等杂志，是印度有关金融、股票、企业新闻的最权威媒体集团。安巴尼财团作为印度最大财团，现在又收购了最大媒体集团之一的“第十八频道”，自然引起民众对媒体独立性的担忧与质疑。[②] 而且，该媒体集团一直或深或浅地参与政治事务，推动此次收购事件的集团原负责人拉加福·巴尔（Raghav Bahl）一直是莫迪的支持者。早在2013年4月，巴尔就以个人名义开办题为“思想印度对话”（Think India Dialogue）的栏目，来宣传莫迪的施政理念。此外，穆克什·安巴尼参股印度发行量最大的泰卢固语媒体集团“今日”，该集团由安得拉邦媒体大亨拉姆吉·拉奥（Ramoji Rao）控股，拥有印地语、泰卢固语、奥迪萨语、乌尔都语等语言的新闻和娱乐电视频道，其报纸也是印度发行量第六的

① Surajeet Das Gupta, “Anil Ambani Shedding Stake in Media”, August 11, 2014, http://www. business-standard. com/article/companies/anil-ambani-shedding-stake-in-media-entertainment-and-internet-space-114080800699_ 1. html.（上网时间：2015年2月8日）

② “Reliance Takes Over Network18: Is This The Death Of Media Independence?”, May, 30, 2014, http://www. forbes. com/sites/meghabahree/2014/05/30/reliance-takes-over-network18-is-this-the-death-of-media-independence/.（上网时间：2015年3月5日）

地方语言报纸，覆盖安得拉邦、特仑甘纳邦、北方邦、西孟加拉邦、马哈拉斯特拉邦、卡纳塔克邦、奥里萨邦、古吉拉特邦、比哈尔邦、中央邦、哈里亚纳邦、查蒂斯加尔邦等地区。印度主要的泰卢固语报纸有19种，“今日”集团的市场份额独占37%。该集团于2008年面临财务危机，穆克什·安巴尼乘势介入并谋得一席之地。至此，穆克什·安巴尼崛起为幕后媒体巨头，足以影响数十家各类形式的媒体，对媒体的影响力在时空与领域都达到新高度。甚至有媒体报道，安巴尼或许也是新德里电视台的幕后控股人。[①]

三、以财力左右媒体舆论

印度媒体数量众多，民众对言论自由的诉求强烈，且财团与媒体之间、媒体集团之间也存在竞争乃至矛盾。不过，凭借其强大资本实力，印度财团仍可软硬两手对媒体施加很大影响。

所谓软，就是通过提供各种好处，诱使媒体从业者进行于己有利的报道。安巴尼财团的创始人迪鲁巴伊就非常擅长利诱，其拉拢媒体从业人员的力度非常大，也因此被称为“信封传媒”（envelope journalism）[②] 的鼻祖。安巴尼财团在举办记者招待会之

① Sucheta Dalal，“Who Really Owns NDTV?”，June 9，2015，http：//www.moneylife.in/article/who-really-owns-ndtv/42206.html。（上网时间：2015年8月20日）此报道在印度引起轩然大波，但后来遭到新德里电视台否认。新德里电视台回答孟买证券交易所（BSE）有关其控股情况时强调，其控股情况没有发生变化，安巴尼并非其控股人。NDTV Denies Report of Mukesh Ambani Having Controlling Stake in Company”，June 15，2015，http：//www.televisionpost.com/television/ndtv-denies-report-of-mukesh-ambani-having-controlling-stake-in-company/。（上网时间：2015年8月20日）

② “信封传媒”（Envelope Journalism），是指财团通常将好处费、购物券等装到信封里，然后送给媒体从业者，以便让后者做出对自己有利报道的现象。

后，往往会提供免费的自助餐，以及装有现金或礼品券的信封。一名孟买的资深商业记者回忆，“普通记者将拿到2000卢比的购物券，而一些更高职位的人甚至可以每月拿到固定佣金，或者是信实财团的股份和债券”；“安巴尼在媒体界安插的代理人，被称为‘肮脏帮’（Dirty Dozen）。主要的代理人是拉斯科白·梅斯瓦尼（Rasikbhai Meswani），他的大门总是24小时为记者敞开，记者们一般会在每月的第一天去拿钱”。[①] 除记者外，迪鲁巴伊还拉拢编辑，渗透到媒体流程的各个阶段。这些被拉拢的媒体人，除了经常写有利于安巴尼财团的报道外，还经常为其搜集对手信息、刺探对手私下里如何看待安巴尼财团等。安巴尼据此构建了隐形而庞大的商业情报网。一些媒体人在拿到安巴尼财团竞争对手的非法信息后，便转交给安巴尼财团；后者以此逼迫竞争对手妥协，或者向政府执法部门举报，借政府之手搞垮对手。由于记者（特别是财经类记者）在与财团打交道时能获得巨大利益，与工商界打交道的记者也成为许多人趋之若鹜的行业。在孟买，许多记者宁愿不要工资，甚至每月给报纸倒贴钱，也希望获得当财经记者的资格。[②]

所谓硬，就是对不听话的媒体或媒体从业者“找茬”，逼迫后者服软就范。媒体需要依靠广告费维持运转。财团投给媒体的巨额广告费，成了影响乃至胁迫媒体的重要手段。以安巴尼财团为例，其巨额广告费是古吉拉特、孟买甚至海外的古吉拉特语出版物的重要收入来源；财团也因此拥有对一些报刊（特别是实力一般的中小报刊）的巨大影响力。一些地方报纸虽然规模和名气不大，但与当地社情密切相关，对当地民众的舆论影响力较大。

---

① Hamish McDonald, *Mahabharata in Polyester: The Making of the World's Richest Brothers and Their Feud*, 2010, p. 92.

② Ibid., p. 92.

古吉拉特邦的评论家坎提·巴特（Kanti Bhatt）称，一名报纸编辑曾在马尔瓦里商人（比尔拉财团是马尔瓦里种姓）的支持下，对安巴尼财团进行抹黑攻击。安巴尼财团对此非常不满，并立即撤销在该报纸上的所有广告。这对该报来说意味着大量广告费的流失。这名编辑找到坎提·巴特，希望其从中斡旋调解，巴特了解情况后告诉该编辑，如果想拿到广告费的话，就不能刊载任何不利于安巴尼财团的言论。此后，该报纸写了非常长的吹捧安巴尼财团的文章，后者随即恢复给该报刊的广告费。当然，有时媒体也可据此要挟财团，根据财团提供的好处费多寡决定报道的倾向性。“有一次，迪鲁巴伊询问巴特，为何一份在英国的古吉拉特语报纸刊登一系列批评安巴尼财团的文章。巴特跟报纸出版商联系后发现，后者想借此索要广告费。在安巴尼财团提供广告费后，该报刊也停止刊载批评文章。”①

四、媒体“政治化”倾向

印度媒体行业充斥的“自由和腐败”，② 也为财团施加影响提供了便利。某位印度政治人物在接受笔者访谈时称，“大财团控制了媒体舆论，选择性地报道一些事情，同时淡化乃至忽略另一些事情。特别是一些地方媒体，其作用可能要比英语媒体更重要。这些财团变得越来越精明，往往跟所有主要政党都保持联系，而不是把所有鸡蛋放在一个篮子里。不过，其放鸡蛋的方式是秘密的，不会明着放”。③ 另有大学政治学教授表示，“印度大财团的影响方式很多，例如，雇佣资产阶级知识分子，让他们撰

---

① Hamish McDonald, *Mahabharata in Polyester: The Making of the World's Richest Brothers and Their Feud*, 2010, p. 91.

② Ibid., p. 91.

③ 2011 年 9 月 16 日上午，某政治人物家中，新德里。

写有利于企业的研究报告、文章书籍等等。另外一种方式，就是控制媒体、影响舆论，包括平面与电视各种媒体，做有利于财团利益的宣传。”①

一方面，财团将媒体作为与政治力量博弈的工具。通过控制媒体、影响舆论，进而对政治力量施加影响，是财团施加政治影响力的重要途径。最典型的途径就是“有偿新闻”，将本应客观报道的“新闻”商业化、偏见化，通过向相关行为体索取费用来刊载与该行为体相关的新闻的报道偏向与数量多寡。印度政府将“有偿新闻”定义为“在任何媒体出现的、以任何形式的经济利益来衡量的任何新闻或分析”。② 2003 年，贾因财团控制的印度时报集团推出“有偿内容”服务，但当时主要限于城市增刊，而非主流媒体；此后，“有偿新闻”的模式逐渐推广，现在已较为普遍。媒体可以对政治力量进行倾向性报道，美化亲财团力量、丑化或者边缘化与财团有矛盾的政治力量。调查显示，近年来，特别是 2009 年以来，“有偿新闻”的现象进入政治领域。无论是联邦还是地方层面的议会选举，大量吹捧或赞扬某政党代表（包括参加选举的候选人）的“新闻”报道、专题文章出现在报纸上，类似信息也出现在电视节目上，打着“客观报道”的旗子，行着“暗中拉票”的目的，“其背后隐藏的事实是，相关政党或候选人与特定媒体所有者或代表者之间的金钱交易”。③ 2013 年以来，许多媒体从业者被曝出参与新闻勒索，有时甚至发生在不同财团之间，成为彼此竞争的工具。金达尔财团负责人、人民院议员纳温·金达尔，就曾指责 Zee News 敲诈勒索 10 亿卢比，称后者威

① 2011 年 9 月 16 日下午，尼赫鲁大学，新德里。

② Press Council of India, *Report on Paid News*, July 30, 2010, p. 4.

③ Paranjoy Guha Thakurta and Kalimekolan Sreenivas Reddy, “Press Council Sub-Committee Report ‘Paid News’: How Corruption in the Indian Media Undermines Democracy Preface”, April 1, 2010, p. 4.

胁将金达尔财团涉嫌卷入煤炭丑闻的情况公之于众，Zee News 则反驳金达尔财团试图出资 2.5 亿卢比，条件是停止对相关案件的调查和披露。[①] 对此，有学者早在 20 世纪 70 年代就指出，“工商界不仅通过与决策者的私人关系直接影响决策，还通过控制媒体间接影响决策，后者更加隐蔽和间接。报纸（尤其是其特约记者），通过贬低或抬高一名政客在政府中的作用，能够造就或毁掉其政治前途。他们决定一名政客或部长能够在公众面前展露多少。因此，部长们经常找到特约记者，希望与其搞好关系，以便美化自己在公众中的形象。”[②] 有媒体报道，大财团对舆论的影响如此之大，“以至于其拥有改变政府行业政策的能力，政府监管部门对媒体权力日益集中的状况日益关切”。[③]

另一方面，政治力量进一步涉足媒体。政党/政客对媒体的影响力日益增强，这是新近出现的一种趋势，且在地方邦更为普遍。政党直接或间接地控制媒体，媒体自然会对该政党及其领袖进行包装和推销。有一些电视台直接或间接地以政党/政客的名字命名。在有线电视配送领域，有政党后台的媒体公司更具强势。它们或者抢夺其他有线电视运营商的运行权，或者通过其他方式将竞争对手赶出此项业务，从而确立其在整个地区的垄断地位。[④] 泰米尔纳杜邦的媒体大亨卡拉尼提·马兰（Kalanithi Maran）掌控着阳光电视集团（Sun TV），是印度市值最大的电视集团，拥有很强的政治关系网。马兰现在拥有 20 个电视频道、7 个广播频道，而且人脉广泛；其父亲姆拉索里·马兰（Murasoli Ma-

① “Naveen Jindal Accuses Zee News of Extortion, Channel Hits Back”, *Times of India*, October 25, 2012.

② Stanley Kochanek, *Business and Politics in India*, p. 213.

③ “Media Ownership and Independence”, *Business Standard*, January 18, 2012.

④ Telecom Regulatory Authority of India, *Consultation Paper on Issues Relating to Media Ownership*, February 15, 2013, p. 15.

ran）曾三度出任联邦部长，先后负责城市发展（1989—1990年）、工业（1996—1998年）和工商业（1999—2002年）三个部委，5次当选人民院议员、1次当选联邦院议员；其弟弟曾任辛格政府的通信和信息技术部长（2004年5月—2007年5月）和纺织部部长（2009年6月—2011年7月）；其伯伯卡伦纳尼迪曾五次出任泰米尔纳杜邦的首席部长，应该说有很强的政治资源。泰米尔纳杜邦另外一位媒体大亨杜雷·达亚尼迪·阿拉基利（Durai Dayanidhi Alagiri），计划推出“多系统运营有线网络”。此人是卡拉尼提·马兰的侄子，其父M. K. 阿拉基利（M. K. Alagiri）曾任联邦化工与肥料部长（2009年6月—2013年3月），而其爷爷就是五次出任首席部长的卡伦纳尼迪。①

第三节　扶持智库

智库也称“思想库”，主要功能是提供专业、高质量的思想产品。一是向社会大众传播专业知识，影响民意；二是为政府提供政策思路和建议方案，影响决策。根据智库影响政府决策的途径，国内学者曾将之分为直接影响力和渗透性影响力，称“直接影响力指以直线或线性的方式进入政策决策过程，通过对立法或特定政府决策的直接作用而引起政策决策者行为变化。……渗透性影响力是思想库利用其特有的、发达的关系网络和各种传播渠道，不断与决策者、学术界和广大公众交流知识和政策观点，使其逐渐渗透到决策者所处的环境中，改变后者的知识基础、主流话语、思想意识、价值观念等，从而改变决策者的决策行为”。②

① “The Business of Politics”, *Times of India*, April 10, 2010.

② 孙志茹，张志强：“基于信息流的思想库政策影响力分析框架研究”，《图书情报工作》，2011年10月，第55卷20期，第104—105页。

随着公民社会的发展，智库在政府决策咨询、公众舆论引导等方面的影响日益增大。印度文化重视思辨与争辩，拥有形形色色的大量智库。宾夕法尼亚大学2014年初发布的《2013全球智库报告》称，印度较活跃的智库数量为268家，仅次于美国（1828家）、中国（426家）和英国（287家），位列全球第四。2015年的《2014年全球智库报告》中，印度智库数量修改为192家，在美国（1830）、中国（429家）、英国（287家）和德国（194家）之后，列全球第五。[①] 考虑到很多智库规模较小而未能统计在内，印度实际的智库数量可能更多。

与欧美国家相比，印度财团借助智库在政府决策和公众舆论中的知识引领作用似乎不是很明显，原因之一是财团可以直接进入政府政策咨询委员会。另外，财团希望以自己的名字或品牌给智库命名，但又担心会让人怀疑智库的客观性与公正性。印度财团在有限度地资助本国智库的同时，也与西方智库保持密切联系，这种情况在印度国内引起不少质疑之声。前工商联秘书长、国际经济关系理事会前会长拉吉夫·库马尔（Rajiv Kumar）表示，“印度企业总体上不愿意资助印度智库，品牌价值和研究质量是主要原因”，“具有讽刺意味的是，印度企业对海外智库大手笔援助，对本国智库却资助得很少”。[②] 曾任辛格政府发言人、《经济时报》和《印度时报》副总编、后来任英国国际战略研究所（IISS）地缘经济与战略项目负责人的桑贾亚·巴鲁（Sanjaya Baru）也颇有同感地指出：“印度的富豪们给耶鲁或卡内基提供

---

① James G. McGann, Think Tanks and Civil Societies Program, University of Pennsylvania, 2013 *Global Go To Think Tank Index Report*, January, 2014, p 21; 2014 *Global Go To Think Tank Index Report*, March , 2015, p. 54.

② Avinash Celestine, “Why India’s Think-tank Community Fails in Raising Funds from Indian Entrepreneurs”, *Economic Times*, April 8, 2012. Santosh Tiwari, “Think Tanks Try to Reduce Dependence On Grants”, *Business Standard*, February 9, 2013.

了大量资助，而本国智库却被迫转向外国资助者，因为无论是印度政府或财团，都不愿意给他们足够的资金。印度智库的主要资金来源包括多边金融机构（如世界银行、亚洲开发银行）、私人基金会（如福特基金会、洛克菲勒基金会）和外国政府等。”① 不过，鉴于智库的重要性日益突出，财团还是加大了对智库的投入，一些有财团背景的智库近年发展迅速。

一、设立隶属智库

安巴尼财团资助创立了观察家基金会，总部设在新德里，在钦奈、加尔各答和孟买设有分部。观察家基金会成立于1990年9月，成立不久即向政府提交《印度经济改革议程》（An Agenda for Econo Reforms in India）。近年来，观察家基金会发展迅速，设有“国际关系研究中心”、“安全研究所”、“资源管理研究中心”、“经济与发展研究中心”、“政治与治理研究中心”；研究领域涵盖内政、外交、经济、社会，并就“网络安全”、“气候变化”、“南海争端”、“能源安全”、“金砖国家”、“太空安全”、“非洲问题”等热点进行专题研究；对中国、南亚等周边国家研究也比较重视。在宾夕法尼亚大学《2013年全球智库报告》排行榜中，观察家基金会列全球第114位；在中国、日本、韩国和印度四国智库排名中，名列第11位，而在全球的“国防与国家安全”类智库中，排行第52位，显见其影响力。在《2014年全球智库报告》中，该基金会仍位列全球114位，但在不包括美国的智库排行中列82位，在中国、日本、韩国和印度四国智库排名升至第8位，甚至高于印度老牌智库国防研究分析所。在全球的

① Sanjaya Baru, “Indian Minds, Foreign Funds”, *Business Standard*, August 9, 2010.

“国防与国家安全”类智库中排名滑落至54位，但在印度智库中仅次于国防研究分析所。[①] 2013年，印度政府决定成立联合工作组，研究加强印度的网络安全，安巴尼财团负责国内安全与航空业务的拉尔（Lall）成为工作组成员。[②] 由于观察家基金会已就网络安全问题开展前沿性研究，加上其成员忝列政府工作组，预料基金会将在未来印度网络安全政策方面发挥重要作用。

除观察家基金会外，总部在孟买的“印度门户：全球关系理事会”（Gateway House：Indian Council on Global Relation，下称“全球关系理事会”）也获得财团资助。2009年，马亨德拉、苏司兰能源（Suzlon Energy）、TVS汽车（TVS Motor）等几家财团，联合出资创立全球关系理事会。创始人马亨德拉指出：“随着全球联系日益紧密，地缘政治和地缘经济的变化深刻影响着我们的生活。我们迫切需要研究这些问题，整个社会都需要理解这些变化带来的影响。为了满足这种需求，印度全球关系理事会任重道远。”全球关系理事会希望效仿美国的外交关系理事会（CFR），成为独立的、无党派色彩的外交政策智库，“与印度顶级企业和卓越个人互动，就印度外交政策及其在国际事务中的地位展开讨论”，“让政界、商界和社会领袖关注印度面临的地缘政治变化”，“成为工商业与外交政策两大领域的重要交集”。[③] 该智库成立时间不久，研究领域涵盖地缘政治、地缘经济、外交政策、双边关系、民主和国家构建、国家安全、种族冲突与恐怖主义、科技与创新、能源与环境，且已经发布大量研究报告。基础设施发展融

---

① James G. McGann，Think Tanks and Civil Societies Program，University of Pennsylvania，2014 *Global Go To Think Tank Index Report*，March，2015，p. 63、67、78、89.

② Ullekh NP，“As Govt Gears Up Against Digital Attacks，Mukesh Ambani's RIL Bets Big on Cyber Security Sector”，*Economic Times*，October 13，2013.

③ http：//www. gatewayhouse. in/about-us/.（上网时间：2014年1月2日）

资企业（IDFC）的前首席执行官刘易斯·米兰达（Luis Miranda），也给全球关系理事会提供资助，“以对抗尼赫鲁大学代表的左翼社会主义思潮”。① 在《2014 年全球智库报告》中，该理事会在中国、日本、韩国和印度四国智库排名中列 29 位，并在使用社会网络和因特网的单项排名中列全球 32 名和 38 名。与新德里的智库相比，印度全球关系理事会依托孟买的商业中心地位，与工商界的互动相对较多。

印孚赛斯创始人之一南丹·尼勒卡尼（Nandan Nilekani）及其夫人罗西妮·尼勒卡尼（Rohini Nilekani）斥资 5 亿卢比创立印度人居环境研究所（Indian Institute for Human Settlements），总部设在班加罗尔，主要研究城镇化问题。两人还向同样位于班加罗尔的塔克希拉研究所（Takshashila Institution）提供资金支持，该研究所主要研究战略事务、公共政策和社会治理问题，2007 年 4 月起出版刊物《前进：印度国家利益述评》（Pragati：The Indian National Interest Review）。

除了出资创立不以财团名字冠名的独立智库外，许多财团内部也设有很多研究所。以塔塔财团为例，其内部研究机构很大程度上发挥了智库作用，1986 年成立拉坦·塔塔领衔的战略计划委员会，“让印度政府能够以长远的眼光看待经济发展，能够认识到印度将在某些领域成为全球领袖”。② 目前，塔塔财团下设印度科学研究所、塔塔基础研究所、塔塔社会科学研究所、塔塔纪念中心、塔塔生态技术中心，涵盖社会科学与自然科学，研究成果除服务财团自身外，也对公众舆论乃至政府决策有重要影响。有学者总结认为，“为了让其所掌握的事实为公众所知，利益集团

① Naren Karunakaran, “Indian Philanthropic Money into Think-tanks Silencing Foreign Funding Question”, *Economic Times*, November 4, 2014.

② Sharmila Kantha, Subhajyoti Ray, *Building India with Partnership*: *The Story of CII*, 1895 – 2005, 2006, p. 145.

频繁地致力于研究以发现一些数据，或者试图使人们注意被广为忽视的学术研究或其他一些事情。拥有一个或者更多有强大研究背景的雇员的利益集团，甚至可能进行研究并发布篇幅较长的研究报告”。①

二、拓展智库网络

财团领袖或有财团背景的人士积极参与智库活动，或多或少地对智库研究产生影响。新德里的“国家应用经济学会”是印度最早、最大的经济类研究机构，成立于1956年，研究领域包括经济增长、贸易、投资环境、农业、农村发展、家庭经济、城镇化等，注重以定量研究方法研究发展问题，对印度政府的经济政策有很大影响。在宾夕法尼亚大学的《2014年全球智库报告》排行中，国家应用经济学会在亚洲四国（中国、日本、韩国、印度）中排名第27位（2013年是28位），是印度排名最靠前的经济类智库之一。② 国家应用经济学会的创始人P. S. 罗卡纳坦（P. S. Lokanathan）是著名经济学家，曾任比尔拉财团旗下《东方经济学家》（Eastern Economist）主编，后来成为亚洲与远东经济委员会（ECAFE）的首任执行秘书，与比尔拉财团保持长期密切

① ［美］杰弗里·M·贝瑞、克莱德·威尔科克斯著，王明进译：《利益集团社会》（第5版），2012年版，第185页。

② 《2014年全球智库报告》榜上，排名在国家应用经济学会之前的其他印度智库有：国防研究分析所（第10位）、观察家基金会（第8位）、政策研究中心（第17位,）、公民社会中心（第14位）、德里政策小组（第21位）、能源资源研究所（第24位）、发展选择（第23位）、科技与政策研究中心（第26位），这些机构2013年排名依次是第10位、第8位、第17位、第15位、第22位、第25位、第26位和第27位。

联系。[①] 该机构的其他倡议者还有 J. R. D. 塔塔、N. R. 皮莱（N. R. Pillai，与安巴尼财团关系密切），而在其赞助方中，塔塔财团、商工协赫然在列。2004 年，美国的阿斯彭研究所与印度工联合作，创立阿斯彭印度研究所（Aspen Institute India），总部在新德里，在加尔各答设有分部。后来，阿斯彭印度研究所改名为阿南塔阿斯彭中心（Ananta Aspen Centre，Ananta 系梵语，寓意“无穷”），主要开展五类活动，即：拓展式研讨会，促进对印度的深层理解；政策项目，改善公私部门决策；印度理念，探讨对印度至关重要的社会问题；领导力研讨会；战略对话。该机构的首任董事长是工联的首席顾问塔伦·达斯（Tarun Das），现任董事长是阿万塔集团主席高塔姆·塔帕尔，其他董事还有巴贾吉汽车有限公司负责人拉胡尔·巴贾吉、印度斯坦汽车有限公司董事长 C. K. 比尔拉（C. K. Birla）、计划委员会委员阿伦·麦拉（Arun Maira）和汇丰银行亚太区负责人奈纳·拉尔·基德瓦伊（Naina Lal Kidwai）等。

此外，印度财团还与国际一流智库建立联系。2011 年 11 月，美国卡内基国际和平基金会准备在新德里建立分部，米塔尔财团负责人、基金会董事苏尼尔·米塔尔陪同基金会负责人，拜会了时任总理辛格、财长慕克吉（后出任总统）等。安巴尼财团很多年前就支持布鲁金斯学会。2013 年 1 月 30 日，“布鲁金斯学会—印度分部”在新德里挂牌成立，重点研究经济、外交、能源和基建问题。其成立得到 32 家大企业的鼎力支持，包括穆克什·安巴尼夫妇、塔塔集团、拉胡尔·巴贾杰、K. M. 比尔拉、阿迪·高德雷吉、拉纳·卡普尔等。[②] 实际上，印度财团领袖渴望将印度

---

① Sameer Kochhar, *Policymaking for Indian Planning: Essays on Contemporary Issues in Honour of Montek S. Ahluwalia*, New Delhi: Academic Foundation, 2012, p. 46.

② “Funding for Brookings India”, http://www.brookings.edu/about/centers/india/funding.（上网时间：2015 年 5 月 5 日）

打造成“世界知识中心”，并与世界一流智库保持联系。塔塔、穆克什·安巴尼、阿尼尔·安巴尼、阿南德·马亨德拉、纳拉亚纳·穆尔提等，在过去15年里都给美国大学和智库提供了上千万美元的捐助。[①] 2010年10月，塔塔财团和马亨德拉财团给哈佛大学捐赠6000万美元，其中塔塔财团单独捐赠5000万美元，是哈佛大学接收的最大单笔国际捐款。[②] 2013年11月，拉坦·塔塔当选为美国东西方中心（East West Centre）董事会成员，该智库共有18名董事，5人由国务院任命，5人由夏威夷地方政府任命，5人来自亚太地区，3人是当然成员（夏威夷州州长、夏威夷大学校长、负责教育文化事务的助理国务卿），而塔塔则是亚太地区5名董事之一。[③] 穆克什·安巴尼还出任美国花旗银行和外交关系理事会国际顾问理事会理事、斯坦福大学和麦肯锡咨询公司等机构的国际顾问，还是首位出任美国银行（BAC）董事会董事的非美国人。

第四节　推广社会责任

财团可以通过承担相应企业社会责任，赢得民众认可或好感。所以，企业社会责任有很强的政治意义，“其目的是在鼓励

---

① Rajiv Kumar, “Retrofit: Building Indigenous Indian Think Tanks”, November 29, 2013, http://www.dailymail.co.uk/indiahome/indianews/article-2515766/RETROFIT-Building-indigenous-Indian-think-tanks.html.（上网时间：2013年12月21日）

② Two Indian Business Houses Donate 60 Million Dollars to Harvard University”, October 15, 2010, http://thehimalayanvoice.blogspot.com/2010/10/two-indian-business-houses-donate-60.html.（上网时间：2013年12月21日）

③ “Ratan Tata Elected to Board of US Think Tank”, *Economic Times*, November 19, 2013.

公众接纳公司的活动，提升公司权力的政治合法性”。[①] 印度财团的发展壮大虽然也有“不光彩”的地方，塔塔集团的原始积累就在一定程度上与向中国销售鸦片有关；但总体上看，印度财团并未经历“残暴”的原始积累，在发展壮大后也比较重视企业社会责任。尽管如此，如前所述，受传统文化影响，印度民众对财团拥有较强的负面认知，这在很大程度上制约了财团政治影响力的发挥。20 世纪 90 年代以来，印度经济增长总体良好，民众对财团的态度也较此前更加积极。印度财团重视通过承担企业社会责任，拉近与普通民众的关系，赢得后者好感、甚至让民众认可财团的政策理念，进而对政府施加影响力。

一、推广企业社会责任

目前，印度主要财团都将企业社会责任作为一项重点业务，通过资助教育、医疗、农村发展等慈善活动，来改善自身在民众中的形象。塔塔财团将正直、理解、卓越、团结和责任作为企业核心价值观。1932 年，塔塔财团设立杜拉布吉·塔塔信托（Dorabji Tata Trust），这也是印度历史最悠久的慈善信托。该信托拥有诸多子信托，包括贾姆谢德吉·塔塔信托、R. D. 塔塔信托、塔塔信托、塔塔教育信托、塔塔社会福利信托、印度高等教育塔塔基金会、塔塔女性纪念信托等。这些信托和基金会共向超过 600 家非政府组织和机构提供资金支持，涵盖教育、医疗、科技、农村基建等领域。塔塔财团设立“泰姬公共服务福利信托”（Taj Public Service Welfare Trust），为 2008 年 12 月 26 日孟买恐怖袭击案的受害者提供援助。在印度东部工商业重地、贾坎德邦最大城

① ［美］理查德德·雷恩著，何俊志译：《政府与企业——比较视角下的美国政治经济体制》，2007 年版，第 171 页。

市贾姆谢德普尔城，塔塔集团参与城市的教育、医疗、水务等管理工作，该城市被称为“塔塔城”，也是印度唯一没有市政机构的百万人口大城市。目前，塔塔集团主要由其创始公司塔塔有限公司控股，而后者约2/3的股权归慈善信托所有，塔塔财团用于与发展相关的费用占纯利润的4%。此外，塔塔创办自己的季刊《塔塔评论》（Tata Review），已经出版57年，主要读者群是商界精英、政府高官和民意领袖。该刊物通过刊载高层对一些现实问题的看法，寻求确立塔塔在思想知识领域的领导地位。

比尔拉财团也重视企业社会责任。比尔拉财团已经分化成诸多子公司，但主要都由比尔拉大家族控制。早在20世纪40年代，财团创始人G. D. 比尔拉就强调除谋求利润外，还需要将财富反哺于社会。财团第三代领导人阿迪特亚·比尔拉提出“可持续发展”理念，强调“既授人以鱼，更授人以渔”，主张向弱势群体提供能力培训；第四代领导人库马尔·曼迦拉姆·比尔拉强调经济发展、环保和社会责任的平衡发展。公司设有“阿迪特亚·比尔拉社群倡议与乡村发展中心”，促进公司周边的农村和部落社区发展，涵盖卫生、教育、医疗、基建、可持续发展等。财团还设有阿迪特亚·比尔拉奖学金，向优秀学生提供学习和住宿资助。根据K. M. 比尔拉集团网站提供的数据，公司社会责任项目涵盖医疗、教育、可持续发展、基础设施等，已覆盖全印度超过3000个村庄，每年涉及人数高达700万。每个项目都设立一年和三年的滚动计划，除内部绩效评估机制，还将受到声誉良好的外部机构的审查，对财团社会责任项目的落实情况进行评估。

安巴尼财团的成长之路虽然饱受诟病，被很多人认为是借助“腐败政治”崛起的，在企业社会责任方面也起步较晚，但近年来日益重视回报社会。2010年注册成立信实基金会（Reliance Foundation），现在已经是印度最大的慈善机构之一。慈善活动主要集中五大领域：教育、卫生、农村发展、城市发展、印度文化艺术的推广与保护。财团在全国设有9所学校，能容纳约1.5万人。2010年10月，信实基金会启动BIJ（Bharat India Jodo）项目，向小农户提供援助，帮助缩小城乡差距。财团还设有资助优秀学生的安巴尼励志项目、向工厂周围居民提供医疗服务的社区医疗中心、帮助农村地区改善基础设施的信实农村发展基金会等。信实工业有限公司还与CNN-IBN电视台合作，推出“真英雄”（Real Heroes）栏目，宣传那些在各领域做出杰出成就的普通人，并给予一定奖励；与美国斯坦福大学合作，创立“信实—安巴尼本科奖学金基金会”和“信实印度教育基金会”，向有潜力的学生提供深造所需资助；与印度国家科学院合作，设立“国家科学院—信实工业铂金奖”，向物理、生物科学等学科的应用型技术创新研发者提供奖励。

其他财团也不甘落后。印度最大的发电装备制造商阿万塔集团，强调教育、体育和领导力培育。该集团创设了塔帕尔大学（Thapar University），该学校也是印度最好的20所技校之一，1956年由时任印度总统拉金德拉·普拉萨德主持开幕仪式。集团主席高塔姆·塔帕尔还是全印管理协会（AIMA，印度顶级管理类协会）主席和印度职业高尔夫巡回赛主席。2004年，阿万塔集团设立“工联—阿万塔中小企业竞争力中心”，旨在培育有竞争力的中小企业。埃塞尔集团创立“多媒体跨国学习以实现能力解放和提高”（TALEEM）项目，提供远程公开授课。高德雷吉财团的控股公司Godrej & Boyce将25%的股份转入慈善基金会，用于环境、卫生、教育等领域的投资。金融财团“印度工业贷款与投资有限公司”（ICICI）于2008年设立“ICICI包容式增长基金会”，旨在促进低收入家庭收入的包容式增长。马亨德拉兄弟财团1953年设立马亨德拉教育基金会（K. C. Mahindra Education Trust），迄今已提供超过848万美元的奖学金、贷款、赞助等，2007年设立的“马亨德拉技术基金会”，每年在社会公益类项目上花费约 130 万美元。印度最大的房地产商 DLF 于 2008 年成立“DLF 基金会”（DLF Foundation），作为公司的慈善分支，帮助弱势群体获得更多的教育、医疗机会，迄今已在教育、培训、卫生、环境等领域开展多项工作。米塔尔财团设立专门慈善机构巴拉提基金会（Bharti Foundation）。

二、传播先进治理理念

在实践企业社会责任时，财团除了提供医疗、教育等援助外，还对行业规则、经济发展理念等施加影响。孟买的一些商人、企业家，曾尝试制定一些公平贸易的行为准则，通过“公平贸易行为联合会”的平台，以实现“制定公平贸易行为准则，建立有效的落实机制，赢得公众的信任和善意”的目的。[①] DLF 领导人 K. P. 辛格强调房地产行业的自我监管，推动成立“全国房地产开发理事会”（NAREDCO）。该理事会也是房地产行业的最高自律机构，在政府的住房与城镇扶贫部指导下工作。马亨德拉财团领导人科苏布·马亨德拉是“全国清洁城市联盟”（National Society for Clean Cities）副主席，该联盟旨在推广环保理念，实现城市可持续发展。

塔塔财团设有 25 条“军规”，其中很多条都是规范与政府的关系，包括但不限于：（1）礼品和捐赠。规定塔塔公司及其雇员，无论以直接或间接方式，都不得为了特殊照顾，而接受或提供任何非法支出、报酬、礼品、捐赠或类似利益。公司应该与政府部门合作，消除腐败。（2）政府机构。规定塔塔财团及其雇员除非获得相应法律允许，否则不应将公司资金或财产，捐赠给政府机构或其代表，以获得特殊照顾，无论这种行为是直接还是通

---

① Stanley Kochanek, *Business and Politics in India*, 1974, p. 211.

过中间人；塔塔公司应该尊重政府采购的规定，在与政府机构发生交易时保持透明。（3）政治不结盟。强调塔塔公司应支持宪法和政治制度，不应支持某一政党或政治候选人。公司应避免任何可能被认为与某一政治主体或政客相互依存或相互受惠的行为，也不应将任何公司财产赠送给任何政党、候选人或政治活动等。塔塔财团是否按照行为规范行事，或许有不同看法，但制定行为规范对行业纪律建设会起到促进作用。

需要指出的是，大财团对某些城乡发展的塑造力如此之强，有时甚至超过了地方政府，塔塔财团发源地贾姆谢德普尔城，城市的部分公共管理职能（教育、医疗等）由塔塔财团负责。在班加罗尔，一些财团与主要公民团体组建“班加罗尔议程工作组”，期望将班加罗尔打造成“世界城市”。① 再如，2013 年 5 月 30 日，卡纳塔克邦亚吉县（Yadgir）的县潘查雅特负责人 S. A. 吉拉尼（S. A. Jilani）表示，希望寻求与拉坦·塔塔信托的合作，就该地区的发展制定详细计划，然后提交给邦政府审批；拉坦·塔塔信托则负责搜集关于教育、农业、灌溉、卫生等各领域的详细信息，制定全面的发展报告。②

小 结

在政治市场的运作中，印度财团除了“单刀直入式”地与政治力量打交道外，还注重通过输出信息和理念，“曲线救国式”地影响政府的政策研制理念。印度政府在制定政策时，其决策理

---

① Niraja Gopal Jayal, Pratap Bhanu Mehta, *The Oxford Companion to Politics in India*, 2010, p. 150.

② “Cooperate with Tata Trust in Preparing Report, Officials Told”, *The Hindu*, http://www.thehindu.com/news/national/karnataka/cooperate-with-tata-trust-in-preparing-report-officials-told/article4788404.ece.（上网时间：2013 年 8 月 30 日）

念会受到外界影响，从核心到外围依次是政策咨询委员会、媒体和智库、公众认知。核心层的政策咨询委员会中，财团对政府和议会的咨询委员会都有介入，不少财团是咨询委员会的座上宾；中间层的媒体与智库方面，财团凭借其强大实力影响乃至主导部分媒体和智库，制造舆论氛围，营造话语优势；外围的公众认知方面，财团通过践行企业社会责任，突出自己在促进经济发展与政府良治方面的优势，提高民众对财团行为的认可度，进而间接地对政府施加影响力。通过前文论述，本章可以得出如下结论：

首先，印度财团深度影响政策研制理念。咨询委员会方面，印度政府设立咨询委员会的目的，就是为了更多地听取某领域权威人士的意见建议。在经济规划中，财团领袖往往凭借其能力、魅力和阅历，成为政府咨询委员会的座上宾。理论上讲，财团领袖的政策咨询应该着眼于国家经济发展全局，但实践中很难不谋求自我私利，而参与委员会本身为财团提供了探悉决策内幕、塑造政策思路的机会，财团也据此拥有“委员权力”。至于无冕之王媒体，财团通过控制媒体舆论，一方面有效阐述对政策议题的看法，起到舆论塑造和话语主导的作用，另一方面也可以借此与政治人物进行博弈，对亲财团的政治人物给予更多正面报道、对与财团不睦的人士则抹黑打击。在此过程中，财团在很大程度上获取了“舆论权力”。

智库在现代社会的作用日益增强，印度政府下属的研究机构有自身局限，故而必须寻求社会层面的基金会、智库等提供决策参考。印度财团通过扶持智库发展，获得了不必直接参加政府就能发挥作用的“专家权力”。“企业社会责任”或许离政策研制网络最远，但印度是民主国家，政治领导人高度关切公众舆论，公众舆论往往能影响乃至左右政府决策。印度财团的社会责任项目，或许不能立竿见影地改变公众认知，但正逐步积累民意，为财团的生产经营活动获得更多的民意基础，在关键时候甚至能影响政府决策，此为“民意权力”。

其次，媒体较智库有更强的时效性和冲击力，故而也更为印度财团所倚重。媒体与智库都是印度财团施加政治影响力的重要途径，但财团对两者的重视程度有所区别。媒体的受众更多、时效更强、涉及领域更广，印度财团非常注重利用媒体来施加影响力，媒体也因此成为财团与政治力量沟通的最重要渠道之一。现在，印度越来越多的企业进入媒体领域，大财团能够利用媒体产生倾向性观点以影响决策，进而促进自身的既得利益。印度通信管理署报告称，“一些机构和集团广泛参与各种类型的媒体，催生了媒体巨头……曾经有一些例子，电视新闻频道和日报偏离客观中立，与大财团和政治家同流合污，宣传有利于财团的政策立场”，“企业家或财团控制的媒体，有实力发表带有偏见的分析或预测，来促进其商业利益或者损害对手的利益。这种行为可能恶化企业投资环境，损及经济增长。”[①] 至于智库，其关键作用是对特定议题进行研究，并提出希望能够影响政府决策的政策建议。不过，由于智库报告的内容更为专业、时效更加长久、受众相对较少，因此在很长时间里没有得到财团的重视，印度财团对西方智库比对本土智库更加重视。当然，这种状况正在逐渐发生改变，随着政府对决策咨询的需求增大，全球化对公民社会认知水平的冲击，智库的重要性有望提高。

第三，民意是财团政治影响力的基础，民意舆论的正面化有助于财团影响力的可持续增强。在印度政治市场里，财团与政治力量的一大供需矛盾，就是财团谋求经济利益最大化，政治力量寻求赢得和巩固政权，两者在实现各自目标的过程中有合作也有矛盾。当两者利益出现冲突时，政治力量往往为了迎合民意而压

① Telecom Regulatory Authority of India, *Consultation Paper on Issues Relating to Media Ownership*, February 15, 2013, pp. 15 – 17.

制财团。但很多情况下，政治力量需要财团的资金支持去赢得民意。现在，财团非常重视企业社会责任，一方面可以通过此种“民众游说”实现自身利益，因为“有时候，利益集团试图扩大冲突的范围，使更多的民众参与其中，以改变公共舆论的内涵和该议题对更广泛民众的重要性。”① 另一方面更重要的是，财团通过企业社会责任逐渐累积民众好感与认可，试图从根本上扭转民众对财团的负面认知，进而为财团施加长远政治影响力提供基础。

① ［美］杰弗里·M·贝瑞、克莱德·威尔科克斯著，王明进译：《利益集团社会》（第5版），2012年版，第175页。

第六章

构筑利益聚合体

印度工商协会是其民族资产阶级发展的产物。圣雄甘地在20世纪初期倡导的支持国货、抵制英国货的“自给自足运动”(Swadeshi Movement，1905—1911)，一定程度上也促进了工商协会的建立，如1905年成立的“马尔瓦里商会”、1907年成立的“印度商人联盟”、1909年成立的“南印度商会”等。目前，印度主要的工商协会有印度工业商业联合会（工商联）、印度工业联合会（工联）和印度商业与工业协会（商工协）。商工协成立于1920年，是印度最早的全国性工商业协会，成立之初主要由外国资本控制，独立后发展相对缓慢。工商联成立于1927年，与商工协相反，其诞生源自本土民族资本的崛起，也因此与民族独立运动关系密切，长期被比尔拉家族代表的东部财团把控，并因此不被塔塔家族为首的西部财团所接受，直到20世纪80年代以后才更加多元化，对印度政府的影响力很大。工联是后起之秀，由“工程与钢铁贸易协会”（EITA，1895年成立）演变而来，正式以工联身份亮相是1992年，但凭借其突出的专业性和外联能力，已经崛起为与工商联媲美的工商协会。

财团除了“单打独斗”外，日益重视“联合自强”，借助工商协会的外壳，将自身利益融入工商界整体利益，进而在与政府、民众打交道时能获得更大道德支持。工商界重视联合的主要原因有：一是印度经济改革催生更多工商行为体，中小企业主缺乏合适渠道与政府打交道，需要借助工商协会的“大树”，以便更有效地向政府表达利益诉求；二是财团希望形成机制化的平台，而非仅仅依靠私人关系发挥政治影响力。20 世纪 70—80 年代的政局动荡，使财团蒙受了巨大损失，特别是如果完全押宝于某个政党，则很容易成为该党政治斗争失败的陪葬品。建立机制化的平台，有助于降低单打独斗可能带来的风险，包括被公众指责贪婪与自私、被政治对手打压等。三是政府管理事务日益繁多且专业化，对及时、专业的信息与分析成品需求增大。财团难以凭借单独力量，对各行各业、各地各部门都提供及时、专业、可靠的分析产品，而必须整合各方力量，以团队的形式与政府打交道。总之，与单个财团相比，工商协会成员多、力量强、渠道广，对政府施加影响力的政治包袱更少，因此成为财团发挥政治影响力的重要平台。当然，随着工商协会的发展壮大，财团在其中的主导力有所稀释，但大财团在工商协会的领导力依然很强，中小企业也寄希望于大财团带领其与政府打交道，彼此联合构筑利益聚合体。

第一节　工业和商业联合会

工商联成立于 1927 年，是印度首个跨区域、跨种姓的全国性工商协会，由加尔各答印度商会和孟买商会合并而成。塔塔财团在 20 世纪 30 年代曾短暂加入，1939 年国大党与英殖民政府关系恶化后退出。塔塔财团在 20 世纪 50 年代初重新加入，60 年代因抗议工商联对处理达尔米亚财团漏税丑闻态度暧昧，与马法特拉尔财团一起退出。这使得比尔拉代表的马尔瓦里商人在工商联长期占居主导地位。当时，由于孟买的主要实业家没有参加工商联，而孟买的贸易商也在工商联内部斗争中落败，使得加尔各答工商业者在工商联内部的地位提高。20 世纪 50 年代，比尔拉财团领导的少量马尔瓦里财团，通过将资金赞助份额转化成组织控制力，加强了对工商联的主导，此状况直到20世纪70年代都没有受到挑战。[①] B. M. 比尔拉曾如此形容工商联，“某种意义上，工商联组织得如此之好，堪称仅次于国大党的第二大党”。[②] 工商联最初确定的入会资格是企业协会，但这难以筹足[③]工商联运作所需资金；后来就逐渐放宽入会资格，允许企业个体参加，企业个体逐渐成为工商联主要的资金来源。不过，由于大财团下属很多企业，这些企业均以个体身份参加工商联，其结果必然增加财团的权重。1966年，比尔拉财团的74家企业参加工商联，所捐款项占工商联总额的24%，而其他任何一个财团的表决权最多不超过3%。因此，比尔拉财团对工商联事务的影响力是其他财团无法比拟的，在执行委员会中经常保留两个重要职位。20世纪80年代以后，由于工商协会间竞争加剧、中小企业寻求更大话语权、塔塔为首的西部财团长期缺失影响代表性，以及高科技革命带来的冲击，工商联认识到传统模式已经无法适应形势，遂对自身进行改革，吸引更多高科技企业和中小企业进入。目前，工商联的成员来源更加广泛、关注领域更加多元，设有70余个行业的专家委员会或工作组，与国内外300多家商会建有联系，拥有企业会员近25万家，加上其“百年老店”的影响力，堪称印度最有实力的工商协会，政治影响力不容低估。

① Stanley A. Kochanek, *Business and Politics in India*, 1974, p. 170.

② FICCI, *Proceedings of the Twenty-Ninth Annual Meeting*, 1956, Delhi: FICCI, p. 185.

③ 孙培钧、华碧云、张敏秋、高鲲：《印度垄断财团》，1984年版，第126页。

一、深度介入政局

工商联不时对政局“指手画脚”，与印度政治有着剪不断、理还乱的关系。其成立本身就是圣雄甘地推动的结果。1927 年，在圣雄甘地的建议下，G. D. 比尔拉、P. D. 塔库尔达斯（Purushottam Das Thakurdas）和法齐吉·考瓦斯吉（Fakirji Cowasji）主导成立工商联，以便为本土企业家提供平台，更好地支持独立运动。大财团们深信，如果没有国家政治上的自由，印度企业也将无法茁壮成长。因此，成立后的前二十年（1927—1947 年）时间里，工商联对经济问题的立场，基本上与国大党保持一致；反过来，国大党也支持工商联的利益诉求，反对英殖民者挤压本土资本主义。从 1928 年“宪法改革皇家委员会”的成立，到英内阁代表团赴印调研及蒙巴顿方案的出台，工商联都支持国大党在制宪问题上的看法。工商联的主要成员都参加政治运动。G. D. 比尔拉是典型的兼具政治、经济双重角色的大财团代表，他在工商联 1932 年年会上表示，“虽然工商联是一个商业团体而非政治机构，但不应幻想它远离政治。”[①] 不过，每当国大党发起“直接行动”时，工商联就会担心引发英殖民者反弹而使自身经济利益受损，就倾向于选择退却和妥协。独立后，工商联也一直在印度政治生活中扮演重要角色，特别是在比尔拉财团辉煌的时期，工商联是国大党最可靠的资金来源。当然，工商联与国大党过分密切的关系，引起反对党和塔塔为首的西部财团的不满，塔塔财团仅短暂加入工商联。20 世纪 70 年代后，印度政治生态出现剧烈变化，政治力量的多元化也传导至经济领域，比尔拉为首的东部财

① H. Venkatasubbiah, *Enterprise and Economic Change: 50 Years of FICCI*, 1977, pp. 2－3.

团在工商联中的主导地位逐渐被削弱。

目前，任何特定的财团都已经无法主导工商联事务，工商联也不再仅与某个政党保持联系，但其对政治事务的关注热情和影响力依然不减。2010 年，印度 2G 电信丑闻持续发酵，时任电信部长 A. 拉贾被迫辞职（后入狱），塔塔、安巴尼、埃塞尔等财团被爆卷入腐败丑闻，引起印度国内一片哗然。工商联在 2010 年 12 月 14 日通过决议，称“工商联怀着深厚的民族感情，当看到少数害群之马的贪腐行为、使印度国家形象蒙受损害的时候，工商联就感到忧心忡忡。为了维护印度的形象，珍惜印度发展成就，工商联呼吁建立透明、负责和正直的管理体制。我们敦促制定相关法规，防止寻租行为。工商联相信，任何参与腐败行径的个人，无论其是受贿者还是行贿者，都应该从速、从重予以判刑”。[①] 工商联想借此尽快地将自己与“少数害群之马”划清界限。2011 年初，印度政府进行内阁改组，工商联表示欢迎，称这表明政府致力于推进经济改革，“希望重组后的内阁能够将工作重点聚焦于经济增长”。[②] 2011 年，印度爆发反腐大示威，反腐斗士安纳·哈扎尔（Annan Hazari）呼吁颁布《公民监督法》，设立独立的巡视官（Ombudsman），专职调查官员腐败。此倡议遭到主要政党的杯葛，工商联却迎合民意打出“反腐牌”，其全国执委会 2011 年 12 月在加尔各答召开会议，通过决议支持安纳·哈扎尔，指出“腐败泛滥已经侵蚀印度形象，卷入腐败交易的任何一方，都应该迅速而严厉地受到惩罚”，且认为《公民监督法》的机制也应该推广到各地方邦，各邦政府设立邦一级的反腐巡视官，有独立的符合规定的选拔机制、对公众负责、资金自主筹

① http：//www. ficci. com/industry-watch. asp？ rid = 20146.（上网时间：2013 年 12 月 15 日）

② FICCI，“Cabinet Reshuffle”，http：//www. ficci. com/industry-watch. asp？ rid =20109.（上网时间：2011 年 6 月 15 日）

集。①

近年来有关工商联影响印度政局的最典型案例是西孟加拉邦2011年地方选举。虽然没有公开的明确证据，但从选后政治利益的分配来看，工商联是此次选举的受益者。历史上，西孟加拉邦的左翼政治势力较强，1977年以来由印共（马）长期执政。不过，印共（马）长期执政导致其纪律涣散、基层腐败，加上大财团不满其经济政策而对西孟加拉邦投资热情不高，当地经济发展滞缓，使得民众思变心切。2011年邦选举，印共（马）惨败给草根国大党。选举结果公布不久，工商联即发表声明称，“工商联强烈欢迎西孟加拉邦历史性的选举结果，庆祝草根国大党（TC）取得胜利。工商联希望，为了西孟加拉邦人民的福祉，印共（马）作为新的反对党，能够接受人民的裁决，与新政府开展建设性合作。工商联相信，新政府的成立将使西孟加拉邦迎来快速、包容的经济发展。西孟加拉邦曾是印度工业发展最好的邦之一，占全国制造业产值的比重非常高。不幸的是，在过去几十年里，西孟加拉邦丧失了其在工业领域的原有优势。工商联期待与新政府合作，吸引投资、促进发展。工商联相信，得益于其丰富的人力资源和独特的地缘优势，西孟加拉邦有望成为印度的工商业中心之一，成为印度迈向东亚的桥头堡。”②工商联还提交了印度产业振兴的蓝图，在加尔各答举行执委会会议，与邦政府合作推进发展项目。按理说，印度有大大小小几十个邦，西孟加拉邦的选举无非是一个地方邦选举，工商联没必要给予特别关注。但事实上，工商联对该邦大选的关注度很高，其时任秘书长阿米特

① FICCI,“FICCI Supports Creation of Jan Lokpal (Ombudsman)”, http://www.ficci.com/industry-watch.asp? rid =20127.（上网时间：2011年12月15日）

② FICCI, “Statement by FICCI on West Bengal Assembly Election Results”, http://www.ficci.com/industry-watch.asp? rid = 20132.（上网时间：2011年10月8日）

·米特拉还受邀出任西孟加拉邦的新一任财政部长，足见工商联深深介入了此次选举。

二、建立密切私交

1. 邀请总理等领导人参加年会

工商联将年会作为其向政府表达敬意和诉求的重要机会和平台。在年会期间，或者邀请政治领导人发表演讲、阐述政策，或者通过决议、宣传主张，或者发表政策备忘录、表达关切。政治领导人为了更好地了解工商界的想法，也乐于参加工商联年会，并精心准备发言稿。早在1931年，时任工商联主席斯里·拉姆(Shri Ram)邀请甘地参加年会时说："今后国大党在制定经济政策前，最好让我们提出自己的建议，如有必要也可同我们的会员一起商量。"[①] 国大党一党独大时期，政治领导人是否出席年会，甚至成为人们判断工商联与政府关系的风向标。有一种观点是，总理需要听取工商联的真实看法，这如同工商联需要直接听取总理意见一样重要。在当时强势总理的体制下，如果仅仅说服内阁部长而没有说服总理，那将是徒劳的。如果总理出于某种原因(即使是完全可以理解的理由)无法参加年会，工商联会认为是政府与工商界的关系出现倒退，工商联主席将视之为其重大失责，故而会"恳求"总理与会。1964年，尼赫鲁因健康原因无法出席年会，有些财团领袖甚至建议总理纵使一言不发、只要参加年会即可。"独立初期的印度，尼赫鲁总理不仅是政府领导人，而且还被民众普遍接受为是国家领导人。总理态度对民众产生的影响，远比其他国家大。加上民众历来对大财团持怀疑态度，故

---

① R·K·拉伊：《印度的工业化》，新德里，1979年，第321页，转引自：孙培钧、华碧云、张敏秋、高鲲：《印度垄断财团》，1984年版，第189页。

而工商联急切地需要邀请总理参加年会，以便为自己赢得声誉。”[①] 总理参加工商联年会的惯例延续至今。2013 年 12 月 20—21 日举行的工商联第 86 届年会上，时任总理辛格和国大党副主席拉胡尔·甘地联袂出席，拉胡尔发表主旨演讲，对财团在印度经济发展中的作用高度肯定，称“许多企业领袖曾拨冗与我会晤，表达他们对政府政策的看法”，“国大党与工商联共同见证国家的发展，工商联对全球经济环境有很好的判断，认真聆听你们的声音是非常必要的”。[②] 在这届年会上，来自比尔拉家族的斯达特·比尔拉（Sidharth Birla）当选为工商联主席。

2. 与行政部门保持密切联系

行政部门的决定与工商界直接相关，故而，工商联重视与各部长和行政部门保持日常联系，经常与部长和重要官员举行正式或非正式的讨论，以更好地了解并影响政府决策。为此，工商联经常组织研讨会，邀请相关部委负责人参加；或者经常派代表以专家的身份，参与政府各类委员会咨询，阐述工商联对相关经济和立法议题的看法及考虑。例如，2012 年出任工商联主席的 R. V. 卡诺利亚（R. V. Kanoria）曾作为印度政府官方代表团成员，参加在西雅图和香港召开的 WTO 部长级会议。2011 年 5 月出任工商联领导人的拉吉夫·库马尔是著名经济学家，1989—1995 年曾在政府部门工作，2006—2008 年是印度国家安全顾问委员会委员，曾任与工商部关系密切的印度国际经济关系理事会负责人，还是印度国家银行（SBI）中央董事会的非执行董事、财

① H. Venkatasubbiah, *Enterprise and Economic Change*: 50 *Years of FICCI*, 1977, pp. 132 - 133.

② “Valedictory Address by Mr Rahul Gandhi, Vice President, Indian National Congress & Member of Parliament”, 86th Annual General Meeting, December 21, 2013, http://ficci.com/events/21757/ISP/speech-ficci-agm-rahul_gandhi.pdf.（上网时间：2013 年 12 月 25 日）

政部咨询团成员、工联与商务部合办的印度品牌公正基金会（IBEF）委员，非常熟悉政府决策运作。

3. 跟议员搞好关系

美国学者科钦纳克披露，工商联设有专门的议会处（parliamentary wing），负责对议员进行有组织地游说。该机构旨在通过日常联系，与友好的议员建立和维系信任关系，并使持潜在敌视态度的议员采取中立态度。其主要功能是建立联系而非游说，为工商界打听消息，并将工商界的信息传递给议员。工商联向相关议员提供有关立法、政策和预算的背景介绍和简报。工商联不仅提供参考信息，甚至还为议员们准备好辩论时可能涉及问题的资料。[①] 虽然笔者尚未能在公开材料中找到“议会处”的具体信息，但可以确定的是，工商联设有“议员论坛”平台，并藉此组织过印度与美国、欧盟、德国、巴基斯坦、孟加拉国、尼泊尔、阿富汗、斯里兰卡等国的“议员对话”活动。这可间接证明工商联与议员之间有密切关系。此外，议会开会期间，工商联每天跟踪讨论议程，就某个具体议题及时向议员们提供信息，供后者在讨论立法措施、动议和决议时使用；工商联成员经常与议员举行讨论，澄清在相关议题上的看法，一旦与工业、经贸相关的法案提交到议会，工商联就会将这些法案在主要的成员间传阅，并向相关部门和公务员提交其对某些立法预案的看法；工商联还与外国驻印使团和印度驻外经商处保持紧密联系，印度派驻海外的贸易代表也通常会在履职前与工商联商讨工作。[②]

4. 与政府设立联合调研工作组

工商联设立许多由政府官员或议员牵头的项目工作组，如应

---

① Stanley A. Kochanek, *Business and Politics in India*, 1974, pp. 258 – 259.

② M. R. Dhekney, *Chambers of Commerce and Business Associations in India*, Bombay: Popular Prakashan, 1971, pp. 81 – 82.

对河流问题工作组负责人是议员苏雷什·普拉布（Suresh Prabhu），气候变化工作组由环境森林部前秘书、工商联荣誉顾问普罗迪普陀·古什（Prodipto Ghosh）牵头，前工商联主席、议员拉吉夫·昌德拉什卡（Rajeev Chandrasekhar）则领衔国家安全与恐怖主义工作组。工商联利用工作组将自己与政府捆绑在一起，以便第一时间获悉和影响政府对特定领域的决策。工商联的地方分部寻求扮演各邦发展倡议的智囊中枢，包括推动地方邦的改革进程、推介地方邦的优势领域以吸引投资等。

三、发表政策建议

工商联拥有庞大的数据来源，其图书馆“截止 1971 年就拥有超过 2 万本藏书，大约 840 本期刊，以及大量的报纸”，为成员提供图书馆服务；[①] 设有“商业网”（BISNET），通过网络渠道提供大量商业信息。早在 1962 年，工商联就设立“经济和科学研究基金会”，研究议题不仅涉及短期经济议题，且涵盖关系国家命运的长远议题。有学者曾指出，“工商联有雄厚的资金实力进行专业研究，而不需要依靠自愿者提供服务。与之相对，左派没有能力从事深度的经济议题分析，缺乏足够的资源对经济问题进行专业研究。显然，专业的经济研究也是需要购买的商品”。[②] 目前，工商联设立了从事经济议题研究与分析的“经济事务与研究小组”，以期实现三大目的：对经济、公共政策、商业管理等领域进行应用性研究；通过磋商机制，影响中央和地方政府的政策制定；确保印度工商界在发展问题上凝聚共识。该小组进行的主

---

① M. R. Dhekney, *Chambers of Commerce and Business Associations in India*, Bombay: Popular Prakashan, 1971, p. 84.

② “FICCI on Draft Plan”, *Economic and Political Weekly*, Vol. 1, No. 13, 1966, p. 521.

要工作有：信息服务，建立有关印度经济、产业、贸易的数据库，并定期更新；研究分析，除进行宏观经济、公共政策的研究外，就具体问题进行研究，完成大量详尽和备受赞誉的研究报告；向政府提供政策咨询，就政府的工业、贸易和投资政策提供咨询；开展联合研究项目，如与德国的阿登纳基金会合作，开展“印度地方邦改革——增强投资”的研究项目。[①] 该小组是工商联的核心研究小组，许多研究成果被印度政府采纳，一些出版物甚至成为政府决策的重要参考依据。例如：工商联发布的《商业信心调查》，是政府评估工商界商业信心的参考依据；发布的《外国直接投资调查》，研究外国直接投资者在印度的投资行为和未来计划，研究成果被印度政府乃至联合国贸易和发展会议等引用；定期发布《出口调查》，对分析印度出口贸易情况也具有重要参考价值；曾向中印联合研究小组、印韩联合研究小组、印日联合研究小组、印欧高级别贸易小组等提供政策咨询，为印度与其他国家的经贸合作提供智力支持。

工商联还设有“世贸、自贸和外贸小组”，主要从事国际贸易和贸易政策领域的研究。该小组积极协助政府在世贸组织和自贸区谈判中，制定有效的战略策略；帮助印度工商界更好处理贸易相关问题；及时发布信息，提高成员在贸易政策制定中的地位和参与度；定期与印度外贸总署交流贸易形势并提交研究报告，以促进贸易政策的必要改变，简化进出口程序，完善出口提振计划，其中的大多数政策建议都被政府采用；经常为产业代表和政府官员举办有关世贸组织谈判的培训，与职能部委、地方政府、智库等密切合作，发表大量研究和调查报告。[②] 凭借其强大专业

① “Economic Affairs & Research”, http://www.ficci.com/sector-details.asp?secid=75.（上网时间：2013 年 12 月 25 日）

② “WTO, FTA & Foreign Trade”, http://www.ficci.com/sector-details.asp?secid=72.（上网时间：2013 年 12 月 25 日）

实力，工商联成为若干自由贸易区谈判工作组的成员，并积极参与世贸组织的部长级会议，其立场在政府的多边和双边谈判过程中得到体现。针对近年来中印围绕自贸区建设的谈判，印度工商界也一直对区域贸易安排发表看法。早在2005年，工商联就发表研究报告，认为中印目前在经济发展和改革方面处于不同水平，印度受制于一系列不利因素，如缺乏灵活性的劳动力市场、高额的税收、薄弱而低效的基础设施、昂贵的能源及交易成本、过高的利率等，并建议在做好充分准备之前，“不宜对华开放市场”。[①] 2009年，印度政府出台新外贸政策，时任工商联主席哈什·帕蒂·辛哈尼亚（Harsh Pati Singhania）表示，“政府有关扩大出口市场、推进技术更新、简化出口程序的若干倡议，有助于出口商维护市场份额，抑制出口下滑的趋势”，“工商联对其提出的若干政策诉求被政府采纳而感到满意。”[②]

工商联的研究优势很大程度上影响了政府政策，2012年6月（先于辛格总理启动经济改革3个月），工商联发表《促进经济增长12条行动纲领》，内容包括：政府应认识到印度是不成熟的福利国家，立即宣布减少非生产性的补贴；加快落实商品及服务税；执行宽松的货币政策；不要通过当前范本的土地收购法；推进无需议会审批的相关行业的外国直接投资政策改革，如多品牌零售、民航等；放松柴油和其他石油产品的价格管制；推动煤炭行业的竞争；加强基础设施领域融资；通过增产和农业营销改革，推进粮食安全；加快重大政策和项目的落实，如落实《全国

① 胡仕胜：“试论中国—南盟经贸合作制约因素及经济一体化之道”，《东南亚南亚研究》，2010年第1期，第34—35页。

② “New Trade Policy to Boost Exporters’ Confidence”，http：//www. ficci. com/industry-watch. asp？rid = 20023.（上网时间：2013年12月25日）

制造业政策》、《全国电子政策》等；解决好“黑钱”回国的问题。[①] 2012年7月，工商联再次发表声明，称“衷心欢迎辛格总理重振印度经济的决心，包括减少项目审批的程序和时间”，并“希望总理推动改革措施的意愿能早日转化成具体行动”。[②] 2012年9月，印度政府启动经济改革，工商联所提改革倡议的半数以上都被采用。工商联对此表示欢迎，并呼吁其他政党搁置分歧、共同支持政府的改革举措。[③]

四、搭建社会平台

工商联善于利用各种平台公开发声，提高对公共议题的引导力和塑造力。

1. 举办营销、研讨会等活动

工商联经常举办展销会或向外国派遣工贸代表团，促进印度的出口，并经常派代表参加国际会议。工商联还通过各种途径，帮助下属的商贸组织在各自领域茁壮成长。工商联主要讨论各类全国性问题，而其成员则关注地方性议题。工商联经常举办各类会议和研讨会，作为不同利益集团阐述看法、提供政策意见的平台，并将达成的共识提交给政府。

2. 借助非政府组织施加影响

迪旺昌德全国事务研究所（Diwan Chand Institute of National

---

① FICCI, “FICCI’s Twelve Point Action Agenda for Stimulating Indian Economy’s Growth”, http://www.ficci.com/SEdocument/20193/FICCIs12-Point-Agenda-for-Economy.pdf, June 2012.（上网时间：2012年9月25日）。

② “FICCI Presidents Hails PM’s Resolve to Revive Economy”, July 6, 2012, http://www.ficci.com/SEdocument/20196/ficci-press-jul6-president.pdf.（上网时间：2012年9月25日）。

③ “FICCI Lauds Recent Economic Policy Decisions of Government”, *Economic Times*, September 19, 2012.

Affairs）是一个非政府组织，其资金部分来自工商联。该机构就重大议题举行公共讨论，邀请政府、议会和新闻媒介的人士参加，以引起议员对一些问题的重视。1968 年，该机构就“禁止公司向政党捐款”问题举行讨论，15 名资深议员、商联主席和 6 名工商联成员等参加。此次讨论被广泛报道，讨论内容也被传阅给其他议员。[①] 塔塔茶叶（Tata Tea）和贾纳格拉哈公民民主中心（Janaagraha）联合启动的“喝塔塔茶，维护你的权利”运动（Jaago Re! One Billion Votes），初衷是提高年轻人的选举参与度，但后来扩展到民主、反腐等社会议题，贾纳格拉哈公民民主中心后来还发起“我行贿了”（I Paid A Bribe）运动，通过网上征集反腐信息，提高了印度民众的反腐热情。

3. 与其他工商机构建立联系，形成强大的经济关系网

工商联拥有很多“结盟组织”，包括：全印船务理事会（AISC）、印度食品贸易和产业协会（CIFTI）、知识产品发展研究所（FIIPD）、研究与分析中心等，借此构建涉及主要行业的强大关系网络。

4. 主动点评时事，左右公众舆论

工商联网站设有“工商联评论”一栏，不时发表对政府政策的评议，进而引起公众对某些问题的关注，同时向政府公开表达工商联的看法。2011 年 3 月 30 日，工商联发表题为《促进印度的下一轮电信增长》的报告，对发展电信行业提出七点建议，以克服当前困难、促进持久增长。时任政府通信与信息技术部电信司秘书昌德拉什卡（Chandrashekhar）参加报告的发布会。[②]

---

① Stanley A. Kochanek, *Business and Politics in India*, 1974, p. 260.

② “Seven-Point Package to Unleash Next Wave of Telecom Growth”, http://www.ficci.com/industry-watch.asp? rid = 20125.（上网时间：2014 年 1 月 3 日）

第二节 印度工业联合会

工联由1895年底成立的“工程与钢铁贸易协会”演变而来，曾用名是“印度工程协会”（1942年）、“印度工程工业协会”（1974年）和“工程行业联合会”（1986年）。现有成员包括超过7900家商业协会，以及全国240家行业协会的20余万家企业。其宗旨是：通过与政府就政策问题密切合作，提高产业效率、竞争力和发展机会；促进包容式发展，包括卫生、教育、多样性、技能培训、水务等。许多大财团都是工联成员，并在工联中占据重要位置。工联最重要的三个职位是主席、指定主席和副主席，重要决策由“历任主席理事会”作出。目前，三个职位均被有财团背景的人士占据，主席B. 穆图拉曼（B. Muthuraman）1966年加入塔塔钢铁，2000年出任公司执行董事长，2009年成为塔塔国际有限公司（Tata International Ltd）董事长；现任指定主席阿迪·高德雷吉是高德雷吉财团负责人，2010年获得亚太年度企业家奖；副主席S. 高帕拉克里什纳（S. Gopalakrishnan）是印孚赛斯首席执行官兼董事长，2011年获得印度排名第三的公民荣誉奖章莲花装勋章（Padma Bhushan）。根据工联官方网站介绍，工联可以为成员提供如下服务：政策支持；竞争力培训；帮助建立国际网络和走向世界；提高商业管理能力；通过工联的企业社会责任项目，帮助成员回馈社会。工联发挥政治影响力的途径也很多。

一、提供政府决策建议

1. 发布政策研究报告

工联经常发布各种政策分析报告，最重要的是每年向中央政府提交的预算前备忘录。政府出台年度预算前夕，工联都会征求上百家下属行业协会的意见，并与财政部高官会晤，阐述行业协会的意见和建议；政府对此非常重视。此外，工联公开发表“中央预算分析”和“中央预算关键政策问题分析”，对政府预算进行剖析并提出自己的看法。工联每月出版的《通讯》，登载全国各地重要商业活动的信息；设有多媒体信息咨询服务，建有专业的图书馆，供会员查阅相关资讯。工联还非常重视对特定领域的专业分析。以急切希望进入的国防工业为例，工联下设“国防工作组”，定期发表行业评估报告，帮助工商界了解国防领域的最新发展、国防部的产品需求等；曾发布《印度国防采购机遇指南》，并举办国防采购方面的课程，邀请国防部官员授课，以笼络感情，并为下一步竞标打好基础。2010 年 11 月，工联发表《打造印度海军本土研制能力》，引导有关成员企业努力抓住近年来印度“蓝水海军”建设日益重视本土研制能力的机遇。

2. 直接提出对具体问题的政策建议

工联内部设有“工联积分卡”，记录了工联提出的被政府采纳的政策建议。在《进口政策：AIEI 的政策建议和政府决策（1983—1984 年）》中，列举了 AIEI（工联前身）当年提出的 28 项被政府采纳的政策建议。[①] 1991 年经济改革的很多内容，也与工联此前提出的政策建议有很强相关性。当时，工联曾先于经济改革而系统、持续性地向政府提出经济改革相关方案，1991 年 4 月的年会更是以“自由经济的挑战”作为主题，“比印度经济真正变成‘自由’早了三个月……工联对印度政府最终推动经济改革起到了重要的促进作用，即使在世界范围内，这也是工商协会

① John Degnbol-Martinussen, *Policies, Institutions and Industrial Development: Coping with Liberalisation and International Competition in India*, New Delhi: SAGE *Publications Pvt. Ltd*, 2001, p. 72.

影响政府决策的杰出典范。”[①] 2000 年以来，工联持续推动放开零售业的改革，曾与麦肯锡咨询公司发表联合报告，认为印度零售业市场拥有超过 5000 亿美元的潜力。在有关零售业的首届首席执行官政策论坛上，工联建议应该允许 100% 的外国直接投资。[②] 工联的努力最终转化成政策效果，在 2012 年辛格政府启动的新一轮经济改革中，向外资开放零售业是最重要内容之一。

3. 推广企业社会责任，改善公众对工商界的印象

正如工联的职能介绍，其很重要的一项任务是帮助成员更好地履行企业社会责任。虽然绝大多数企业社会责任项目都由具体企业完成，工联仍通过一些公开倡议，起到对社会责任的倡导和引领作用。2001 年，工联设立“企业社会责任与社区发展全国委员会”，制定企业社会责任纲领，促进企业社会责任的经验分享。2006 年，工联响应时任总理辛格“印度工商界应该为落后部族和种姓创造就业机会”的号召，启动“服务落后部族和种姓行动计划”，向落后部族和种姓提供 4E 服务，即：企业精神（Entrepreneurship）、就业能力（Employability）、教育（Education）和就业机会（Employment）。此外，工联还设有全国灾害管理计划、教育理事会、工联—高德雷吉绿色商业中心等，并与政府合作在农村地区推广“农村商业网点”，促进环保、节能、水务、农村基建、教育等领域的发展。与单个企业的社会责任项目相比，工联的倡议更加宏观，对舆论的引导力也更强，成为财团赢取公众好感的重要平台。

---

① Sharmila Kantha, Subhajyoti Ray, *Building India with Partnership*: *The Story of CII*, 1895 – 2005, 2006, p. 171.

② http://www.cii.in/Sectors.aspx? enc = prvePUj2bdMtgTmvPwvisYH + 5EnGjyGXO9hLECvTuNuO4/O7J5bXWo7Slwrw/1uH.（上网时间：2014 年 1 月 15 日）

二、强化网络平台建设

工联非常重视关系网络建设和品牌宣传。这也是其能迅速崛起的重要原因。对内，工联在印度有64家分支机构，并经常为成员举办研讨会、贸易展等，帮助成员更好地了解市场信息，也有助于更好地将成员企业推介给外界。早在1968年，工联就曾举办过“出口和机械产业”的研讨会，提出政府需要采取措施促进出口，时任副总理兼财政部长德赛参加。目前，工联经常定期举办各种工业展，如每两年举办国际工程技术展，展示印度顶尖水平的工程产品；与印度汽车生产商协会和汽车零部件生产商协会合作，举办每两年一届的汽车展；不定期举办国防展、医药展等。此外，工联还是印度政府高层发表政策观点的重要舞台。2001年议会大厦遇袭后两天，瓦杰帕伊总理选择工联作为发声平台，宣称将对恐怖主义予以强烈打击。

对外，工联是印度首个在境外设立办事处的工商协会，在澳大利亚、中国、巴林、埃及、法国、新加坡、英国和美国设有八家海外办事处。工联经常组织商界代表团出访，或邀请国外代表团访印。截至2014年5月，工联已邀请200个商业代表团访印，组织50个贸易代表团出访，在交流过程中签署71份谅解备忘录，与全球超过106个国家的312家对等协会建立制度化的伙伴关系。[①] 工联还充当政府“经济外交大使”，与外交部、工商部及印度驻外使领馆密切合作，每年组团出访时都会拜会当地政商高层，就印度与对象国的经贸关系交流看法。工联还曾与印度外交部合作，在达沃斯论坛期间举办“印度之夜”，宣传印度经济改

① http：//www. cii. in/International. aspx？ enc = csM3o0rrG6Py8e7IMcVGIw = = .（上网时间：2014 年 5 月 25 日）

革成就及潜在机遇。工联与美国的阿斯彭战略集团合作，2004 年设立“阿斯彭研究所（印度）”，成为工联就全球政策议题发表看法的新平台，议题涵盖政治、经济、安全、文化、社会等诸多领域和层面。工联也是外国政商领袖访问印度时经常拜访的对象。当然，考虑到几家工商协会之间的平衡，印度政府一般会在工联与其他工商协会间协调，共同承办外国政要的来访活动。工联还与“美印教育基金会”联手，推出富布莱特—尼赫鲁—工联奖学金，培养管理人才。工联每年都和“国际家族企业网络”举行家族企业年会，商讨印度家族企业的发展现状、挑战、前景等。

由于策划成功，工联的一些活动已经走出印度、走向世界，产生全球效应。1995 年，工联为庆祝成立百年（以其前身 EITA 创始之日计起）举行首届“伙伴关系峰会”，此后每年 2 月在印度主要城市轮流举行，并邀请全球政商领袖和学界精英参加。1982 年，拉吉夫·甘地访问瑞士，在财团领袖拉胡尔·巴贾吉牵针引线下，与世界经济论坛建立联系，并成功说服世界经济论坛在印度举办峰会。1984 年，世界经济论坛在印度举行首届峰会，工联承办，拉吉夫到场发表演说。当时的印度舆论称之为，“体现了国内政治环境的改善和具有改革思维的总理（拉吉夫）之间的结盟”。[①] 此后，工联在国内外的影响力与日俱增。目前，工联和世界经济论坛联合举办年度“印度经济峰会”，吸引全球数百名政商领袖与会，印度政府高层也到场就经济形势和改革进度发表看法。此峰会现在已经成为印度改革进程的晴雨表。2004 年，工联在美国洛克菲勒财团创办的亚洲学会（Asia Society）资助下举办著名的威廉斯堡国际会议（Williamsburg Conference），这也

① Niraja Gopal Jayal, Pratap Bhanu Mehta, *The Oxford Companion to Politics in India*, 2010, p. 470.

是此会议首次在印度举行，吸引了全球数十名政界和商界领袖与会，探讨了地区经济、艾滋病、伊斯兰等问题，时任印度国家安全顾问巴拉杰什·米什拉（Brajesh Mishra）与会。

三、加强与职能部门沟通

原则上，工联不会代表单个成员影响政府决策，但如果有足够多的成员面临相似问题，或对政策有明确看法，工联将向政府有关部门反馈信息，并积极寻求与中央和地方政府的沟通协调。

1. 与政府官员保持密切沟通

1991 年经济改革前夕，工联首席顾问贾彦塔·罗伊（Jayanta Roy）同时兼任政府的高级经济官僚，在制定当时的政府经济政策中发挥重要作用。据罗伊回忆，“在起草贸易政策时，政府要员经常拜会财政部经济顾问塔伦·达斯（1967 年 4 月—2004 年 4 月任工联首席执行官，2004 年 6 月—2009 年 10 月任工联首席顾问），正式或非正式地听取后者对产业发展的重要看法。总理办公室的 M. S. 阿鲁瓦利亚（Montek Singh Aluwalia，后出任辛格政府的国家计划委员会副主任）、工业部的拉克什·莫汉（Rakesh Mohan）和财政部的阿温德·维尔玛尼（Arvind Virmani）等，也经常来到工联交流，双方就经济政策的制定保持密切沟通。”① 实际上，作为最有影响力的产业协会之一，工联早在 1991 年 4 月就向政府提交自由经济改革蓝图报告，且与地方邦政府、学者、商界领袖和政治家等密切互动，说服其支持经济改革，减少经济改革阻力。“截止 1992 年，工联通过游说活动，成功说服 227 名议

---

① Sharmila Kantha，Subhajyoti Ray，*Building India with Partnership*：*The Story of CII*，1895 – 2005，2006，p. 174.

员认识到改革的重要性。在20世纪90年代中期政府更迭频繁的时期，这种注重基层的工作方式被证明效果明显。工联能够促进各政党就改革形成政治共识，避免经济改革因政治动荡而脱轨。"[①] 2012年9月，辛格政府启动经济改革，遭遇一些政党反对，工联于9月19日、20日接连发表声明，为辛格政府站队撑腰。工联在声明中赞赏辛格政府的改革勇气，称"辛格政府的改革勇气令人鼓舞，工联欢迎总理及其内阁团队坚持改革路径"，呼吁政府"不应该屈就于政治压力而放弃改革"，同时呼吁其他政党支持政府的改革举措。[②]

2. 与职能部门进行专业化合作

以工联1993年成立的"国防处"（Defence Division）为例，其与国防部和国防研究发展组织（DRDO）等部门沟通密切，在推动政府放宽行业准入方面功不可没。1998年6月，工联的一些成员与国防部官员举行会议，会后成立6个工作组，即：国防—产业长期伙伴关系组、国防产业流程组、公—私企业互补组、国防研究发展组织—产业伙伴关系组、国防信息技术组和国防出口战略组。6个工作组均由国防部现役军官和工联企业家共同担任主席，陆军副总参谋长、国防部联秘、质量保障局局长、国防研究发展组织首席技术顾问等都参与其中。这种"军商结合"的合

① Sharmila Kantha, Subhajyoti Ray, *Building India with Partnership: The Story of CII*, 1895 - 2005, 2006, p. 174.

② "CII Congratulates the PM for Staying the Course on Reforms: Adi Godrej", September 22, 2012, "Government Should Not Yield to Political Pressure on Reforms: CII", CII Press Release, September 20, 2012.（上网时间：2014年1月15日）

作方式，在印度历史上是从未有过的事情。[①] 此外，工联与国防部多次举办"印度防务展"，号称亚洲最大的陆海装备展，为产业界和国防部搭建相互了解供需状况的平台。工联向企业成员提供两项咨询服务：一是国防技术评估与咨询服务，二是国防采购管理课程，与政府建立机制化合作关系，包括陆军产业伙伴关系、海军产业伙伴关系、国防产业伙伴关系、国防通信研讨会、火炮技术研讨会、国防通信会议等。此外，工联还设有"国防行业全国委员会"（National Committee on Defence），除国防工业政策咨询、设立公私联合企业等活动外，甚至设有专门的"退役军人福利"项目，旨在为退役军人提供福利保障，同时邀请退役军人帮助了解国防部的采购程序与规则等。经过长时间的磨合，工联已经与国防部建立良好的合作关系。国防部会定期向工联发送"信息需求表"，提出具体产品需求；工联则将有兴趣并有能力的公司信息反馈至国防部。再如，1996 年，工联与商务部联合成立"印度品牌公正基金会"（IBEF），旨在向外界宣传和推广印度品牌。2002 年，基金会的管理权移交给工联，本金也从设立之初的 5 亿卢比增加到 15.6 亿卢比。目前，基金会运转良好，成为工联

① 6 个工作组及其负责人情况如下：国防—产业长期伙伴关系组，时任陆军副总参谋长昌德拉·谢卡（Chandra Shekhar）中将和阿斯霍克雷兰德有限公司（Ashok Leyland Ltd）董事长 R. 塞萨萨耶（R. Seshasayee）；国防商业流程工作组，时任国防部联秘 K. G. 马哈林嘉姆（K. G. Mahalingam）和马亨德拉集团的阿兰·杜兰蒂（Alan Durante）；公—私企业互补工作组，国防部质量保障局局长阿玛吉特（Amarjit Singh）中将和辛拓斯有限公司（Simtools Ltd）董事萨伊雷什·塞特（Shailesh Sheth）；国防研究发展组织—产业伙伴关系工作组，国防研究发展组织首席技术顾问 K·桑塔纳姆（K. Santanam）博士和动力技术有限公司（Dynamatic Technologies Ltd）主席乌达延特·马霍特拉（Udayant Malhotra）；国防信息技术小组，陆军副总长 S. S. 迈赫塔（S. S. Mehta）中将和 NIIT 有限公司（NIIT Ltd）主席维嘉伊·塔达尼（Vijay K. Thadani）；国防出口战略小组，国防部联秘斯瓦斯帕万·辛格（Swashpawan Singh）和离合汽车有限公司（Clutch Auto Ltd）副主席 V. K. 迈赫塔（V. K. Mehta）。

依托政府推进经济外交、推销印度企业的重要平台。除了与中央政府打交道外，工联的地方分部也能影响地方邦政府的政策。2011年，泰米尔纳杜邦新任首席部长贾雅拉莉塔发布年度预算，工联在该邦的分部负责人对此表示欢迎，并敦促邦政府采取进一步措施，破解基础设施的瓶颈，以支持制造业和服务业的发展。[①]

3. 设立专门的工作组，就具体问题提出专业性意见

1993年，工联成立“改革旧有体制”工作组。该组提出涵盖产业发展、关税、税收等15个领域需要改革的规章制度，最终形成政策报告提交给政府；其中还首次对政治献金问题表达关切，建议企业捐款应该得到减税优惠、董事会关于政治捐款的决定应该获得股东同意以及捐款应该根据固定的规则提供。2004年，工联成立涉及农村经济、水、能源、旅游、教育和卫生等领域的工作组，吸收各个领域的专家，提出有利于消除瓶颈、释放增长潜力的改革建议。此外，工联不仅关注经济问题，还对外交、内政等议题进行分析，并提出相应对策建议。例如，1995年成立司法改革工作组，就政府司法改革提出建议；1998年成立行政改革工作组，就政府工作模式提出改革建议，呼吁政府将自身定位由管控者转为提供便利者，从“稀缺资源的管理者”转为“富裕资源的创造者”。1998年，工联还就竞选资金的问题向政府提出意见建议。当时政府成立印德基特·古普塔委员会对此问题进行调研。工联的建议包括：允许企业向政党提供资金，但不得超过企业年净利润的5%，且需得到主要股东的支持；超过一定数额的捐款必须以支票（而非现金）形式支付；各政党必须向税收部门提供本党账户。工联的很多建议都被政府采纳。这体现在2001年

① “CII Welcomes Tamil Nadu Government Revised Budget for 2011 – 2012”, Aug 04, 2011, http: //www. ciionline. org/PressreleasesDetail. aspx? enc = LGqY7GRsRzBzF6VKyfwZLg = =. （上网时间：2013年10月9日）

通过的“选举及其他相关法律（修正）法案”中。2004 年选举工联时任主席、马亨德拉财团领导人阿南德·马亨德拉致信所有工联成员，呼吁以支票形式提供政治捐款。虽然尚无充足数据评估此倡议最终落实效果，但倡议本身就反映了工联在政治献金问题上的巨大影响力。2006 年出版的《构筑印度的伙伴关系：印度产业联合会的历史（1895—2005）》一书第 12 章，详细透露了工联在税收、金融、公共部门、农业、FDI 政策等领域被政府采纳的诸多政策建议。有人指出，“某种程度上，工联的角色已经不仅局限于向政府的委员会或工作组提名代表。政府在准备背景材料、提出政策建议和提供讨论平台方面，会经常寻求工联的支持。工联经常与政府相关部门联合举办活动。”[①]

需指出的是，在与政府打交道的过程中，工联吸取一些传统财团与某个政党过分亲近的教训，注重与政府进行机制化和专业化的合作。1974 年 4 月，工联前身“印度工程工业协会”的执行理事会达成共识，要与各党派都建立合作关系，不与任何一个政党过分亲近，并强调政府与企业应构建机制化安排，而非停留在权宜之计的合作上。工联还注重与基层官僚保持联系，大多数工作也是通过基层官僚完成的。随着时间的流逝，许多与工联有工作关系的基层官僚，逐渐占据了政府的重要职位，这为工联提供了影响政府经济政策的人脉基础。[②] 此外，一些有工联背景的人也曾出任政府高官，典型代表是前总统阿卜杜勒·卡拉姆（Abdul Kalam）。卡拉姆曾于 1998—1999 年出任工联的全国技术理事会主席，对印度高科技特别是核技术发展起到过很大的推动作用。卡拉姆于 2002—2007 年出任印度总统后，也对高科技产业的

---

① Sharmila Kantha, Subhajyoti Ray, *Building India with Partnership: The Story of CII, 1895 - 2005*, 2006, p. 203.

② Ibid., p. 124.

发展给予高度关注。应该说，“印度是一个政府与企业界历来缺乏互信的国家，但全球化迅速改变着双方的交往方式，工联这样机制化的交流方式非常重要，提供了双方对话的必要平台，”“工联自 1974 年合并成立后，就对各政党采取不偏不倚的态度，与各派政治力量保持固定联系。……工联对企业行为进行规范后，政党与工商界的关系变得更加专业化和透明。个人游说和秘密转账让位于更加规范的程序。”①

第三节　印度商业和工业协会

商工协成立于 1920 年，成员包括逾 400 家商会和贸易协会，以及超过 45 万会员。在英殖民时期，商工协主要代表英国资本的利益，与代表本土资本的工商联关系不睦，因此在独立后发展缓慢，并一度陷入衰退。但 20 世纪 70—80 年代后，工商联内部围绕主导权的斗争加剧，许多西部财团不满东部财团对工商联的主导，退出工商联转而加入商工协，使后者重新焕发生机。依据入会实力和资格不同，商工协将成员划分为好几类，包括赞助会员（大财团）、企业协会、普通会员（年营业额至少 5 万卢比）和海外会员。DLF 财团负责人 K. P. 辛格（K. P. Singh）曾是工商联执行委员会委员，后出任商工协主席。现任商工协主席是 YES Bank 的首席执行官拉纳·卡普尔。

根据商工协官方网站的介绍，该机构非常注重与政府打交道，其成员可以得到的服务包括：与中央/地方政府、国际机构、学界更密切的互动；与外国商业代表团举行会谈、参加贸易展、组团出访等，促进对外贸易；对产业增长、货币和财政政策、汇

① Sharmila Kantha，Subhajyoti Ray，*Building India with Partnership*：*The Story of CII*，1895 – 2005，2006，p. 194.

率政策、公司法等问题，提供专业咨询；就国内外政策变化，提供及时的信息；通过研讨会、论坛等就相关议题进行互动；参加商工协的专家委员会或课题组，以更好地向决策者传达产业界的关切；与印度驻外使馆及兄弟单位建立联系网络；使用商工协的图书馆、研究报告和出版物；编录企业名录，并呈送给政府部门、驻外使领馆和类似机构。商工协自我定位为“影响政策和立法环境，从而促进经济、工业和社会的平衡发展”，担当“印度产业的知识领头羊”。[①]

一、发挥信息研究优势

商工协积极参与对政府政策的引导、塑造和影响过程。商工协积极参与政府咨询委员会，帮助政府研制经济政策；直接游说行政和立法部门，向后者阐述商工协关注的政策议题和利弊分析；经常组织论坛、研讨会、圆桌会议等，宣传自身主张；向其成员提供劳工咨询、仲裁、与其他工商协会联系等服务，并从事经济问题的研究与调查。

商工协下设经济研究局，对各种经济问题、金融市场、国际贸易、社会发展、行业状况等进行分析，并拥有多种载体的研究成果。主要包括：“经济脉搏”，基于印度中央储备银行、世界银行、国际货币基金组织、世界贸易组织、财政部、工商部等机构和部门数据进行的研究；“商业晴雨表”，在对主要的首席执行官、首席财务官、经济学家等进行调查基础上提出的研究报告；“投资计量”，跟踪全国各地、各行业私营部门的投资计划；“岗位模式”，每天跟踪60个城市、30个行业、18种媒体刊载的岗位

① http：//www.assocham.org/policies/policies.php.（上网时间：2014年1月2日）

空缺信息等数据；“金融脉搏”，对印度公司的季度金融形势进行分析。商工协的拳头产品是《商工协经济周报》，内容包括宏观经济、企业部门、市场趋势、全球发展、统计数据等。印度政府也将商工协作为宣传政策的重要平台，政府要员一般都会参加其年会。这与其他两大工商协会一样。2013 年 7 月 19 日，辛格总理在商工协第 92 届年会上发表演讲，提出政府要在加尔各答和安得拉邦修建两个港口等一些发展经济的政策考虑。①

商工协还与其他产业协会一样，以不同方式向政府表达政策意见。如 2015 年 9 月 8 日，印度财政部召开政府与产业界的座谈会，商工协提出 12 点政策建议：短期（3 个月以内）政策包括：放松货币政策；卢比贬值；加快项目审批以促进投资；调整关税应对“倾销”，以保护国内产业。中长期（3—12 个月）的政策包括：为产业园和经济特区进行“土地储备”；加快投资，国有企业应该出资收购因资金问题而暂停的项目；提供负担得起的住房；加快道路基建；重新评估印度与其他国家的贸易协定，解决贸易歧视问题；促进贸易，包括鼓励邦政府设立贸易促进中心、效仿中国在沿海地区设立经济特区；促进服务业，包括减免税赋、吸引外资、将孟买打造成国际金融中心。②

二、引导公众舆论认知

商工协不时就政经时局发表看法，以影响公众舆论。2011 年以来，由于腐败丑闻频发，印度政府加大对企业行贿问题调查的力度。中央调查局频繁突击调查财团领袖与政府官员的关系。这

---

① “PM's Speech to India Inc：Entire Text”，NDTV，July 19，2013.

② “ASSOCHAM Submits 12 Key Recommendations to Honble Prime Minister Shri Narendra Modi to MAXIMISE the Indian Economy”，September 8，2015，http：//www. assocham. org/newsdetail. php？ id = 5194.（上网时间：2015 年 9 月 10 日）

引起商工协的不满。2013 年 10 月 31 日，商工协发表一封措辞强硬的“致印度总理的一封公开信”，主席拉纳·卡普尔和秘书长 D. S. 拉瓦特（D. S. Rawat）联合署名，抨击中央调查局针对财团领袖和退休官僚的调查，称“一名迫切渴望实现经济增长的企业家，必然需要与政府有往来关系，以便缩短相应的行政程序，提高企业运营效率。政府职能不仅在于管理，更在于促进企业发展。……作为工商协会，商工协自 1920 年创始以来，就一直在影响政府，以实现工商界和国家的更大福利，这一点毫无疑问。民主国家里的每个公民都有影响政府决策的权利，但难道这应该被视为恶意的犯罪行为吗？……不幸的是，中央调查局对我们尊敬的实业家和退休的高级文官开展了许多调查。当国家经济面临投资和消费信心下滑的情况下，我们对此种调查行为不敢恭维。我们担心，更多的实业家可能成为中央调查局的调查对象。这些调查很可能无法拿出明确证据证明实业家做错了什么，反而会严重影响企业家的名誉。”① 显然，商工协对政府的反腐调查是持保留态度的。商工协还积极成立推动“透明与合法”的公司基金，其中一项重要诉求，就是财团对选举的资助“上不封顶”。② 此外，2013 年 12 月，印度驻纽约副总领事被美方羞辱性搜身，演变成印美两国的外交纠纷，也不利于双边经贸合作。在此情势下，商工协在当年 12 月 21 日发表题为“坚实的美印商业利益容不下彼此猜忌”的声明，引述其主席拉纳·卡普尔的话称，“鉴于彼此不可分割的利益，当前的外交争执不应制造两国民众和工商界之

① http://www.assocham.org/docs/PM_LETTER-21st_October_ASSOCHAM.pdf.（上网时间：2014 年 1 月 2 日）

② Samya Chatterjee，“Corporate Funding of Elections：A Scrutiny of Some Recent Developments”，April 12，2012，http://orfonline.org/cms/sites/orfonline/modules/analysis/AnalysisDetail.html?cmaid=35752&mmacmaid=35753.（上网时间：2014 年 1 月 2 日）

间的不信任感”。[①] 很显然，这是商工协企图给印美外交争执降温。

小　结

印度财团内部矛盾与共识并存：一方面，彼此存在竞争关系，特别是西部财团和东部财团素有矛盾，另一方面，彼此又有联合自强的利益诉求，希望组合成利益聚合体获得更大的政治能量。无论是政治体系还是经济体系，多元化趋势都难以避免；单个政党或财团在各自权力体系中的权重会有所下降。故而财团很难完全依靠某个政党，也很难单独承担发挥政治影响力的职能。因此，财团存在联合自强的内在诉求，希望将自身利益与工商界整体利益联系在一起，以提高自身在政治市场供需博弈中的地位，进而更好地发挥政治影响力。从目前的发展态势看，工商联的影响力超过了任何单一财团。当然，财团（特别是比尔拉财团）很难像独立初期那样拥有对工商协会的主导力，但鉴于其经验和实力，其对工商协会的决策仍有很大发言权。这从主要协会的领导层组建即可看出。本章的分析可以得出如下结论：

首先，财团存在构建利益聚合体的诉求。企业规模与实力在很大程度上影响企业政治策略的实施效果。从印度政治经济系统演变来看，随着政治权力多元化、中小企业崛起、社会结构分化等，出现了利益分化和利益积聚同步发展趋势，个体利益彼此牵制，单一个体与决策中心的距离增大、影响手段减少。在此情势下，单一财团转而寻求更大、更强的集体作为依托。印度一些大

① Assocham, “US-India Business Interests too Entrenched to Allow Distrust”, December 21, 2013, http://www.assocham.org/prels/shownews.php? id =4308.（上网时间：2014 年 1 月 2 日）

财团虽然具备独自施加政治影响力的渠道和能力，但由于政治和经济领域都出现越来越多的行为体，加上民众对财团与政府勾联的反感，因此它们倾向于借助工商协会施加政治影响力。通过吸聚众多中小企业进入工商协会，财团一方面可以将自己的利益诉求包装成工商界的集体诉求，形成“规模效应”，另一方面可以将自己塑造成“工商界的代言人”，进而获得施加影响力的政治合法性。“虽然大财团之间、新旧财团之间都存在分歧，工商联、商工协和工联存在分歧，但印度的资本家之间的矛盾尚未严重到引起内部分裂，进而影响共同的基本立场，各方都朝着‘公司印度’的方向努力”。①

其次，工商协会的最重要武器是信息优势。“组织起来的利益集团可能会很好地处理信息，至少有两个方面的原因。第一，利益集团很可能会获得许多政策问题的相关专业知识。第二，利益集团成员能够积聚资源以获得产生集体收益的信息。利益集团尽力使公众获取信息，以赢得对它们政策观点的更大同情。它们也试图向其成员传递信息，以便这些成员能够更好地投票以支持集团的公共事业。”② 如前文分析的，印度工商协会的最重要的武器并非其与政治领导人的关系（因为政治领导人更乐意与财团领袖保持私下的个人联系），而是遍布全国各地的办事机构、长期积累的信息优势、内部信息共享机制以及庞大的研究团队等。由于政治经济形势发展速度日益加快，印度政府已无力单独从事对具体问题的详尽分析，需要依托工商协会研究机构的支撑，而工商协会的研究机构又凭借其资金和人才优势，可以对很多问题（特别是经济问题）进行深入研究。也就是说，工商协会的“专

① Niraja Gopal Jayal, Pratap Bhanu Mehta, *The Oxford Companion to Politics in India*, 2010, p. 144.

② G. M. 格罗斯曼、E. 赫尔普曼著，李增刚译：《利益集团与贸易政策》，北京：中国人民大学出版社，第4—5页。

业性”，使其成为政府经济决策的重要咨询机构，政府在制定重大经济政策时会向工商联咨询。

第三，工商协会的政治影响力是全方位的。很多印度财团参与诸多行业的经济活动，但一般有其主营业务，且地域范围也未必能辐射至全国。与之相比，工商协会的成员来自各行各业，故而其辐射行业也非常之多。而且，工商协会拥有接触基层的地方分部。在地方势力权重日益增强的印度政治生态环境中，单一财团显然不具备工商协会所具有的“规模优势”。此外，工商协会拥有国际化平台的独特优势，不仅印度总理按惯例参加工商协会年会，许多外国政要在出访印度时也都要借助工商协会的平台发表演讲。因此，工商协会不仅影响国内政策，也对印度与外界的关系产生影响。曾任印度国家安全理事会秘书处副主任的毕布·普拉萨德·罗特雷（Bibhu Prasad Routray）指出，“私营部门，特别是工商联、工联这样的大型商业协会，已经毋庸置疑地证明，其有能力成为印度外交的倍增器，特别是在公共外交和国家形象塑造方面。”[①] 在某种程度上，工商协会成为印度国内政治—经济系统与外部有关系统联接的桥梁。虽然财团对工商协会的主导力已大不如前，但由于工商协会决策权基本凭借企业捐款，加上许多工商协会领导人都来自财团，所以财团对工商协会决策的影响力仍然很大。由于工商协会内部有诸多财团，而彼此之间又存在一些矛盾，所以单个财团难以实现其影响力的最大化。

① Bibhu Prasad Routray, “National Security Decision-Making in India”, *RSIS Monograph*, No. 27, S. Rajaratnam School of International Studies, 2013, p. 11.

结　论

印度财团的基本属性是利益集团，政治影响力则是其实现自身利益的重要手段。受制于掌握相关材料程度不是很充足（财团与政治力量间的很多内幕交易鲜为人知）、政府决策系统很复杂（影响政府决策的变量诸多且动态变化）、政治影响力评估难度大（难以用具体指标衡量和分析）等因素，印度财团政治影响力的大小、效率等难以被清晰、准确地衡量、评估。不过，如前文所论述的，印度财团政治影响力实实在在地存在，并成为推动印度政治、经济系统演进的重要力量。印度财团的政治影响力并非空穴来风，而是在印度政治市场体系运作中产生的。印度政治市场是财团与政治力量进行互动博弈的平台，也是财团得以发挥政治影响力的逻辑基础。财团能否顺利发挥政治影响力、政治影响力能否顺利转化成政策，都取决于政治市场运作的有效性。影响政治市场的外部因素，包括政治机制、财团资源、舆论认知和财团凝聚力等，构成了印度财团政治影响力的运营系统。政府对经济事务的干预惯性、权力相对集中的政党制度、财团自身的意愿与能力等，都为财团与政治力量的利益交换提供条件和可能。

当然，政治市场的运作并非一帆风顺，同样面临监管与制约，特别是财团与政治力量的利益诉求并非完全一致，前者追求自身经济利益最大化，后者谋求政治权力的稳固与长久，两者有可能趋同亦有可能相悖。当财团与政治力量的利益供需关系出现失衡的时候，政府也会加大对财团的监管乃至压制。民众对财团与政治力量之间关系的认识，也是影响财团政治影响力的重要变量。

具体到实施路径，印度财团主要通过构建政经权势网络、影响政策研制理念、构筑利益聚合体等措施发挥政治影响力，彰显财团政治影响力的全面性与系统性。对于印度财团政治影响力的价值评判，难以用简单的好坏利弊去衡量。印度财团政治影响力对社会起到了正反两方面的作用。从正面看，印度财团借助政治影响力促进自身发展，在实现自身发展壮大的同时，也在一定程度上促进了经济社会发展、政府治理能力建设及与外部世界的交融，现在已经成为印度经济的重要支柱之一。从负面看，财团通过政治影响力强化自身地位，沉淀为制度性安排，不可避免地产生政治腐败、阶级固化等问题。未来，由于印度政府将发展经济定为国家战略目标，财团的地位和实力得以增强，其与政府发展目标的契合度不断提高，公众舆论的认知也逐渐改善，印度财团政治影响力将保持动态演进、整体趋强的态势。

第一节　逻辑机理：政治市场

对大量史料文献的梳理总结及逻辑论证可以发现，印度财团政治影响力的发挥得益于政治市场的存在，而政治市场的运作需要有交易主体（财团与政治力量）、交易需求（互动博弈的意愿）、交易商品（经济资本与政治权力）和交易渠道（机制合理性）等，这些都在印度现实存在。

一、印度财团与政治力量之间的“供需关系”是财团政治影响力得以发挥的逻辑基础

供需关系带来利益交换，“体现着社会结构中资源的流动……由于交换网络体现着一组行动者之间的资源依赖结构，因此这些网络可以被看做是权力结构，这些结构又是动态变化的，因为行动者努力通过权力获取和平衡机制去改变网络，以实现权力的再分配。”[①] 在印度，政府与财团的关系从独立初期的“控制与依附”过渡到现在的“共栖与互动”，形成独特的供需交换关系。财团和政治力量都拥有对方所需资源，且希望通过政治市场的供需交换，最大限度地满足自己的需求，这也是印度财团施加政治影响力的最基本动力。政府拥有一定的经济事务裁量权也为财团发挥政治影响力提供条件。这涉及到“经济租金”的问题。“经济租金”是指与完全竞争的市场活动相比，企业为了生产经营活动需要额外增加的生产要素成本，它通常因垄断性经济权力或政府许可证而产生；自然资源、土地、通信频道等都天然地具有经济租金特性。[②] 前文已有所论述，有学者研究房地产繁荣情况与选举的关系时发现，因为房地产依赖政府土地审批等，所以政府与房地产商关系很密切，房地产建设甚至会在选举期间出现萎缩，背后原因可能是资金流向选举，导致建设所需资金短期紧张。

---

① Karen Cook, Network Structures from an Exchange Perspective, in Peter Marsden and Nan Lin, *Social Structure and Network Analysis*, Beverly Hills, Sage, 1982, p. 195，转引自：林聚任：《社会网络分析：理论、方法与应用》，北京：北京师范大学出版社，2010 年版，第 123 页。

② Aditi Gandhi, Michael Walton, “Where Do India's Billionaires Get Their Wealth?”, p. 12.

对于财团来说，在其追求经济利益的过程中，需要得到政治力量的关照和支持，因为经济活动不可能脱离政治机制，财团的任何经济活动都受到政府政策的影响。英殖民时期，财团需要寻求国大党代表的民族主义政党的支持，推翻英殖民者压制本土资本、扶持英国资本的政策，最终赢得经济领域的民族独立。在许可证时期，财团需要通过与政府打交道、搞关系，谋求更便捷、更顺畅地获得产业许可证。同时，财团的兴衰沉浮很大程度上取决于其与政府的关系，比尔拉财团是典型案例。由于比尔拉财团与甘地、尼赫鲁等国大党领袖关系密切，其在申请许可证方面得到政府的特殊照顾，1957—1966 年间获得的许可证约占全国总额的 1/5。所以比尔拉财团得到很大的发展。此外，印度高科技财团之所以能在短时间内发展为国际一流企业，很大程度上得益于印度政府在 20 世纪 80 年代推行的科技革命政策。拉吉夫 · 甘地提出的“科技强国”战略，有效发挥了印度在英语、技术方面的优势，克服了在基础设施硬件、熟练劳动力等方面的劣势，催生了一大批高科技财团，也为印度赢得了“世界办公室”的称号。即使是经济改革后，财团的实力得到较大幅度增长，但其发展仍受到政府在行业准入、土地征用、劳工解雇等方面政策的很大影响。总体上，财团需要政府持续推进自由化的市场改革，营造有利于私营企业的发展环境。也就是说，财团需要政府的“政策供给”，为自己的发展壮大提供政策保障与合法性支持。

对于政治力量来说，其需要财团的政治资金支持、专业信息与研究的支持、对草根群体的接触渠道等，以便更好地实现其“政权利益”。随着政党“企业化”进程的推进，印度政党的行为逻辑类似于投资集团，只不过其投资的目标是国家政权，而非单纯的经济利益。“政党从群众自愿加入的团体，逐渐演变成类似公司的组织，可以从事复杂而昂贵的选战，以取得‘福利公共有限公司’管理权。显然，没有任何法规可以反转这种组织演进的过程。”① 政治献金是政治力量对财团的最大需求。无论是独立前还是独立后，财团都是印度政治力量的重要资金来源。独立前，本土政治力量需要财团资金支持和后勤保障，以更好地推进民族独立运动。在那段时间，印度财团给国大党提供了大量政党活动经费、年会活动场所等，甚至为国大党领导人提供住所。圣雄甘地曾承认，国大党经费几乎全部来自大财团。独立初期，当时的国大党政府虽然具有较强的左翼色彩，但国家百废待兴，不可能过快推进国有化政策，政府在很大程度上需要依靠大财团发展经济。20 世纪 60 年代末开始，印度政党日益多元，民主选举趋于活跃，政党收缴的党费在减少，但政党的运营成本在增加，特别是竞选费用的大幅增加，导致主要政党对财团资金的需求有增无减。印度政治力量为了赢得大选、获得政权，急切需要财团雄厚的资金支持以备战耗资日甚的大选。财团对经济事务的专业优势也是政府所迫切需要的。印度财团长期从事经济活动，加上后来不断加强的研究力量，对诸多经济问题有独到、专业、深入的研究。除了涉及经济事务部门的官员外，许多印度政府官员（包括任命官员与文官）对专业知识的需求都很大。前文已经提及，印度财团拥有非常强的研究队伍，其政策报告经常能获得政府的重视，政府的政策委员会甚至经常聘任财团领导人为咨询专家，政府在遇到经济难题时也经常问计于财团。此外，印度财团在承担企业社会责任方面较为积极，在教育、医疗卫生乃至城市管理等方面，都对当地社会发展做出一定贡献，其在民众心中的形象日趋积极，也为其发挥政治影响力提供更有利的民意基础。

① ［英］尼尔·弗格森著，黄煜文译：《金钱与权力》，2013 年版，第 317 页。

二、印度政治市场的运作有赖多种因素保障，同时面临若干制约因素

印度财团与政治力量间的供需关系本身，无法自动带来政治市场的成功交易，印度大大小小的企业不计其数，但并非所有企业个体都能发挥政治影响力。印度财团政治影响力的发挥，有赖于特殊的政治机制、自身雄厚实力和凝聚力。对于政治机制来说，印度权力监管机制仍有待健全，家族政治/寡头政治导致政党内部的集权性，增加了政治力量进行权力寻租的空间；竞选费用急剧飙升，但有关政治献金的规章制度又未能很好地落实，提供了财团对政治力量进行“资本俘获”的机会。在印度，假设竞选资金被完全禁止，假设党内民主得以充分发扬，假设政治家族的威望不太强，那么财团很难发挥现有程度的政治影响力。由于自身有雄厚实力，印度财团在国家政治经济生活中的地位举足轻重，政府在制定政策时无法忽视财团的看法。塔塔、比尔拉等财团历史悠久，在印度国内外都享有很高声望，其领导人的政策表态对社会各界都有很大影响力。20 世纪 70 年代以后迅速崛起为市值第一的安巴尼财团，拥有股民人数最多，企业发展前景直接决定广大股民的“钱袋子”，进而影响民众对政府经济政策的看法。此外，财团还能够凭借政治献金参与乃至深度影响印度政局走向。政治局势越不稳，财团与政治力量间的关系就越不明朗。在局势不稳的情况下，财团既有可能成为政治力量博弈的牺牲品，也有可能乘势强化对政治力量的影响，这在 20 世纪 70 年代政治动荡期间得以充分反映。印度财团内部并非铁板一块，但在推动市场经济、加快政策开放等问题上有基本共识。此外，为了使自己施加政治影响力时更具合法性，印度财团注重借用工商协会来“撑场子”，达到政治影响力的“规模效应”，以便在与政治

力量博弈时更加主动。

当然，印度政治市场的运作并非无拘无束。财团在施加政治影响力时，也受到一些因素的制约，包括“重精神、轻物质”的文化传统、政治精英的优越感、财团的内部矛盾和分歧等。在诸多因素中，以种姓制度表现出来的轻商传统最具印度特色。在印度种姓制度中，主持祭祀的婆罗门是最高种姓，而从事商业活动的吠舍仅处于第三种姓，经商并非荣耀和高尚的职业，甚至经常与“高利贷者”、“剥削者”等相提并论。古印度政治学家、哲学家考底利耶在其《政事论》中，曾隐晦地将商人等同于盗贼。在长期的发展演进、种姓固化过程中，印度财团的身份背景也主要局限于特定族群种姓之中，占人口比例过半的低种姓、穆斯林和表列部族，则没有诞生大财团。显然，传统轻商文化以及“群众基础”的局限性，会制约印度财团施加政治影响力。实际上，印度财团虽然能与政府决策者有联系，但其将资源转化成影响力的能力受到多种内外因素制约，其对政府的影响力很大但并非绝对。

三、印度政治市场并非均衡静态运转，而是动态演进

印度财团与政治力量在进行供需交换时，并非总是处于静止、平衡的状态，双方力量对比的变化、利益目标的调整等，都会影响到双边互动博弈。印度财团与政治力量的利益并非完全一致，前者注重经济利益，后者追求政权利益，双方利益供需关系存在失衡性。民族独立运动时期，印度财团与政治力量在追求民族独立的总目标上具有共同利益，决定了双方利益供需关系的总体均衡，但与此同时，印度财团具有明显的两面性，对国大党的非暴力不合作运动持有保留。即使是当时与国大党关系最为密切的比尔拉财团，也反对国大党过度刺激英殖民者，以免损害经济

利益。独立后，政治力量的目标是赢取和巩固政权，首要考虑的因素是民意民心；财团的目标是商业利润，首要考虑的是政策支持与市场环境。与民族独立运动期间相比，印度财团与政治力量的关系更趋复杂，双方利益的供需失衡也有所扩大。许多财团不满尼赫鲁的左翼思想，对英迪拉·甘地的激进政策更是强烈反对，许可证制度又使得政府在与财团打交道时处于强势地位。这些都表明财团与政治力量间利益诉求的矛盾。20 世纪 60 年代末至 70 年代，是双方利益供需失衡比较严重的时期，塔塔财团公开抨击国大党政府的经济政策；许多财团在塔塔财团带领下转而支持反对党。财团与政治力量间的失衡与政治力量间内部矛盾交织在一起，造成了当时政治市场的相对混乱。经济改革后，财团与政治力量的利益诉求趋向一致，都希望获得经济较快增长；利益供需的均衡化有利于政治市场的运转。

当然，与经济改革前相比，政治力量已经趋于多元，财团对各政党的倾向性也没有之前明显，印度的政治市场系统也更加繁杂，对其均衡性的衡量也更难。例如，1999—2004 年瓦杰帕伊执政时期，印度经济保持较快增长率，财团与政府关系也相对不错，但在 2004 年大选中，国大党高举平民主义旗号，击败了打着“闪亮印度”口号的印人党。国大党上台后吸取教训，出台多项民意导向、而非市场导向的政策。但是，国大党执政十年期间，未能有效实现经济社会发展，有的惠民政策也“口惠而实不至”，腐败丑闻更是频频曝光，严重影响民众对国大党的信任，经济政策的保守也制约了国大党与财团间的关系。于是，在 2014 年大选中，许多财团公开为莫迪站台，表态支持莫迪当选总理提振经济，并在资金、宣传上为莫迪提供大量支持，最终助莫迪大获全胜。显然，财团政治影响力能否有效发挥，很大程度上取决于其是否切中政治力量的利益诉求要害。再如，2013 年 8 月，工商联对政府拟议的《土地购买法》持严重保留意见，并联合工联对法案内容进行驳斥，认为“新法案规定需要至少5年才能获得土地启动新项目，且法案规定私营公司单独购买土地，需要获得80%受影响家庭的支持，公私合作项目则需要70%家庭支持，这将使购买土地的费用增加5倍”，甚至宣称“有条款规定必须向地区税务官提交申请，告知其相关土地购买事宜，这将使整个项目泡汤，因为在申请批复的过程中，土地价格将会飙升；任何私人和私营企业准备购买土地时，价格都会大幅增加；即使已经达成土地购买协定，该协定也没有法律效力。因此，该条款应该从法案中撤销”。[①] 但是，政府考虑到2014年大选临近，需要迎合民众诉求，故而推动人民院在2013年9月27日通过《土地采购、重新安置等公平竞争与透明权力》，最终于2014年元旦正式生效。

四、印度财团多渠道发挥政治影响力，建构多维度的影响力系统

印度财团发挥政治影响力的渠道很多，主要有构建政经权势网、影响政策研制理念和构筑利益聚合体。政经权势网络是印度财团政治影响力的核心渠道，财团直接对政府决策体系发挥作用；政策研制理念是印度财团发挥政治影响力的间接手段，通过引导、影响乃至塑造政府与社会群体的理念认知影响政府决策，利益聚合体是印度财团政治影响力的放大器，财团通过吸聚中小企业组建强大的工商协会，将自身利益诉求与工商界整体利益相挂钩，赋予政治影响力更多合理性与合法性。

财团的最大资本是雄厚经济实力。印度财团凭借自身经济权

① “Land Bill Gives Industry the Jitters”, August 29, 2013, http://www.business-standard.com/article/economy-policy/land-bill-gives-industry-the-jitters-113082800766_1.html.（上网时间：2013年9月25日）

势，直接或间接地参与政治权力架构，与政治权力共同构建政经权势网络。影响印度政府政策的主要政治力量有政党/政治领导人、议会、行政官僚等，财团通过结交政治高层、参与议会事务、拉拢行政官僚、介入政治博弈等手段，最终深度介入政治权力体系，为更好地发挥政治影响力奠定基础。此外，印度财团凭借在政策专业研究的优势，积极参与政府的政策咨询委员会，影响政府决策者的认知；财团还通过操纵媒体、扶持智库、推广社会责任等，引导并塑造公众对政策议题的认知，通过舆论压力逆向影响政府决策。当然，为了强化与政治力量在政治市场中博弈的优势，印度财团比之前更注重联合自强，且将数目众多的中小企业、行业协会等纳入，形成工商联、商工协和工联三大工商协会，构筑利益聚合体。

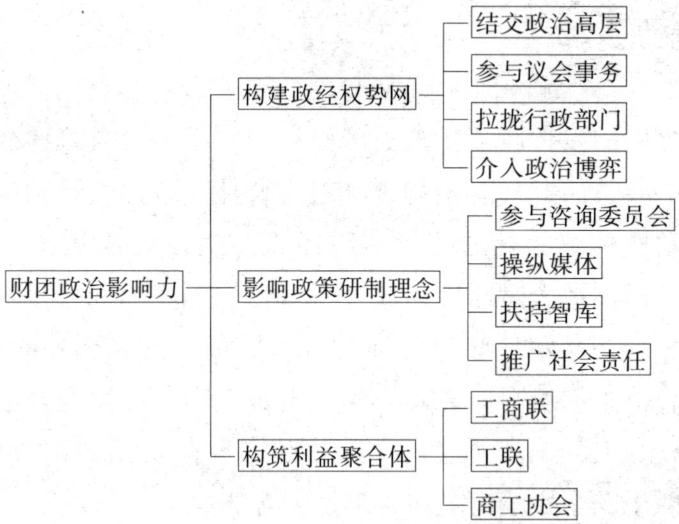

图 1　印度财团政治影响力结构图

第二节　影响评估：利弊共生

学术界对政商关系有截然不同的看法。有人认为政商关系密切，有助于社会权力架构的稳定，有利于工商界和决策层的顺畅沟通，甚至有助于“提升企业利益，并从另一重要方面护卫民主”；[①] 另外一些人则批评密切的政商关系形成了固化的权力架构，官商勾结将导致政治腐败、经济垄断等弊端，最终牺牲社会大众的利益。具体到印度，有人认为财团通过在议会安插内线、提供政治捐款、操纵媒体等手段，凭借政治影响力扩大自身利益；也有人认为财团政治影响力受到诸多制约，且并非完全惠及自身，对整个社会的经济发展也有贡献。实际上，对政商关系的利弊不能简单地用好与坏去衡量，这与时代背景、政策议题、规章制度等密切相关。任何偏执一方的结论都难以对印度财团政治影响力予以准确评判，印度财团的政治影响力既产生了积极正面作用，也带来一定的消极负面影响。曾任国际货币基金组织研究部副主任的印度经济学家阿温德·苏布拉马尼亚（Arvind Subramanian），在接受《纽约时报》采访时承认，“毫无疑问，印度的财团寡头拥有巨大政治影响力，这令人关切。不过，这些财团寡头也确实做了一些贡献。换句话说，他们既玩弄体制，也办了不少实事。”[②]印度政治经济学学者普拉塔普·迈赫塔（Pratap Bhanu Mehta）和米歇尔·沃顿（Michael Walton）也指出，“印度资本主义具有两面性。一方面，拥有强大的发展动力，市场竞争驱动大

---

① ［美］理查德·雷恩著，何俊志译：《政府与企业——比较视角下的美国政治经济体制》，2007 年版，第 182 页。

② Ruth Fremson, “Billionaires' Rise Aids India, and the Favor Is Returned”, *New York Times*, July 26, 2011.

于对垄断权的滥用；另一方面，也引发很多饱受诟病的腐败丑闻。"①

一、积极作用方面

印度财团通过发挥政治影响力，在实现自身经济利益的同时，也促进了经济社会的整体发展，是促进印度崛起为新兴大国的重要因素。

其一，通过施加政治影响力营造良好发展环境，客观上促进了印度经济的崛起。财团是印度国民经济体系中的重要部分，对印度经济社会的整体发展做出了一定贡献。独立前，财团给国大党提供资金支持，对印度摆脱殖民统治、实现国家独立起到促进作用，并在独立前夕发表《孟买计划》，为独立后的经济发展出谋划策；独立后，财团支持国大党"收编"土邦的政策，营造了全国统一的大市场，并凭借自身经济专长、社会责任、对外活动能力等，为印度政府的内外政策提供咨询。有学者曾指出，"印度大资产阶级同中国大资产阶级在性质上有很大的区别，没有后者那么多的买办性，印度财团还没有同国家主权结合起来，不同于旧中国的蒋、宋、孔、陈四大家族，因此他们不属于我们中国学者所讲的那种'官僚资本'。"② 印度财团更多地是以私营经济的属性存在，其施加政治影响力的目的也并非控制国家政权，而是更多地促进经济利益的实现。即使现在涉及比较敏感的军工领域，印度财团也主要是想在政府推进军事装备本土化的过程中，

① Pratap Bhanu Mehta, Michael Walton, "Ideas, Interests and Politics of Development Change in India: Capitalism, Inclusion and the State", Effective States and Inclusive Development, *ESID Working Paper*, No. 36, p. 38.

② 陈翰笙、孙培钧："印度财团的发展过程及其前途"，《南亚研究》，1983年第4期，第15页。

从庞大的军工产业那里谋得一杯羹，而非像美国那样构筑“军工复合体”。再如，前文论及的1991年和2012年的两次经济改革，财团都是印度经济改革的重要推手。

印度财团凭借其专业知识和信息，通过参加咨询委员会、发布政策研究报告等，一定程度上引导乃至塑造了印度政府采取更加开放的经济政策，从而有助于国家经济的整体发展。换句话说，财团是印度产业发展的先锋，经济改革的推动者和受益者，经济社会发展的重要组成部分，在推动印度经济社会发展方面起到了不可替代的作用。当然，印度经济的发展也有赖于政府与财团之间关系的“融洽”程度。如前所述，经济学家库纳尔·森和萨布亚萨奇·卡尔根据政治力量与财团互动交易的“公开性”（是否对外公开）和“有序性”（是否落实承诺），将印度经济改革后的发展划分为三个阶段：1993—2002年，政治和经济精英间的关系相对公开且有序；2002—2010年，政经精英间的关系日趋封闭，并引起监管机构和中产阶级的反弹；2011年后经济下滑阶段，政治和经济精英间的关系或者交易更加“无序”。换句话说，印度要重新恢复经济增长，就必须恢复公开且有序的政、经精英间的交易关系。文章据此认为，“在可预见未来，印度不大可能完全实现基于法治而非人治的机制。政治与经济精英间的交易关系，需要重新恢复人治但讲信用的关系（有序），建立政治上不排他的关系（公开），对经济增长的恢复至关重要。”①

其二，通过施加政治影响力传播先进理念，有利于促进政府提高“良治”能力。印度财团施加政治影响力的重要途径，是通过推动企业社会责任赢得民众支持。在此过程中，印度财团能在很大程度上弥补政府在社会管理方面的缺失，特别是农村地区的

① Kunal Sen, Sabyasachi Kar, “Boom and Bust? A Political Economy Reading of India's Growth Experience, 1993 – 2013”, p. 50.

医疗、教育和女性权利等事务。在一些案例中，印度财团甚至亲自承担政府治理的角色，前文对塔塔城贾姆谢普尔的案例已有所论及。此外，印度财团还在经济发展理念方面起到较好的引领作用，包括公平贸易、环境保护、社会责任、政治透明等。例如，马亨德拉财团推动成立的“全国清洁城市联盟”，其主旨就是推广环保理念，实现城市可持续发展。再如，1998 年，工联曾就竞选资金问题提出政策建议，旨在使竞选资金的提供更加透明、规范、可控，其中的很多内容被印度政府采纳；2012 年，印度一些最著名的企业参加国际企业反腐联盟，印孚赛斯、维普洛、高德雷吉、米塔尔等公司参加世界经济论坛，并提出反腐倡议，承诺杜绝行贿行为。[①]

此外，有学者认为财团政治影响力的发挥，有助于印度维系其民主制度，称“虽然资本主义不曾是印度民主的推动力，资本主义与民主之间的‘择亲和势’在印度是难以否认的。在民主制度下，印度政治领导人的发展政策充分照顾有产阶级的利益……没有对强者利益的保护，选举民主不可能长期存活，无论这些强者属于有财产的群体，属于具有高地位的群体，还是具有效力的政治组织的群体。长期的对弱势群体的排斥对民主来说也是不健康的……印度双生趋势的政治影响——语调上的激进和实际做法上的保守——可能是温和的，加强了民主：社会中的强者感觉到得到该制度很好的照顾，而弱势群体并不完全感到被排斥或无望，至少到目前为止。”[②] 这种说法虽然并不完全准确，因为弱势群体并不完全感到绝望的重要原因是受种姓思想影响，而且无论政府对强者还是弱者的政策保护，都有可能引起另外一方的反

① “India Inc Titans Join Alliance against Graft”, *Economic Times*, November 7, 2012.

② Atul Kohli, *India's Democracy*, pp. 10 – 11. 转引自：王红生：《论印度的民主》，2011 年版，第 404 页。

弹。但作者提出的“双生趋势”的说法却是非常辩证的，财团既是发挥政治影响力的主体，同时也是政府治理下的客体，其对先进理念与做法的实践，本身有利于提高政府的良知。

其三，财团成为印度发展模式的重要部分，是联通印度与世界的一大桥梁。得益于自身实力的增长和业务拓展的需求，凭借与世界接轨的先进管理理念以及印度政府的政策支持，印度财团积极拓展海外业务，甚至可以用“攻城略地”来形容。埃森哲公司的调研报告显示，1995—2006 年（截止 8 月）十年间，印度财团海外并购量增加近 8 倍，且北美和欧洲的比例分别占 32% 和 29%。[①] 以印度最负盛名的塔塔财团为例，塔塔财团共有 90 家子公司，业务涉及通信、工程、原材料、服务、能源、消费品、化学品等七大领域，主要公司包括塔塔钢铁、塔塔汽车、塔塔咨询服务、塔塔电力、塔塔化学、塔塔通信等。塔塔财团触角遍布世界各地，在全球 100 多个国家有业务，公司产品和服务出口给 150 多个国家。2012—2013 财年，塔塔财团总营业额为 967.9 亿美元，其中 62.7% 来自海外项目。近几年，塔塔钢铁成功收购钢铁巨头科鲁斯，成为全球第十大钢铁生产企业；成功收购捷豹和路虎，成为全球第五大商务车生产商。除了经济领域外，塔塔还积极参与人文交流领域的活动，如向美国的著名学府提供大量捐助，参与国际机构或组织的活动等，提高了在国际上的知名度。随着与外部世界联系的增多，财团逐渐成为世界认知印度的重要窗口，有利于改善外界对印度经济发展状况的认知。

---

① “M&A Helping Indian Firms Emerge Globally”, July 9, 2013, http://businesstoday.intoday.in/story/sanjay-dawar-md-accenture-consulting-mergers-and-acquisitions/1/195901.html.（上网时间：2013 年 9 月 25 日）

二、消极作用方面

印度财团在在施加政治影响力过程中，也会对政治经济生活产生一定负面作用。利益集团的特性之一就是实现自我利益，“其在强调少数人的权利或意见时，（可能）违逆多数人的利益或意见，从而扭曲了公共政策。一旦心怀不轨的团体与自私偏差的社团形成，损害到全体，则这种团体的意志只是对其成员具备全体性，对国家而言却是片面性的。”[①] 具体到印度，印度财团的资本逐利性难以改变，在与政治力量进行博弈或者交易的过程中，难免会产生一些负面影响。

其一，导致不公平的市场竞争。财团可以将政治影响力转化为竞争优势。即使财团之间，不同的政治影响力也带来不同的竞争资本。许可证时期，财团使用的一种非常普遍的腐败方式是“速度金钱”。顾名思义，“这笔钱主要用于加快许可证和审批证的处理速度。一名官员曾作证称，‘即使已经决定办审批证，且下达了相关命令，但如果申请者没有给基层官员适当的费用，这个命令也不会传达到申请者手中’”。[②] 1977 年 8 月 22 日—9 月 2 日，在短短的 11 天时间里，印度政府先是完全放开聚酯纱进口，导致许可证价格暴跌，安巴尼财团超低收购大量许可证；印度政府随后限制聚酯纱进口，安巴尼财团得以高价抛售许可证。精准踩点、巨额获利，给安巴尼财团奠定了崛起为顶级财团的基础。虽然迄今没有明确的证据，证明安巴尼财团影响了政府决策或事

---

① 杨光斌、李月军：“中国政治过程中的利益团体及其治理”，《学海》，2008 年第 2 期，第 66 页。

② Stanley A. Kochanek，*Business and Politics in India*，1974，p. 300.

先获得政府内幕消息，但安巴尼财团1977年对政府聚酯纱进出口政策的“精准把握”，显然不是简单地用“巧合”所能解释的。印度电力巨头阿达尼集团受益于其与政府的良好关系，曾以540美元/英亩（约88.96美元/亩）的超低价格购得土地，从古吉拉特邦政府购得沿海地块，完成基础设施后，再以非常高的价格出售给经济特区里的其他公司。如曾以5.4万美元/英亩（比购地价格高出百倍）的高价出售给国营的印度石油公司。该集团领导人阿达尼坦陈，“你不可能在没有邦政府的积极支持下就完成基础设施或大型项目，你必须与政府相处，无论首席部长是谁，无论其来自哪个政党。”①英国《经济学人》杂志2012年11月载文“印度企业震惊全球工商界”称，“印度排名靠前的50家公司中，只有15家足够清廉或者没有受到太多国家干预，只有这些公司才值得投资”。②显然，印度财团热衷于与政治家打交道，寻求后者在项目审批、土地使用等棘手问题中的帮扶，助长了“裙带资本主义”。

其二，贫富差距拉大，阶层差距固化。政治—经济权势精英的勾连，固化了财富集聚的路径，“使那些拥有资源和那些没有资源的人们之间的失衡更加严重。”③ 虽然印度财团经常推出各种

---

① Ruth Fremson, “Billionaires' Rise Aids India, and the Favor Is Returned”, *New York Times*, July 26, 2011.

② “India Inc Will Surprise the Business World and Start Cleaning Up Its Act”, November 21, 2012, http://www.economist.com/news/21566422-india-inc-will-surprise-business-world-and-start-cleaning-up-its-act-crony-war.（上网时间：2014年1月2日）

③ Jeffrey Birnbaum, “The Road to Riches Is Called K Street: Lobbying Firms Hire More, Pay More, Charge More to Influence Government”, *Washington Post*, June 22, 2005, p. A 1. 转引自：［美］杰弗里·M·贝瑞、克莱德·威尔科克斯著，王明进译：《利益集团社会》（第5版），2012年版，第22页。

各样的社会责任项目，但凭借财富集聚的路径依赖，其吸聚财富的能力超出其他行为体。因此，一方面，印度财团实力雄厚，前55名富豪的资产总额与年国内生产总值的比例约为1/6，且有54人入选2013年3月的福布斯富豪榜（全球1342人），另一方面，印度拥有全球最大的贫困人口数量，迄今仍有约4.55亿民众生活在世界银行设定的贫困线以下（每天消费低于1.25美元）。根据印度政府计划委员会的调查报告，“印度的财产分配极端不公平，最富有的5%的家庭拥有38%的财富，而底层60%的家庭仅拥有13%的财富”。[①] 的确，财团与贫富差距之间没有必然的逻辑联系，但财团通过施加政治影响力，构筑密切的政治—经济网络，巩固了其在财富积累方面的优势地位，而其他中小企业者或刚进入工商界的初学者来说，其获得财富的困难将更大。对于贱民、穆斯林、偏远山区民众等社会弱势阶层来说，其日益被排挤在政治—经济权力体系之外。目前，尚无贱民或穆斯林出身的大财团领袖，两者在社会中的代表性也很低。经济上的弱势一定程度上折射到政治层面。穆斯林约占印度总人口13%，但2004年和2009年两届大选中，穆斯林议员占人民院议席总数的比例仅为6.26%（34人）和5.16%（28人）。[②] 古吉拉特邦的情况更为极端，该邦大选连续25年（1989年—2014年）没有产生穆斯林议员。

① Ritika Chopra，“Income Gap between Rich and Poor Has Widened，Says Planning Commission”，http：//indiatoday. intoday. in/story/rich-and-poor-division-penury-hdr-planning-commission/l/157212. html.（上网时间：2012年3月28日）

② “Number of Muslim MPs in Lok Sabha Drops”，May 20，2009，http：//election. rediff. com/report/2009/may/20/loksabhapoll-number-of-muslim-mps-falling. htm.（上网时间：2014年4月15日）

其三，加剧政治系统的腐败。利益集团利用其强大的权力资源，进行权力寻租、钱权交易或其他违法活动，是目前“集体腐败”或“组织性腐败”的重要诱因，[①] 印度也不例外。许可证时期的腐败问题非常严重，政治力量进行“权力寻租”，依靠手中的审批权捞取权力、声望和资金，财团则提供竞选资金、工作机会、生活赞助等诱惑“俘获”政治力量。英迪拉·甘地曾做出禁止政治献金的决定，初衷是迎合左翼力量抑制财团渗入政治体系的诉求，其结果却是事与愿违地加剧了黑金问题。因为“政党发现缺乏足够、合法的渠道获得资金，以运营其组织并参与选举。在此情势下，政党别无他法，而必须依赖以黑金形式存在的非法资金”，“结果是在财团执政党之间形成腐败的集资轴心，以不透明的方式强化了工商界对政治的影响”。[②] 1977 年的“国大党索贿案”，可以说侧面反映了财团对政党竞选资金来源的重要性。1977 年 10 月 3 日，印度中央调查局公布“国大党索贿案”调查报告，引起舆论一片哗然。报告称，“国大党为了加强该党财力、备战大选，在 1976 年底—1977 年初期间，通过滥用职权从大财团处集资，一些部长和高级文官卷入其中”，“为了逃避法律对政治献金的限制，这些人通过出售纪念品的方式来进行集资……最终，全印国大党委员会（AICC）获得 190 家企业的捐款，每家超

---

① 程浩、黄卫平、汪永成：“中国社会利益集团研究”，《战略与管理》，2003 年第 4 期，第 69 页。

② M. V. Rajeev Gowda，E. Sridharan，“Reforming India's Party Financing and Election Expenditure Laws”，p. 232.

过10万卢比，总共筹得款项8000万卢比。”[①]经济改革后，财团通过金钱施加政治影响力的过程，也在一定程度上加剧了钱权交易。2009年以来，印度接连爆发2G招标丑闻、煤炭贱卖腐败案及涉及国大党、印人党高层的腐败案件，引起了民众对政党—财团钱权交易的关切。“印度反对腐败”领导人、平民党（AAP）创始人柯基利瓦尔曾指责安巴尼财团“以近乎停产以及囤积居奇的手段，胁迫政府提高燃气价格”。他还指责政府2012年迫于安巴尼财团的压力，将与安巴尼财团作对的原石油部长S. 贾帕尔·雷迪（S. Jaipal Reddy）撤职。[②] 平民党由一批致力于反腐的社会

① Delhi Special Police Establishment，FS II Branch，First Information Report（Recorded u/s 154 Cr. P. C.），转引自：Krishna Kumar Birla，*Brushes with History*：*An Autobiography*，2007，pp. 651－654。根据调查报告，时任内阁部长P.C. 赛提（P. C. Sethi）直接联系所有的大财团，以及主要的工商协会，要求他们捐款，筹集资金用于国大党参加议会选举的竞选资金。当时的商务部长D. P. 查托帕迪雅雅（D. P. Chattopadyaya）从纺织行业和咖啡种植园主获得大量捐款，而石油部长K. D. 马拉维亚（K. D. Malaviya）则从人造纤维生产商获得相似数额的捐款。总理私人秘书R. K. 达旺（R. K. Dhawan）向很多企业家施压，要求他们捐款，3名大企业家帮助赛提筹款，他们是M/s Duncan Brothers & Co. Ltd的R. P. 戈恩卡（R. P. Goenka）、比尔拉集团的K.K. 比尔拉，以及工商联主席M.V. 阿鲁纳查拉姆（M. V. Arunachalam），他们帮助赛提诱导或施压大财团捐款。大选前，有人曾对这些捐款的合法性提出质疑。工商联的一些成员表示担忧，赛提就与时任司法部长兼公司事务部长H. R. 高卡勒（H. R. Gokhale）沟通，高卡勒与工商联代表团举行会谈，并指令司法部出具上述捐款不受1956年公司法293A条款束缚的证明，以消除索贿对象的后顾之忧。这个证明于1977年3月8日出具，并交给赛提本人。调查报告称，国大党上述政要的行为违反1947年《预防腐败法》的5（i）（d）和5（2）款，以及1956年《公司法》的293款。

② “Now，Reliance in Kejriwl's Line of Fire”，*Economic Times*，November 1，2012.

活动家于2012年底成立，创始人柯基利瓦尔曾是一名税务官。[①]该党高举反腐旗帜，在2013年底新德里地方议会选举中跃升为第二大党（总共70席，平民党与印人党分获28席、30席），在2015年2月德里地方议会选举中更是斩获60席跃升为第一大党。足见民众对腐败问题的强烈反感。2012年10月10日，时任印度总理辛格在中央调查局和各邦反腐局的年会上表示，政府将修改《预防腐败法》，使行贿者与受贿者都受到处罚。他说“腐败大案大多数情况下与大的商业行为体有关”，并暗示一些腐败问题与大财团相关联。[②] 印度“媒体研究中心”调查显示，大约20%的人承认在过去十年的竞选活动（包括中央和地方）中，遭遇过“选票换现金”的情况。[③] 拉胡尔·巴贾吉在参加工联的2011年年会时承认，“政党捐款从何而来？我本人在议会干过四年。政党捐款不靠支票、不靠党费，主要靠黑钱。”他暗示，一些大企业涉嫌卷入黑金政治。[④] 2013年10月底，正当政府迫于舆论压力加大反腐力度之际，商工协却表示“政府对许多令人尊敬的实业

① 柯基利瓦尔表示，其最初在政府的所得税司（Income Tax Department）工作，后来因不满财团对政治系统的“腐蚀”而愤然辞职。据他回忆，“有一次，我所在的所得税司向某大公司发出欠税通知。一名公司代表威胁称，他们决定这个国家的法律，如果税务部门胆敢干扰公司的话，公司就给税务部门找茬。最后，税务部门坚持要求公司缴纳税款，但其负责人不久就被调离岗位。如果一家公司就能够决定高级官僚前途的话，其势必也能影响国家政策。”Gurdeep Singh，“The Imprint of Big Business on Policy：For Whom the Bell Tolls?”，May 2011，http：//www. sme-world. org/story/cover-stories/for-whom-bell-tolls-9. php.（上网时间：2014年1月2日）。

② “PM Says Failure to Stop Bribery Will Be Punished”，*Economic Times*，October 11，2012.

③ “Indian Politics，A Lucrative Business”，May 14，2009，http：//www. live-mint. com/2009/05/14164721/8216Indian-politics-a-lucr. html.（上网时间：2014年1月2日）

④ “Black Money Funds Political Parties：Rahul Bajaj”，*Economic Times*，February 11，2011.

家和退休高级文官的调查非常不幸”，指责“政府的调查进一步削弱本已下滑的投资和消费信心”。实际上，这是为财团施加政治影响力时可能诱发的腐败问题进行袒护。对印度涉及选举、政党捐款的法律法规研究后发现，“印度有关政党捐款、选举费用的法律非常复杂。但是，这些法律可能对选举系统产生负面影响，过低的捐款上限导致政党捐款由地上转入地下，不明来源的赞助或‘黑钱’非常盛行，那些愿意且能够掌握黑钱的人主导着政治”。① 这种腐败情况还可能蔓延至媒体行业，印度报业评议会的报告指出，“近年来，印度媒体的腐败问题日益严重，已经不再是单个记者和具体媒体集团的腐败。最初的做法是简单的收受现金，后来演变为‘植入’对行贿方有利的信息或观点，到现在已经形成机制化和组织化的腐败。报纸和电视频道接受赞助，刊载或播报对某些个人、企业团体、政党代表、候选人等有利的信息，并将这些信息包装成‘新闻’……导致‘新闻’和‘广告宣传’的界限日益模糊”。②

此外，政党向财团的筹资行为有时会导致腐败，历史上许多腐败大案都与筹资有关。前总理拉奥在 2000 年因 1993 年贿选丑闻被判有罪。此外，“虽然人气最旺的候选人可能有实力筹集足够的资金，来资助自己的选举，但印度的大多数候选人都受到政党资金的大量资助。”③ 选举费用的增加使得财力雄厚但有犯罪记录的人更容易参与政治。意识形态在印度政治中的驱动作用在下

① M. V. Rajeev, Gowda and E. Sridharan, “Reforming India’s Party Financing and Election Expenditure Laws”, p. 226.

② Paranjoy Guha Thakurta, Kalimekolan Sreenivas Reddy, Members, Press Council of India Sub-Committee Report, “‘Paid News’: How Corruption in the Indian Media Undermines Democracy”, April 01, 2010.

③ Chandan Mitra, *The Corrupt Society: The Criminalization of India from Independence to the* 1990*s*, 1998, p. 115.

降，使得各政党将赢得选举作为首要任务，政党倾向于支持能够自行解决经费的候选人（不乏一些有犯罪情形之人），这也为有犯罪记录的候选人提供机遇。普通民众也默认乃至支持这些有犯罪背景的人参选，因为这些人在地方根基很深、人脉网络很强，是“地头蛇”，选民认为其当选后能够有效保护自己的族群利益。[①] 其结果是，“20 世纪 70 年代后，有犯罪记录的人不再甘居幕后，而是开始直接参选。国大党一党独大时期，这些人满足于与国大党政客的勾连，但当印度政治进入多党竞逐时代，这些人不确定与其联系的政党能够赢得大选。为减少不确定性，这些人索性直接参与政治。与此同时，越来越多的政客也从事犯罪活动”，印度政治出现“犯罪化”问题。[②] 对此，全国选举观察和民主改革联盟有过很多调研。两家机构依据竞选人提交给选举委员会的个人材料，对 2009 年当选的 521 名议员和 2014 年当选的 541 名议员进行背景分析，其余议员因为个人材料存在问题无法进行分析。分析结果显示，2009 年 521 名被分析的议员中，158 人（约 30%）承认受到犯罪指控，其中 77 人（15%）被控有严重犯罪；[③] 2014 年选取的 541 名议员中，186 人（约 34%）承认有犯罪指控，其中 112 人（约 21%）涉嫌严重犯罪。此外，国大党、

① Milan Vaishnav, “The Market for Criminality: Money, Muscle and Elections in India”, August 31, 2011, http://ssrn.com/abstract = 1928011.（上网时间：2015 年 2 月 5 日）

② 参见：Milan Vaishnav, “The Market for Criminality: Money, Muscle and Elections in India”, August 31, 2011, http://ssrn.com/abstract = 1928011; Milan Vaishnav, “The Merits of Money and ‘Muscle’: Essays on Criminality, Elections and Democracy in India”, 2012, http://academiccommons.columbia.edu/catalog/ac%3A146579.（上网时间：2015 年 2 月 5 日）

③ 根据研究机构的界定，严重犯罪的情况包括但不限于：可判刑 5 年或 5 年以上的；不得保释的；与选举有关的；造成国库巨额损失的；与攻击、谋杀、绑架、强奸等暴力犯罪相关的；人民代表法和预防腐败法提及的相关情形；针对妇女的。

印人党等主要政党都未能独善其身，相当一部分当选议员都涉嫌犯罪。2014 年大选中，印人党 98 名当选议员（占该党总当选议员的 35%）有犯罪指控在身，而严重犯罪的比例是 22%（63 人）。国大党受到犯罪和严重犯罪指控的议员分别是 8 人和 3 人，占当选议员（共 44 人）的比例分别是 18% 和 7%。其他主要政党全印安纳德拉维达进步联盟、湿婆军和全印草根国大党当选议员受到犯罪指控的议员分别是 6 人（总 37 人的 16%）、15 人（总 18 人的 83%）和 7 人（总 34 人的 21%），受到严重犯罪指控的人数和比例分别是 3 人（8%）、8 人（44%）和 4 人（12%）。[①] 对此，有学者甚至忧虑地指出，“国家权力、暴力以及金钱的权力，在选举中更加明显，使得候选人开始乞求有黑钱的人的捐助，甚至寻求犯罪团伙占领票箱。”[②]

总之，金钱政治使财团更容易通过“以钱换权”，与政治力量进行利益交换。政党对财团资金的需求，给财团提供“以钱换权”、以“超级资本主义”取代“民主资本主义”的机会，一定程度上加剧了金钱政治、腐败政治的问题。正如有的学者指出的，“导致印度腐败的一个原因，是没有效率的选举捐款的管理制度。对政党获得资助和选举费用进行管理的法律存在纰漏，使得政党和政治家们滥用政府分配资源的权力，以为本党及本党的选举活动筹集更多资金”。[③]

---

① National Election Watch, Association for Democratic Reforms, “Lok Sabha Elections 2014: Analysis of Criminal Background, Financial, Education, Gender and Other Details of Winners”, May 18, 2014.

② M. B. Chande, *Betrayal of Indian Democracy*, New Delhi: Atlantic Publishers, 1999, p. 100.

③ Sidhant Chandalia & Anirudh Lekhi, “Regulation of Election Campaign Finance in India: Making Elections Truly Free and Fair”, *NUJS Law Review*, No. 3, 2013, p. 505.

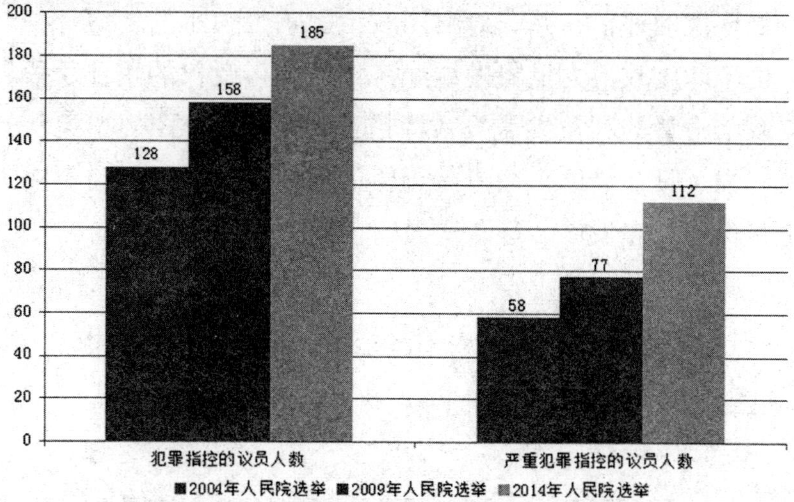

图 2　近三届人民院当选议员涉嫌犯罪的人数

资料来源：National Election Watch，Association for Democratic Reforms，"Lok Sabha Election Watch 2009：A Compendium of State Election Watch Reports"，April 2010；National Election Watch，Association for Democratic Reforms，"Lok Sabha Elections 2014：Analysis of Criminal Background，Financial，Education，Gender and Other Details of Winners"，May 18，2014. 另，根据前一报告，2009 年当选议员受到犯罪指控和严重犯罪指控的议员人数分别是 162 人和 76 人，但后一报告已更新至 158 人和 77 人，此处采用后一报告更新后数据。

第三节　发展前景：动态增强

印度政府决策系统非常复杂，影响因素很多，包括国内外宏观形势、国内政治力量对比、公共舆论导向乃至决策者个人状况等，财团的政治影响力只是诸多因素中的一个。此外，议员人数、财团资产等指标比较好衡量，但政治影响力却难以量化，有时甚至因为运作过程的不透明而无法百分之百确认。因此，对印度财团政治影响力的前景评估，也主要基于对其系统因素（政治机制、财团资源、舆论认知和财团凝聚力）的分析，或者说是财团发展环境的评估，并非对财团政治影响力大小的精准评估。未来，由于印度政治力量将发展经济作为获得政权的重要手段，财团与政治力量的利益供需关系将趋于平衡，且财团对舆论认知的影响趋强、日益借助工商界聚合体的大平台，财团政治影响力总体上将保持动态发展、逐渐增强的态势。

一、政治机制上，大佬政治依然会继续存在，且已出现三大趋势会更有利于财团发挥政治影响力

其一，政治力量对财团的需求和借重在增强而非减弱。财团与政治力量的互动模式出现新变化，资本力量日渐主导印度社会发展。印度政府的决策，并非所有社会群体共同参与的结果，也难以称得上是相关行为体出于公共利益进行选择的过程，更多的是财团代表的经济权势与政治力量主导的政治权势之间双向互动、彼此缔约的过程。现在的印度，无论是中央层面还是地方层面，政治力量都逐渐认识到经济发展的重要性，即使有时打着“平民主义”、抑制私营资本的发展的旗号，但总体上都将实现经济发展作为政策目标。在此情势下，政治力量对财团资本投资、政策咨询、对外联络等方面的倚重就会增强，即使是左翼政党也不例外。2011 年前曾执政西孟加拉邦数十年的印共（马），就一度欢迎塔塔财团在西孟加拉邦投资设厂，并在土地使用方面给予优惠，甚至动用警力征用土地。① 换句话说，“当前的印度正在经历大变革。这场变革的本质是市场（而非国家）将成为经济的主

① 印共（马）为了获得塔塔财团的投资，动用警力征用土地，与失地农民发生流血冲突，引发基层民众的反感。到头来，印共（马）既没有赢得塔塔财团的投资，又因为征地违背立党之本、失去民心而丢掉执政地位，可谓“赔了夫人又折兵”。

导力量。国家权力将用于重构社会，使之与市场的关系更加融合。涉及到财产、劳动力、自然资源的所有法律体系必须予以重组，以便更加有利于资本。我们已经见证国家促进土地市场、改变劳动力机制的做法了……这一变革将创造新的国家—资本的共谋共生关系。"①

其二，财团与政治力量的社会结构出现变化，政商交融、亦政亦商的情况有所增加。一方面，财团对政治机制的参与力度增强。财团及其工商界无法独自组建政党，但却可以借助议会直接进入政治机制。第十四届（2004—2009 年）人民院中，工商界出身的议员人数占总议席比例，由经济改革初期（1991—1996 年第十届）的 15.07% 增加到 22.33%。此外，联邦院的工商界议员比例，则由 1994 年的 9.88% 增加到 2010 年 15.9%。② 由于未来竞选费用将继续增加，选举本身已经成为富人的游戏，财团或通过政治献金，或通过直接参选，对议会的介入力度将会增强。近年来，财团在有关政治捐款问题上的发言权有所增大，足以表明财团仍是政党重要资金来源。此外，一些财团还善于把经济实力转化成政治资本。2011 年 9 月 5 日，中央调查局逮捕涉嫌卡纳塔克邦非法采矿案的迦里·贾纳达纳·雷迪及其兄弟，并调查与其关系密切的安得拉邦前首席部长 YSR·雷迪的儿子嘉甘·雷迪。雷迪兄弟不仅是矿业大佬，而且在卡纳塔克邦和安得拉邦有很强政治影响力。贾纳达纳曾任邦旅游和基础设施发展部部长，其兄长当时出任税务部长，弟弟亦是邦议员，且该家族与印人党高层来

① Niraja Gopal Jayal, Pratap Bhanu Mehta, *The Oxford Companion to Politics in India*, 2010, p. xviii.

② Ibid., p. 472.

往密切。[①] 另一方面，政治力量转向财团的概率增强。一些政治力量不想错过经济改革带来的巨大利益，对经济事务的介入程度增强。国大党主席索尼娅·甘地的女婿被爆卷入地产财团的土地交易丑闻，尼赫鲁家族也被质疑涉嫌借用外壳公司牟利，印度人民党前主席尼廷·迦德卡里涉嫌卷入土地买卖丑闻。地方政治力量涉足经济领域的情况更加明显。如，曾五次出任泰米尔纳杜邦首席部长的卡伦纳尼迪，其家族控制着泰米尔纳杜邦最大媒体财团。有学者指出，“一些新的企业家来自官僚、军官家庭，另一些企业家来自专业阶级或由于在精英的工程商业学校接受教育建立关系网，因此，官僚和私人资本之间已经形成新的联合体。”[②] 换句话说，财团与政治力量间的联合日益密切，甚或相互交融，政治—经济权势网络日益固化，财团发挥政治影响力的渠道更加顺畅。

其三，政治多元弱化了政治力量地位，财团在博弈中的地位有所增强。财团政治影响力的发挥，与政治力量的强弱不无关系。当政治力量比较强势、又与财团存在利益矛盾时，财团就会处于相对弱势，其政治影响力也会受到抑制；当政治力量比较弱势，政治力量内部斗争比较激烈时，财团往往能够从中渔利，更好地发挥政治影响力。印度财团与政府的关系史已经证明了这点：国大党一党独大时期，特别是尼赫鲁执政时期，政治力量在与财团的互动博弈中处于绝对优势，故而财团在施加政治影响力时相对被动。20 世纪 60 年代末至 70 年代后期，印度政治格局开始多元化，政局一度陷入动荡，为财团提供了影响政治博弈的机

---

① “Illegal Mining Accused Reddy Brothers Under CBI Custody”, September 5, 2011, http://www.newstrackindia.com/newsdetails/239113.（上网时间：2011 年 10 月 2 日）

② Pranab Bardhan, *Awakening Giants, Feet of Clay: Assessing The Economic Rise of China and India*, 2010, pp. 85 –86.

会，前文已经有所论述。当然，财团在政局动荡中发挥了什么作用，有不少质疑之声。经济改革后，国大党和印人党两大全国性政党党争激烈，地方政治势力做大做强，政治多元化更加明显，而行政官僚的地位又因许可证制度的瓦解而有所下降，财团在与政治力量的博弈中日益主动。2013 年夏天，新德里遭遇电荒，除了居民夏季用电激增外，也由于安巴尼财团拖欠国营电力公司款项，使后者面临经营困难。对此，新德里政府并未采取法律强制措施，而是由德里时任首席部长谢拉·迪克希特（Sheila Dikshit）致信阿尼尔·安巴尼，要求其所属电力配送公司尽快向国营发电和输电公司偿还欠款，以保障新德里居民夏季供电。[①] 政府态度软硬取舍之间，就可以佐证安巴尼财团的权势大小。未来，印度政治多元化进程难以扭转，使得任何政治力量在与财团博弈时，都无法做到一党主政时期国大党那样强势，财团的地位则因其实力增长会有所增强。

二、财团资源与凝聚力方面，财团可以施加政治影响力的资源和途径会增加，工商协会的地位会得到提升

印度财团拥有强有力的策略手段和途径，其政治影响力是多维的、全面的。一般来讲，影响政府决策的架构可以分为“核心”、“中心”和“外围”三个层次。对于印度来说，决策核心主要由政治领袖、政党、议会和官僚等构成，属于“政治权力主体”；中心主要指媒体、智库、学者等，扮演引导、塑造和影响政策议题和决策思路的角色；外围主要指普通民众，信息化时代其影响政府决策的能量在增强，但总体来看并未进入决策体系，

① “Delhi CM Writes to Ambani over Power Dues”, *Economic Times*, June 2, 2013.

或者说大多数印度民众尚未有影响决策的意识和能力。过去二十余年，财团的经济实力在不断增长，涉足领域、营业收入、雇佣人数等不断增多，对税收、金融、就业等领域稳定发展的推动力在增强。此外，通过前文论述也可发现，财团在构建政经权势网络、影响政策研制理念方面，也较之前更加积极。应该说，印度财团在施加政治影响力的过程中，全面介入了政府决策的核心、中心和外围三个层面。

在影响决策核心方面，印度财团通过拉拢政治领袖、议员和行政官僚，参与政府和议会的各种委员会，直接参加议会选举，甚至介入政治斗争、扶持亲财团力量，直接或间接地参与政治权力架构。在影响决策中心方面，财团通过控制主流媒体、拉拢媒体从业人员、交叉控制不同载体的媒体等方式，强化了对“无冕之王”的控制，以便有效地输出自己理念，引导公众舆论和议程设置，有时甚至将之作为与政治力量博弈的平台，通过选择性、倾向性地报道来制衡政治力量。此外，随着智库、学者在政策研制中咨询作用的增强，印度财团日益重视对智库的影响，扶持设立的一些智库发展迅速。虽然总体上看，有财团背景的智库尚未成为印度智库界的主流，但其影响力在迅速提高。在影响决策外围方面，印度财团凭借企业社会责任，拉近与普通民众的关系，赢得后者好感、甚至让民众认可财团的政策理念，进而对政府施加影响。印度传统文化对财团持质疑态度，财团也需要通过直接与民众的接触交流，来提升自身影响。这也就是印度财团高度重视企业社会责任的原因。而且，财团在对外经济交往中的地位和能见度增强，成为外界审视印度发展的重要窗口。这也有助于提升财团在国内民众中的形象。更为重要的是，为了强化政治影响力，印度财团主导成立的三大工商协会，吸聚了各行各业的大量企业，成为工商界的利益代言人。工商协会对政策议题的专业性、对全国企业的代表性、涉及行业的广泛性、内外交流的开放性，使其成为印度政府决策过程中必须要考虑的因素。从目前态势看，印度的工商协会已经超越单个财团，成为财团施加政治影响力的主要平台，且此态势将更加强化。有学者指出，“经济改革之后，财团资本及其代表的阶级对公民社会取得主导性地位……随着印度经济的持续快速增长，这种主导性控制可能持续。”①

三、舆论认知方面，公众舆论对财团的负面认知将会减弱，正面认知将会增强

印度传统文化存在“重精神、轻物质”的成分，无论是普通民众还是政治精英，都对财团持有怀疑乃至轻视态度。印度财团也致力于通过推广企业社会责任、进行舆论正面报道、宣传企业成就等，改善公众舆论对财团的认知。公民社会的多元性、网络社会的信息透明性，可能使公众更多地认识到财团政治影响力的负面因素，进而对此种行为进行抵制。但从另一个角度看，财团可以运用更多的手段，凭借其掌握的舆论、信息优势，提升公民社会对自己的信任，施加更大的政治影响力。此外，印度中产阶级兴起，对改善物质生活的追求增多，对开放市场理念的接受度增强，也更能客观地看待财团在促进经济社会发展中的作用。政治力量层面，由于对财团的需求增多，对财团在经济发展中的积极作用的肯定增多，各政治力量对财团的看法也更加积极。即使传统上对财团持否定态度的左翼力量，也或多或少地改变了其对“资本家”的看法。在当前的印度，无论是左翼政党还是右翼政党，都将经济发展作为首要执政目标，无疑为资本或财团施加影

① Niraja Gopal Jayal, Pratap Bhanu Mehta, *The Oxford Companion to Politics in India*, 2010, pp. 10 – 12.

响提供更大空间。事实上，印度政坛的左右翼政党之分，或者某个政党内部的左右派系之争，都不妨碍财团施加政治影响力，左右派系的区别在于“度”，而非“质”。

参考文献

一、中文文献

（一）著作

1. 白万纲：《世界财团管控案例》，北京：中国发展出版社，2009年版。

2. ［美］彼得·J. 卡岑斯坦著，陈刚译：《权力与财富之间》，长春：吉林出版集团有限责任公司，2007年版。

3. 陈峰君：《印度社会述论》，北京：中国社会科学出版社，1991年版。

4. 陈金英：《社会结构与政党制度：印度独大型政党制度的演变》，上海：上海人民出版社，2010年版。

5. ［英］大卫·米勒著，邓正来译：《布莱克维尔政治学百科全书》，北京：中国政法大学出版社，2002年版。

6. ［美］戴维·杜鲁门著，陈尧译：《政治过程——政治利益与公共舆论》，天津：天津人民出版社，2005年版。

7. ［英］丹尼斯·C·缪勒著，韩旭、杨春学等译：《公共选择理论》（第三版），北京：中国社会科学出版社，2010年版。

8. ［印］迪帕克·拉尔著，赵红军主译：《印度均衡：公元前1500—公元2000年的印度》（节选和修订版），北京：北京大学出版社，2008年版。

9. 董晓阳：《俄罗斯利益集团》，北京：当代世界出版社，

1999 年版。

10. ［美］G. M. 格罗斯曼、E. 赫尔普曼著，李增刚译：《利益集团与贸易政策》，北京：中国人民大学出版社，2005 年版。

11. ［美］汉密尔顿、杰伊、麦迪逊著，程逢如、在汉、舒逊译：《联邦党人文集》，北京：商务印书馆，2009 年版。

12. 蒋云根：《政治人的心理世界》，上海：学林出版社，2002 年版。

13. ［美］杰弗里·M. 贝瑞、克莱德·威尔科克斯著，王明进译：《利益集团社会》（第五版），北京：中国人民大学出版社，2012 年版。

14. 李寿祺：《利益集团与美国政治》，北京：中国社会科学出版社，1988 年版。

15. ［美］理查德德·雷恩著，何俊志译：《政府与企业——比较视角下的美国政治经济体制》，上海：复旦大学出版社，2007 年版。

16. 林承节：《印度独立后的政治经济社会发展史》，北京：昆仑出版社，2003 年版。

17. 林承节：《印度史》，北京：人民出版社，2004 年版。

18. 林良光：《印度政治制度研究》，北京：北京大学出版社，1995 年版。

19. 林聚任：《社会网络分析：理论、方法与应用》，北京：北京师范大学出版社，2010 年版。

20. 刘洪钟：《韩国赶超经济中的财阀制度研究》，北京：光明日报出版社，2009 年版。

21. ［美］罗伯特·A. 达尔、布鲁斯·斯泰恩布里克纳著，吴勇译：《现代政治分析》（第六版），北京：中国人民大学出版社，2012 年版。

22. ［美］迈克尔·约翰斯顿著，袁建华译：《腐败征候群：

财富、权力和民主》，上海：上海人民出版社，2009 年版。

23. ［美］米拉·坎达著，黄悦译：《印度星球：快速发展给世界带来的影响》，北京：三联书店，2009 年版。

24. ［美］默里·L. 韦登鲍姆著，张兆安译：《全球市场中的企业与政府》（第六版），上海：上海三联书店、上海人民出版社，2006 年版。

25. ［英］尼尔·弗格森著，黄煜文译：《金钱与权力》，台北：联经出版公司，2013 年版。

26. ［美］诺曼·杰·奥恩斯坦、雪利·埃尔德著，潘同文、陈永易、吴艾美译：《利益集团、院外活动和政策制定》，北京：世界知识出版社，1981 年版。

27. 彭萍萍：《欧盟利益集团与政策制定》，北京：中央编译出版社，2012 年版。

28. ［美］乔治·斯蒂娜、约翰·斯蒂娜著，张志强、王春香译：《企业、政府与社会》，北京：华夏出版社，2002 年版。

29. 任佳：《印度工业化进程中产业结构的演变：印度发展模式初探》，北京：商务印书馆，2007 年版。

30. ［印］桑贾亚·巴鲁著，黄少卿译：《印度崛起的战略影响》，北京：中信出版社，2008 年版。

31. ［日］辻中丰编著，郝玉珍译：《利益集团》，北京：经济日报出版社，1989 年版。

32. 沈开艳 等著：《印度经济改革发展二十年：理论、实证与比较（1991—2010）》，上海：上海人民出版社，2011 年版。

33. 孙培钧、华碧云、张敏秋、高鲲：《印度垄断财团》，北京：时事出版社，1984 年版。

34. 孙培钧、华碧云：《印度国情与综合国力》，北京：中国城市出版社，2001 年版。

35. 唐昊：《竞争与一致：利益集团政治影响下的美国霸权逻

辑解析》，北京：人民出版社，2010 年版。

36. 王红生：《论印度的民主》，北京：社会科学文献出版社，2011 年版。

37. ［美］威廉·多姆霍夫著，吕鹏、闻翔译：《谁统治美国：权力、政治和社会变迁》（第五版），南京：译林出版社，2009 年版。

38. 徐家良：《制度、影响力与博弈》，北京：中国社会出版社，2003 年版。

39. 杨冬云：《印度经济改革与发展的制度分析》，北京：经济科学出版社，2006 年版。

40. 杨帆：《利益集团》，郑州：郑州大学出版社，2010 年版。

41. ［美］詹姆斯·M. 布坎南著，王金良译，《制度契约与自由——政治经济学家的视角》，北京：中国社会科学出版社，2013 年版。

42. 赵刚印：《现代化进程中的公民政治参与》，上海：上海人民出版社，2010 年版。

（二）学术文章

1. ［印］比潘·钱德拉、白荷译：“1936 年的贾瓦哈拉尔·尼赫鲁与印度资产阶级（续）”，《南亚研究》，1982 年第 4 期。

2. 包雅钧：“政治过程分析方法的回顾与反思”，《东方论坛》，2007 年第 6 期。

3. 蔡亮：“试析农业利益集团对日本政治的影响——兼论‘农协’在反 TPP 活动中的政治影响力”，《日本学刊》，2012 年第 5 期。

4. 陈彬彬：“印度资本形成中的强政府作用与启示”，《世界经济研究》，2002 年增刊。

5. 陈翰笙、孙培钧：“印度财团的发展过程及其前途”，《南亚研究》，1983 年第 4 期。

6. 陈继东：“印度的资本积累及其对经济发展的作用”，《南亚研究季刊》，2000 年第 1 期。

7. 陈金英：“印度地方政党及其政治影响”，《南亚研究季刊》，2007 年第 3 期。

8. 陈振明：“政治与经济的整合研究——公共选择理论的方法论及其启示”，《厦门大学学报（哲学社会科学版）》，2003 年第 2 期。

9. 陈震、秦慧丽：“印度政府在资本形成中的作用”，《亚太经济》，2001 年第 4 期。

10. 程浩、黄卫平、汪永成：“中国社会利益集团研究”，《战略与管理》，2003 年第 4 期。

11. 戴永红、秦永红：“印度软件企业国际化成功的社会文化因素”，《南亚研究季刊》，2008 年第 2 期。

12. 高宇：“日本财阀企业的发展及其社会影响”，《日本学刊》，2012 年第 4 期。

13. 黄子都：“论印度资产阶级的性质和特点”，《世界政治资料》，1983 年第 2 期。

14. 华碧云：“印度私人垄断资本与外国资本的关系”，《现代国际关系》，1983 年第 3 期。

15. 华碧云：“印度财团的消长”，《南亚研究》，1999 年第 1 期。

16. 华碧云：“印度财团在印度经济发展中的作用”，《南亚研究》，2005 年第 2 期。

17. 华碧云：“当代印度财团的特点”，《南亚研究》，2008 年第 2 期。

18. 胡键：“俄罗斯利益集团的演变及其对政治决策的影响”，《俄罗斯研究》，2004 年第 3 期。

19. 胡仕胜："试论中国—南盟经贸合作制约因素及经济一体化之道"，《东南亚南亚研究》，2010 年第 1 期。

20. 焦文峰："政治参与的限制因素"，《南京社会科学》，1999 年第 3 期。

21. 孔令栋："产权变革和寡头垄断——对俄罗斯私有化的政治分析"，《东欧中亚研究》，2000 年第 5 期。

22. 李明、王小坤："企业政治策略研究评述"，《长沙理工大学学报（社会科学版）》，2010 年第 1 期。

23. 刘军："国内政治、对外政策及其相互影响"，《国际论坛》，2010 年第 2 期。

24. 马荣久："国内政治与外交决策——以领土争端中的印度对华决策为例（1959—1962）"，《世界经济与政治》，2009 年第 12 期。

25. 梅之："印度独立以来的资本主义发展"，《南亚研究季刊》，1985 年第 1 期。

26. 潘悦："大垄断企业在韩国产业结构发展中的地位和作用"，《山东大学学报（哲社版）》，1993 年第 3 期。

27. 农雪梅："俄罗斯政权与寡头关系的演变"，《俄罗斯中亚东欧研究》，2007 年第 4 期。

28. 彭树智、赵克毅："近代印度大资产阶级的形成及其特点"，《历史教学》，1963 年第 11 期。

29. 施颜："美国垄断资本加紧控制印度"，《世界知识》，1964 年第 23 期。

30. 宋海啸："印度对外政策决策模式研究"，《南亚研究》，2011 年第 2 期。

31. 宋新宁："试论印度共产党和共产国际对待资产阶级的策略（1920—1934）"，《国际工运史研究》，1987 年第 1 期。

32. 孙培钧："论印度垄断资本"，《南亚研究》，1982 年第

11 期。

33. 孙志茹，张志强："基于信息流的思想库政策影响力分析框架研究"，《图书情报工作》，2011 年第 10 期。

34. 谭融："美国的利益集团政治理论综述"，《天津大学学报（社会科学版）》，2001 年第 1 期。

35. 陶笑虹："试论近代印度、中国的铁路政策——兼论两国资产阶级的早期成长环境"，《华中师范大学学报（哲社版）》，1993 年第 5 期。

36. 王亮："企业政治行为的动机分析及战略选择研究"，中国科技大学博士论文，导师：赵定涛，2007 年。

37. 王鹏远、朱颖妮："日本财阀式家族制企业向现代法人企业形态变迁的启示"，《企业研究》，2010 年第 9 期。

38. 王文英："论日本财阀系企业集团的形成及其特征"，《苏州大学学报（哲学社会科学版）》，2008 年第 2 期。

39. 文富德："印度企业'走出去'的经验与教训"，《当代亚太》，2004 年第 5 期。

40. 文富德："印度企业加速'走出去'的主要原因与主要措施"，《南亚研究季刊》，2009 年第 2 期。

41. 徐梅："外国私人资本加紧渗入印度"，《世界知识》，1961 年第 7 期。

42. 萧冷："印度各种资本的初步分析"，《国际问题研究》，1959 年第 4 期。

43. 萧冷："印度大资产阶级同美国垄断资本的勾结"，《世界知识》，1961 年第 23 期。

44. 萧冷："印度大资产阶级剖视"，《世界知识》，1962 年第 24 期。

45. 徐细熊、杨卓、刘星："企业政治关系研究前沿探析"，《外国经济与管理》，2010 年第 3 期。

46. 雅南："印度大资产阶级的某些特点"，《国际问题研究》，1960 年第 1 期。

47. 杨昌沅："论印度民族资产阶级的形成"，《中南民族学院学报》，1984 年第 2 期。

48. 杨昌沅："近代印度大资产阶级特点的初探"，《中南民族学院学报》，1985 年第 2 期。

49. 杨光斌、李月军："中国政治过程中的利益团体及其治理"，《学海》，2008 年第 2 期。

50. 杨汉明等："印度塔塔集团跨境并购给我国企业的启示"，《财务与会计》，2010 年第 3 期。

51. 杨文武："经济全球化与印度国有企业改革"，《南亚研究季刊》，2001 年第 4 期。

52. 岳军："公共选择理论分析框架解析"，《山东财政学院学报》，2004 年第 5 期。

53. 张淑兰："论印度的联合政治与联合政府"，《山东师范大学学报（人文社会科学版）》，2002 年第 3 期。

54. 张淑兰："印度经济改革与选举政治的互动意义"，《南亚研究》，2005 年第 1 期。

55. 张淑兰："印度的国家发展模式与大资产阶级"，《当代世界社会主义问题》，2008 年第 1 期。

56. 张伟："依附与独立：英属印度民族工业资本的历史透视"，《南亚研究季刊》，2008 年第 2 期。

57. 朱明忠："试论印度近现代资本阶级哲学的形成、发展和特征"，《南亚研究》，1984 年第 2 期。

58. 朱旭峰、苏钰："西方思想库对公共政策的影响力——基于社会结构的影响力分析框架构建"，《世界经济与政治》，2004 年第 12 期。

59. 赵佳燕："20 世纪 90 年代以来的印度企业"，《中国集体经济》，2008 年第 7 期。

60. 赵晓："韩国财团向何处去？——'新韩国'体制下韩国大企业的变革"，《经济社会体制比较》，1998 年第 2 期。

二、英文文献

（一）著作

1. Andrew Heywod, *Key Concepts in Politics*, London: Palgrave Macmillan, 2000, 王浦劬 主编，国外经典政治学教材·影印版，北京：中国人民大学出版社，2012 年版。

2. Assema Sinha, *The Regional Roots of Development Politics in India: A Divided Leviathan*, Indiana: Indiana University Press, 2005.

3. ASSOCHAM, *The Assocham Story*, New Delhi: ASSOCHAM, 1995.

4. Babulal Fadia, *Pressure Groups in Indian Politics*, New Delhi: Radiant Publishers, 1980.

5. Babulal Fadia, *Business Communities of India: A Historical Perspective*, New Delhi: Manohar, 1984.

6. Bimal Jalan, *The Future of India*, New Delhi: Pengui Group, 2006.

7. C. Bates, and S. Basu (eds), *Rethinking Indian Political Institutions*, London: Anthem Press, 2005.

8. Claudes Markovits, *Indian Business and Nationalist Politics: 1931 - 1939: The Indigenous Capitalist Class and the Rise of the Congress Party*, Cambridge: Cambridge University Press, 1985.

9. Chandan Mitra, *The Corrupt Society: The Criminalization of India from Independence to the* 1990*s*, New Delhi: Penguin Books In-

dia Ltd, 1998.

10. Debajyoti Burman, *Mystery of Birla House*, Calcutta: Jugabani Sahitya Chakra, 1950.

11. Dilip Mandal and R. Anuradha, *Media Ethics*, Oxford University Press, 2011.

12. Dwijendra Tripathi (ed.), *Business and Politics in India: a Historical Perspective*, New Delhi: Manohar, 1991.

13. Dwijendra Tripathi, *Historical Roots of Industrial Entrepreneurship in India and Japan*, New Delhi: Manohar Publishers & Distributors, 1997.

14. FICCI, *Federation of Indian Chambers of Commerce and Industry: Organization and Functions*, New Delhi: FICCI, 1965.

15. Forum of Free Enterprise, *Basic Documents*, Mumbai: Forum of Free Enterprise, 1966.

16. G. D. Birla, *In the Shadow of the Mahatma*, Mumbai: Orient Longman's Ltd., 1955.

17. George Rosen, *Democracy and Economic Change in India*, Berkeley and Los Angeles: University of California Press, 1966.

18. Geoff Hiscock, *India's Global Wealth Club: The Stunning Rise of Its Billionaires and the Secrets of Their Success*, Singapore: John Wiley & Sons (Asia) Pte Ltd, 2008.

19. G. S. Bhargava, *Indira's India Gate: Latest Study of Political Corruption in India*, New Delhi: Arnold-Heinemann Publishers Private Ltd., 1977.

20. Hamish McDonald, *Mahabharata in Polyester: The Making of the World's Richest Brothers and Their Feud*, Sydney: University of New South Wales Press Ltd., 2010.

21. Harish Damodaran, *India's New Capitalists: Caste, Business*

and Industry in a Modern Nation, Ranikhet: Permanent Black in association with The New India Foundation, 2008.

22. Harold Crouch, *Trade Unions and Politics in India*, Mumbai: Manaktalas, 1966.

23. Howard L. Erdman, *The Swatantra Party and Indian Conservatism*, Cambridge: Cambridge University Press, 1967.

24. H. Venkatasubbiah, *Enterprise and Economic Change: 50 Years of FICCI*, New Delhi: Vikas Publishing House, 1977.

25. James J. Berna, *Industrial Entrepreneurship in Madras State*, New York: Asia Publishing House, 1960.

26. John Degnbol-Martinussen, *Policies, Institutions and Industrial Development: Coping with Liberalisation and International Competition in India*, New Delhi: *SAGE Publications Pvt. Ltd*, 2001.

27. J. C. Johari, *Indian Political System*, New Delhi: Anmol Publications, 2010.

28. Kaushik Basu, Annemie Maertens, eds., *The Concise Oxford Companion to Economics in India*, New Delhi: Oxford University Press, 2010.

29. Kautilya, *The Arthashastra*, Edited, rearranged, translated and introduced by L. N. Rangarajan, New Delhi: Penguin Books, 1992.

30. Krishna Kumar Birla, *Brushes with History: An Autobiography*, New Delhi: Penguin Books India, 2007.

31. Khushwant Singh and Arun Joshi, *Shri Ram: A Biography*, Bombay: Asia Publishing House, 1968.

32. Matthew McCartney, *Political Economy, Growth and Liberalisation in India: 1991 – 2008*, London: Routledge, 2010.

33. Medha M. Kudaisya, *The Life and Times of G. D. Birla*, New

Delhi: Oxford University Press, 2003.

34. M. B. Chande, *Betrayal of Indian Democracy*, New Delhi: Atlantic Publishers, 1999.

35. M. R. Dhekney, *Chambers of Commerce and Business Associations in India*, Bombay: Popular Prakashan, 1971.

36. M. V. Kamath, Kalindi Randeri, *The Man of the Moment: Narendra Modi*, Noida: Vikas Publising House Pvt Ltd, 2013.

37. Niraja Gopal Jayal, Pratap Bhanu Mehta, *The Oxford Companion to Politics in India*, Student Edition, New Delhi: Oxford University Press, 2010.

38. Nitish Sen Gupta, *Inside the Steel Frame*, New Delhi: Vikas, 1995.

39. Padma Charan Dhal, Kalyani Jena, Nalini Prava Mohanty, *Indian Society and Culture*, New Delhi: Atlantic Publishers & Distributors (P) Ltd, 2013.

40. Partha Pratim Basu, *Press and Foreign Policy in India*, New Delhi: Lancer's Books, 2003.

41. Pranab Bardhan, *Awakening Giants, Feet of Clay: Assessing The Economic Rise of China and India*, New Jersey: Princeton University Press, 2010.

42. P. Chentsal Rao, *B. M. Birla: His Deeds & Dreams*, New Delhi: Arnold-Heinemann Pvt. Ltd, 1983.

43. Ramachandra Guha, *India after Gandhi: The History of the World's Largest Democracy*, New Delhi: Picador India, 2007.

44. Rajat K. Ray (ed.), *Industrialization in India: Growth and Conflict in the Private Corporate Sector*, 1914 – 1947, New Delhi: Oxford University Press, 1979.

45. Rajat K. Ray (ed.), *Entrepreneurship and Industry in India*,

1800 – 1947, New Delhi: Oxford University Press, 1994.

46. Rasheed Kidwai, 24 *Akbar Road*, Gurgaon: Hachette Book Publishing India Pvt. Ltd, 2011.

47. R. K. Hazari, *Big Business in India: A Study of Ownership and Control*, Published by the All-India Trade Union Congress, 1961.

48. R. K. Sharma, *Indian Politics After Independence*, Delhi: Swastik Publications, 2012.

49. R. M. Lala, *The Creation of Wealth: The Tatas from the* 19th *to the* 21st *Century*, New Delhi: Penguin Group, 2004.

50. Robert L. Hardgrave, Stanley A. Kochanek, *India: Government and Politics in a Developing Nation*, Fourth Edition, Florida: Harcourt Brace Jovanovich, 1986.

51. Roger Scruton, *The Palgrave Macmillan Dictionary of Political Thought*, Palgrave Macmillan, 2007.

52. Rob Jenkins, *Democratic Politics and Economic Reform in India*, Cambridge: Cambridge University Press, 1999.

53. Sameer Kochhar, *Policymaking for Indian Planning: Essays on Contemporary Issues in Honour of Montek S. Ahluwalia*, New Delhi: Academic Foundation, 2012.

54. Sanjay Kumar (ed.), *Indian Youth and Electoral Politics: An Emerging Engagement*, New Delhi: SAGE Publications India Pvt Ltd, 2014.

54. Sharmila Kantha, Subhajyoti Ray, *Building India with Partnership: The Story of CII*, 1895 – 2005, New Delhi: Penguin Books India, 2006.

55. Shigemochi Hirashima, Hisaya Oda, Yuko Tsujita (ed.), *Inclusiveness in India: A Strategy for Growth and Equality*, IDE-JETRO. London: Palgrave Macmillan, 2011.

56. Stanley A. Kochanek, *Business and Politics in India*, Berkeley: University of California Press, 1974.

57. Stephen P. Cohen, *India: Emerging Power*, Oxford India Paperbacks, New Delhi: Oxford University Press, 2001.

58. S. Maxfield and B. Ross Schneider (ed.), *Business and State in Developing Countries*, Ithaca: Cornell University Press, 1997.

59. Surendranath Dwivedy and G. S. Bhargava, *Political Corruption in India*, New Delhi: Popular Book Services, 1967.

60. Thomas A. Timberg, *The Marwaris: From Traders to Industrialists*, New Delhi: Vikas Publishing House Pvt Ltd, 1978.

61. Ved Mehta, *Mahatma Gandhi and His Apostles*, New York: The Viking Press, 1976.

62. Vineeta Yadav, *Political Parties, Business Groups and Corruption in Developing Countries*, New York: Oxford University Press, 2011.

63. V. S. Ramadevi, S. K. Mendiratta, *How India Votes: Election Laws, Practice and Procedure*, New Delhi: Butterworths India, 2000.

64. Zoya Hasan (ed.), *Parties and Politics in India*, New Delhi: Oxford University Press, 2002.

(二) 政府报告

1. Government of India, *Report of the Monopolies Inquiry Committee*, New Delhi, 1965.

2. Government of India, *Industrial Planning and Licensing Policy: Interim Report to Planning Commission*, New Delhi, 1967.

3. Government of India, *Report of the Industrial Licensing Policy Inquiry Committee*, New Delhi, 1969.

4. Press Council of India, Government of India, *Press Council Sub-Committee Report "Paid News": How Corruption in the Indian Media Undermines Democracy Preface*, New Delhi, April 1, 2010.

5. Comptroller and Auditor General of India, Government of India, *Performance Audit Report on the Issue of Licences and Allocation of 2G Spectrum*, New Delhi, November 16, 2010.

6. Department of Legislative Affairs, Ministry of Law and Justice, Government of India, *Background Paper on Electoral Reforms*, New Delhi, December 2010.

7. M. B. Shah, Chairman, Commission of Enquiry for Illegal Mining of Iron Ore and Manganese, Government of India, *Shah Commission Report: Illegal Mining in the State of Goa*, New Delhi, March 15, 2012.

8. Telecom Regulatory Authority of India, Government of India, *Consultation Paper on Issues Relating to Media Ownership*, New Delhi, February 15, 2013.

9. Telecom Regulatory Authority of India, Government of India, *Recommendations on Issues Relating to Media Ownership*, New Delhi, August 12, 2014.

（三）学术文章

1. Aditi Gandhi, Michael Walton, "Where Do India's Billionaires Get Their Wealth?", *Economic & Political Weekly*, Vol. XLVII, No. 40, 2012.

2. Amiya Kumar Bagchi, "Sealing the Victory of the Corporate Sector", *Economic & Political Weekly*, Vol. XLIX, No. 24, 2014.

3. A. Thothathru Raman, "CEI Changing Name to Take on FICCI, Assocham", *Business and Political Observer*, November 7,

1991.

4. Arvind Virmani, "Economic Reforms: Policy and Institutions, Some Lessons from Indian Reforms", *ICRIER Working Paper* 12, January 1, 2004.

5. Assema Sinha, "Understanding the Rise and Transformation of Business Collective Action in India", *Business and Politics*, Vol. 7, No. 2, 2005.

6. Ashoka Mody, Anusha Nath, Michael Walton, "Sources of Corporate Profits in India——Business Dynamism or Advantages of Entrenchment?", *IMF Working Paper*, January 2011.

7. Atul Kohli, "Politics of Economic Growth in India", *Economic & Political Weekly*, Vol. 41, No. 3, 2006.

8. Baldev Raj Nayar, "Business Attitudes toward Economic Planning in India", *Asian Survey*, Vol. 11, No. 9, 1971.

9. Basharat Peer, "India's Broken Promise: How a Would-Be Great Power Hobbles Itself", *Foreign Affairs*, Vol. 91, No. 3, 2012.

10. Bernard E. Brown, "Organized Business in Indian Politics", *The Indian Journal of Political Science*, Vol. 23, No. 1/4, 1962.

11. Bibhu Prasad Routray, "National Security Decision-Making in India", *RSIS Monograph* No. 27, S. Rajaratnam School of International Studies, 2013.

12. B. M., "FICCI's Charter of Demands", *Economic & Political Weekly*, Vol. 15, No. 45/46, 1980.

13. Brian R. Tomlinson, "Colonial Firms and the Decline of Colonialism in Eastern India", *Modern Asian Studies*, Vol. 15, No. 3, 1981.

14. Dani Rodrik and Arvin Subramanian, "From Hindu Growth to Productivity Surge: The Mystery of the Indian Growth Transition",

IMF Working Paper, May 2004.

15. Diego Maiorano, "Continuity amid Change in India's Political Economy from 1980 to 2004", *Economic & Political Weekly*, Vol. XLIX, No. 9, 2014.

16. E. Sridharan, "Toward State Funding of Elections in India? A Comparative Perspective on Possible Options", *Journal of Political Reform*, Vol. 3, No. 3, 1999.

17. "FICCI on Draft Plan", *Economic & Political Weekly*, Vol. 1, No. 13, 1966.

18. Gopal Krishna, "The Development of the Indian National Congress as a Mass Organization", *Journal of Asian Studies*, Vol. 25, No. 3, May 1966.

19. Helen B. Lamb, "The Indian Business Communities and the Evolution of an Industrialist Class", *Pacific Affairs*, Vol. 28, No. 2, 1955.

20. J. Dennis Rajakumar, John S. Henley, "Growth and Persistence of Large Business Groups in India", *Journal of Comparative International Management*, Vol. 10, No. 1, 2007.

21. Joseph R. Gusfield, "Political Community and Group Interest in Modern India", *Pacific Affairs*, Vol. 38, No. 2, 1965.

22. Jorgen Dige Pedersen, "Explaining Economic Liberalization in India: State and Society Perspectives", *World Development*, Vol. 28, No. 2, 2000.

23. KPMG, *Corruption and Bribery Survey* 2011: *Impact on Economy and Business Environment*, 2011.

24. Kunal Sen, Sabyasachi Kar, "Boom and Bust? A Political Economy Reading of India's Growth Experience, 1993 – 2013", *Economic & Political Weekly*, Vol. XLIX, No. 50, 2014.

25. Martin Rama Tara Beteille, Yue Li, Pradeep K. Mitra, John Lincoln Newman, World Bank Group, *Addressing Inequality in South Asia*, 2015.

26. Milan Vaishnav, "Crime but No Punishment in Indian Elections", January 24, 2014, http://carnegieendowment.org/2014/01/24/crime-but-no-punishment-in-indian-elections.

27. M. Vaishnav, D. Smogard, *A New Era in Indian Politics?*, Working Paper, Carnegie Endowment for Peace, Washington D. C., 2014.

28. M. V. Rajeev Gowda, E. Sridharan, "Reforming India's Party Financing and Election Expenditure Laws", *Election Law Journal*, Vol. 11, No. 2, 2012.

29. "Marriage of Money and Politics", *Economic & Political Weekly*, Vol. 44, No. 45, 2009.

30. National Election Watch, Association for Democratic Reforms, "Lok Sabha Election Watch 2009: A Compendium of State Election Watch Reports", April 2010.

31. National Election Watch, Association of Democratic Reform, "Sources of Funding of National Political Parties for FY 2004 – 05 to 2011 – 12", September 9, 2013.

32. National Election Watch, Association for Democratic Reforms, "Lok Sabha Elections 2014: Analysis of Criminal Background, Financial, Education, Gender and Other Details of Winners", May 18, 2014.

33. Navroz K. Dubash, Sudhir Chella Rajan, "The Politics of Power Sector Reform in India", April 2, 2001, http://pdf.wri.org/power_politics/india.pdf.

34. "New Delhi: Political Underpinning for Economic Policies",

Economic & Political Weekly, Vol. 7, No. 10, 1972.

35. Paranjoy Guha Thakurta, "Curbing Media Monopolies", *Economic & Political Weekly*, Vol. XLVIII, No. 16, 2013.

36. Paranjoy Guha Thakurta, "What Future for the Media in India? Reliance Takeover of Network 18", *Economic & Political Weekly*, Vol. XLIX, No. 25, 2014.

37. Paranjoy Guha Thakurta and Subi Chaturvedi, "Corporatisation of the Media", *Economic & Political Weekly*, Vol. XLVII, No. 7, 2012.

38. Paranjoy Guha Thakurta, Kalimekolan Sreenivas Reddy, Members, Press Council of India Sub-Committee Report, " 'Paid News': How Corruption in the Indian Media Undermines Democracy", April 01, 2010.

39. Paramita Dasgupta, Usha Ramachandra, Ashita Allamraju, Administrative Staff College of India, *Cross Media Ownership in India*, 2009

40. Phiroze B. Medhora, "Entrepreneurship in India", *Political Science Quarterly*, Vol. 80, No. 4, 1965.

41. Pratap Bhanu Mehta, Michael Walton, "Ideas, Interests and the Politics of Development Change in India", Effective States and Inclusive Development, *Working Papor*, No. 36, www. effective. states. org.

42. Radhika Desai, "A Latter-day Fascism?", *Economic & Political Weekly*, Vol. XLIX, No. 35, 2014.

43. R. P. Bhalla, "Economic Aspects of Elections in India", *The Indian Political Science Review* (Delhi), Vol. 2, No. 1 – 2, 1968.

44. Richard N. Blue, "Political Participation and Group Behavior of Indian Small Scale Entrepreneurs", *Asian Survey*, Vol. 11, No. 9,

1971.

45. S. Bryan and D. Baer, *Money in Politics: A Study of Party Financing Practices in 22 Countries*, Washington, DC: National Democratic Institute for International Affairs, 2005.

46. Samya Chatterjee and Niranjan Sahoo, "Corporate Funding of Elections: The Strengths and Flaws", *ORF Issue Brief*, February 2014.

47. Sidhant Chandalia & Anirudh Lekhi, "Regulation of Election Campaign Finance in India: Making Elections Truly Free and Fair", *NUJS Law Review*, No. 3, 2013.

48. Sumanta Banerjee, "The Resistible Rise of Narendra Modi", *Economic & Political Weekly*, Vol. XLIX, No. 18, 2014.

49. Think Tanks & Civil Societies Program, The University of Pennsylvania, 2014 *Global Go To Think Tank Index Report*, February 4, 2015.

50. Stanley A. Kochanek, "The Indian National Congress: The Distribution of Power between Party and Government", *The Journals of Asian Studies*, Vol. 25, No. 4, August 1966.

51. Stanley A. Kochanek, "Interest Groups and Interest Aggregation: Changing Patterns of Oligarchy in the FICCI", *Economic & Political Weekly*, Vol. 5, No. 29/31, Special Number, July 1970.

52. Stanley A. Kochanek, "Briefcase Politics in India: the Congress Party and the Business Elite", *Asian Survey*, Vol. 27, No. 12, 1987.

53. Stanley A. Kochanek, "Liberalisation and Business Lobbying in India", *Journal of Commonwealth and Comparative Studies*, Vol. 34, No. 3, November 1996.

54. Stanley A. Kochanek, "The Transformation of Interest Politics

in India”, *Pacific Affairs*, Vol. 68, No. 4, 1995 –96.

55. V. Bleichinger, “Corruption and Political Parties”, Sectoral Perspectives on Corruption, Prepared by MSI for USAID, November 2002, Available at http://www.usaid.gov/our_ work/democracy.../sector/politicalparties.doc.

56. Wilfred Malenbaum, “Politics and Indian Business: The Economic Setting”, *Asian Survey*, Vol. 11, No. 9, 1971.

（四）报刊文章

1. “Ambani Spat Highlights India's Coalition Politics”, *Reuterss*, July 15, 2008.

2. “Apex Chambers Divided on Growth Rate Proposals to FM: FICCI for Joint Statement, CII and ASSOCHAM Want to Go Separately”, *Business Standard*, October 10, 2000.

3. “Assembly Elections: 35 Per Cent of MLAs Have Criminal Cases, 66 Per Cent Are ‘Crorepatis’”, *Economic Times*, March 11, 2012.

4. Avinash Celestine, “Why India's Think-tank Community Fails in Raising Funds from Indian Entrepreneurs”, *Economic Times*, 2012.

5. “Business Enters Politics in India”, *Business Standard*, June 5, 2004.

6. Cordelia Jenkins, “Philanthropic Funds Take Different Route”, *Live Mint*, 2013.

7. “Companies Of Several Indian Billionaires Embroiled In A Case Of Corporate Espionage”, February 23, 2015, http://www.forbes.com/sites/meghabahree/2015/02/23/companies-of-several-indian-billionaires-embroiled-in-a-case-of-corporate-espionage/.

8. "Corporate spying in India: How it works", *Hindustan Times*, February 21, 2015.

9. "Delhi CM writes to Ambani over power dues", *Economic Times*, June 2, 2013.

10. "Evidence of Graft Against Kin of Vajpayee & Advani", *Economic Times*, October 22, 2012.

11. "Family Businesses Thriving in India: PwC", *Indian Express*, October 28, 2012.

12. "Family Business Heads Among India Inc's Top 100 Most Powerful CEOs 2011", *Economic Times*, April 29, 2011.

13. "FICCI Lauds Recent Economic Policy Decisions of Government", *Economic Times*, September 19, 2012.

14. Harsh Goenka, "Marwari Businesses at Crossroads", *Times of India*, November 15, 2012.

15. Heena Kausar, "Arvind Kejriwal Says Rahul Gandhi And Narendra Modi In Mukesh Ambani's Pckets", *India Today*, February 24, 2014,

16. "India's Billionaire Wealth Much above Country's Fiscal Deficit", *Economic Times*, March 5, 2013.

17. "India Inc's August M&A Deal Totally at $3.5 bn: Grant Thornton", *Economic Times*, September 17, 2013.

18. "India Tries to Boost its Dwindling Parsi Community", *BBC*, October 20, 2013.

19. "India Inc Titans Join Alliance against Graft", *Economic Times*, November 7, 2012.

20. K. M. Birla, "Dare to Dream Big and Do It," *Business Today*, January 14, 2007.

21. "Media Veterans, Activists Welcome TRAI Proposal to Curb

Corporate Control", *The Hindu*, June 20, 2013.

22. "Media Ownership and Independence", *Business Standard*, January 18, 2012.

23. Minhaz Merchant, "Auditing Congress Inc and BJP Ltd", *Economic Times*, June 2, 2011.

24. Nandini Guha, "He Is Bent on Making FICCI Fighting Fit", *Financial Express*, June 16, 1994.

25. Naazneen Karmali, "2014: When India's Rich Got Richer", http://forbesindia.com/article/india-rich-list-2014/2014-when-indias-rich-got-richer/38733/1#ixzz3TZ39rQOi.

26. Naren Karunakaran, "Indian Philanthropic Money Into Think-Tanks Silencing Foreign Funding Question", *Economic Times*, November 4, 2014.

27. N Sundaresha Subramanian, "The Untold Story of How Reliance Acquired Network 18", rediff, July 4, 2014. http://www.rediff.com/business/slide-show/slide-show-1-why-the-ril-net.

28. "Now, Reliance in Kejriwl's Line of Fire", *Economic Times*, November 1, 2012.

29. "No Donation for Politics: NRN", *Economic Times*, November 7, 2012.

30. "'Paid News': The Buried Report", *Outlook*, http://www.outlookindia.com/article/Paid-News-The-Buried-Report/266542.

31. Paranjoy Guha Thakurta, "Media Ownership Trends in India", July 3, 2012, http://www.thehoot.org/web/home/story.php?storyid=6053.

32. Praful Bidwai, "Why Big Business Strongly Favours Narendra Modi", Thursday, 18 April 2013, DNA.

33. "PM Says Failure to Stop Bribery Will Be Punished", *Eco-*

nomic Times, October 11, 2012.

34. "PM to Seek India Inc Input on Economy, Meeting with Industry Captains on July 29", *Business Standard*, July 9, 2013.

35. Rohini Singh, "Why Mukesh Ambani Is Losing Influence With Congress & Getting Close to BJP", *Economic Times*, March 4, 2014.

36. "Reliance Takes Over Network18: Is This The Death Of Media Independence?", May, 30, 2014, http://www.forbes.com/sites/ meghabahree/2014/05/30/reliance-takes-over-network18-is-this-the-death-of-media-independence/.

37. "Rahul Gandhi Questions Source of Funds for Narendra Modi's Lok Sabha Elections Campaign", May 3, 2014, http://www.dnaindia.com/india/report-rahul-gandhi-questions-source-of-funds-for-narendra-modi-s-lok-sabha-elections-campaign-1984638.

38. "Ratan Tata, India's Corporate Czar, Retires With a $500 Billion Vision", *Bloomberg*, January 3, 2013.

39. "Run-up to General Polls: Companies Set Up 10 Electoral Trusts", *Economic Times*, February 11, 2014.

40. Ruth Fremson, "Billionaires' Rise Aids India, and the Favor Is Returned", *New York Times*, July 26, 2011.

41. Sanjaya Baru, "Indian Minds, Foreign Funds", *Business Standard*, August 9, 2010.

42. Sandeep Bamzai, "A Network of Reliance, RIL Deal-Network18: Is Mukesh Ambani the New Media Mogul", *Indian Today*, January 14, 2012.

43. Santosh Tiwari, "Think Tanks Try To Reduce Dependence On Grants", *Business Standard*, February 9, 2013.

44. Shaheen Mansuri, "Why Mukesh Ambani Acquired

Network18", June 11, 2014, http://www.rediff.com/business/slide-show/slide-show-1-how-mukesh-ambani-turned-around-reliance-retail/20140421.htm#6

45. Siddharth Vardharajan, "The Best Democracy Money Can Buy", *Economic Times*, April 30, 2014.

46. "Speed Up Reforms: India Inc to Govt", *Indian Express*, August 1, 2011

47. Surajeet Das Gupta, "Anil Ambani Shedding Stake in Media", *Business Standard*, August 11, 2014.

48. "Tatas Set Up Trust to Fund Parties", *Indian Express*, January 23, 1998.

49. "There Is a Political Consensus on Economic Issues", *Frontline*, Vol. 16, No. 16, 1999.

50. "The Business of Politics", *Times of India*, April 10, 2010.

51. Ullekh NP, "As Govt Gears Up Against Digital Attacks, Mukesh Ambani's RIL Bets Big on Cyber Security Sector", *Economic Times*, October 13, 2013.

52. Ujval Nanavati, "Compared to China, India Has Far Greater Wealth Disparity", February 2, 2015, http://forbesindia.com/article/special/compared-to-china-india-has-far-greater-wealth-disparity/39503/1#ixzz3TYcijma9.

53. "Why India Inc Admires Narendra Modi", September 23, 2013, http://www.rediff.com/business/slide-show/slide-show-1-special-why-india-inc-admires-narendra-modi/20130923.htm.

54. Yogendra Yadav, "Infuse White Money In Politics To Fight Black Money", *Times of India*, February 27, 2011.

55. Yogendra Yadav, "Infuse White Money In Politics to Fight Black Money", *Times of India*, February 27, 2011.

后　　记

2006年，我考入中国现代国际关系研究院从事印度问题研究，转眼已迈向第十个年头了。十年蹉跎世事变，唯有不变是初心。这个初心，就是希望能为印度研究做点添砖加瓦的事情。

本书是我在博士论文基础上完善而成的。2009年攻读博士学位后，受惠于国际关系学院院长陶坚教授的指点。本人于2011年赴印度做访问学者及田野调研，收集了大量相关资料（很多无法在国内查阅），为最终完成此书奠定了坚实的基础。感谢陶老师在选题、立意和框架设计等方面的指导，让我少走了不少弯路。其人品正派、学风严谨、作风内敛，这些品质更是值得我用心学习。

感谢解放军外国语学院的阚耀珊研究员、中国现代国际关系研究院的华碧云研究员和中国社会科学院的孙士海研究员。三位老研究员的殷殷期待和谆谆教诲，激励着我努力前行。他们对晚辈的关心与提携，让我受益匪浅。

感谢中国现代国际关系研究院的季志业、杨明杰、傅梦孜等院领导，陈凤英、林利民、胡仕胜、刘军红、傅小强、李莉、樊小菊等同仁，清华大学的孙学峰教授、国际关系学院的林宏宇教授、解放军外国语学院的梁明研究员，感谢中国现代国际关系研究院研究生处的刘铁环主任及其他同仁。他们在本书写作过程中的不同环节，以不同形式给予了本人很大帮助，在此表示衷心感谢。

感谢时事出版社的王基建社长、苏绣芳副社长及其他编审人员，他们在本书的编辑、出版过程中付出艰辛努力，其一丝不苟的精神值得学习。

感谢我的家人。感谢父母养育之恩，你们一辈子都在耕耘着那片黄土地，含辛茹苦将我培养成人，是我努力前行的最大动力。感谢贤妻张文的理解与支持，我的论文写作和书稿完善，主要是下班后完成的，自然会牺牲掉很多陪伴家人和照顾孩子的时间。她的理解、信任与鼓励，对我最终完成书稿至关重要。也要感谢我的岳父岳母、姐姐等家人，他们以不同形式支持我的学业和研究事业。

另外，书稿即将付梓之际，也是我的宝贝女儿海宝快要周岁之时，谨以此书作为父亲给女儿的周岁礼物。

当然，限于本人的学识和能力，文中难免有不当之处，敬请同行斧正。

2015 年 10 月

图书在版编目（CIP）数据

印度财团的政治影响力研究/楼春豪著. —北京：
时事出版社，2016. 2
ISBN 978-7-80232-950-8

Ⅰ. ①印… Ⅱ. ①楼… Ⅲ. ①财团—影响—政
治—研究—印度 Ⅳ. ①D735. 1

中国版本图书馆 CIP 数据核字（2015）第 320615 号

出 版 发 行：时事出版社
地　　　址：北京市海淀区万寿寺甲 2 号
邮　　　编：100081
发 行 热 线：（010）88547590　88547591
读者服务部：（010）88547595
传　　　真：（010）88547592
电 子 邮 箱：shishichubanshe@ sina. com
网　　　址：www. shishishe. com
印　　　刷：北京市昌平百善印刷厂

开本：787 × 1092　1/16　印张：21. 75　字数：260 千字
2016 年 2 月第 1 版　2016 年 2 月第 1 次印刷
定价：80. 00 元
（如有印装质量问题，请与本社发行部联系调换）